나의 비둘기, 나의 완전한 자는 하나뿐이로구나
그는 그 어미의 외딸이요
그 낳은 자의 귀중히 여기는 자로구나
여자들이 그를 보고 복된 자라 하고
왕후와 비빈들도 그를 칭찬하는구나
아침 빛같이 뚜렷하고 달같이 아름답고 해같이 맑고
기치를 벌인 군대같이 엄위한 여자가 누구인가

아가서 6:9~10

창초 이래 처음 열리는 천국의 비밀

이제 온 천하는
잠잠하라

바른기업

목 차

42

이제 온 천하는 **잠잠하라**

신약성경도 '율법'이며,
전 성경이 '언약'이다

「동아일보」 2022년 3월 31일 목요일
「조선일보」 2022년 4월 1일 금요일

스마트폰으로 QR 코드를 스캔 하시면
[이제 온 천하는 잠잠하라] 전문을 다운로드 받을 수 있습니다.

제칠일인 **'특별한 안식일'**이 되어야
실상이 되는 **'새 언약'**

전 세계에 성경을 사용하며 종교생활 하는 천주교, 기독교인들은 입으로 말로만 "하나님" 하고 부르면 자신들의 하나님이라고 착각한다. 이런 말쟁이 종교 인들에 대해 예수님께서 마7:13~27절에 이미 판결해 두셨다. 자기들 마음대로 "주여" 부르며 주의 이름으로 선지자 노릇 하고, 귀신을 쫓아내고, 많은 권능을 행하는 자들을 향해 예수님께서는 "내가 너희를 도무지 알지 못하니 불법을 행하는 자들아 내게서 떠나가라"라고 하셨다.

마태복음 7:23
그때에 내가 저희에게 밝히 말하되 내가 너희를 도무지 알지 못하니 불법을 행하는 자들아 내게서 떠나가라 하리라

이렇게 멸망으로 인도하는 문에서 성경을 가지고 자의로 해석하고, 하나님의 이름을 망령되이 일컫는 자들, 혀로 "오직 예수" 하며 부자가 되었으나, 예수 그리스도와 성부 하나님과 아무 관계가 없는 어

떤 사람[마19:16~30], 어떤 관원[눅18:18~30], 한 사람[막10:17~31]이 일생 호의호식하고 착각하며 살다가, 죄가 목에 차면 죽어서 가는 곳이 음부다. 곧 영원히 꺼지지 아니하는 지옥 불못이다. 일생 혀로 말만 "주여, 하나님, 오직 예수" 했으니 자신이 행한 그대로 심판을 받아서 혀에 물 한 방울 먹지 못하는 고통 속에 영원히 영벌을 받아야 한다[눅16:19~31]고 판결되어 있어도 그들은 절대 안 믿는다. 하나님께서는 이런 불법, 곧 불의한 재판관들이 일하는 시기를 6일간으로 정해 두셨다. 이런 자들에게 '하나님'이 절대 아니시다. 교회만 다닌다고 그들의 하나님이 아니시다. 그러므로 반드시 육체가 살아 있을 때 상상, 착각에서 깨어 일어나야 한다.

누가복음 16:24
불러 가로되 아버지 아브라함이여 나를 긍휼히 여기사 나사로를 보내어 그 손가락 끝에 물을 찍어 내 혀를 서늘하게 하소서 내가 이 불꽃 가운데서 고민하나이다

반면에 택한 하나님의 백성들에게는 하나님께서 친히 '전대미문의 새 언약'을 가르치셔서[요6:45] 마음에 하나님의 법을 기록하게 하시므로 하나님의 자녀, 백성들이 되는 때를 이미 정해 두셨다. 그날이 전 우주적인 일곱째 날인 21세기 지금 이 세대다.

요한복음 6:45
선지자의 글에 저희가 다 하나님의 가르치심을 받으리라 기록되었은즉 아버지께 듣고 배운 사람마다 내게로 오느니라

¹모세가 이스라엘의 온 회중을 모으고 그들에게 이르되 여호와께서 너희에게 명하사 행하게 하신 말씀이 이러하니라 ²엿새 동안은 일하고 제칠일은 너희에게 성일이니 여호와

께 **특별한 안식일이라** 무릇 이날에 일하는 자를 죽일지니
³안식일에는 너희의 모든 처소에서 불도 피우지 말지니라
[출35:1~3]

'특별한 안식일'이라고 하신 일곱째 날, 곧 제칠일이 되어야 사람이 원욕이 그치고 거룩해진다고 하셨다. 이날을 지키는 것은 자신의 원욕, 정욕대로 하던 일을 멈추고, 하나님의 명령, 계명을 지켜 실행하는 것이다. 곧 자기 사욕을 위해 일을 하는 자는 죽이라고까지 하셨다. 다시 말하면 지옥 불의 소리를 하여 교인들을 멸망으로 인도하는 자들에게 성경을 가지고 성경과 다른 거짓말을 하여 자기 일을 하지 말라고 "너희의 모든 처소에서 불도 피우지 말라"고 하셨던 것이다.

그러나 원욕대로 하는 자들, 곧 귀신이 주인인 자들의 눈에는 감추어 두신 하나님의 뜻, 천국의 비밀이 보이지 않아서 제칠일을 문자 그대로 보고 만든 단체가 바로 '제칠일안식일예수재림교회'다. 한국에도 초기의 기독교인들은 성경을 문자 그대로 보고 지키는 것처럼 주일 날이라 하여 일요일에는 돈을 사용하지 않고 외식도 하지 않고 자기들 나름의 율법을 만들어 지킨다고 했다. 그런 뜻이 아니다. 그러니 토요일을 안식일 날이라고 지키는 제칠일안식일예수재림

교회나, 일요일을 주일이라고 지키는 천주교, 기독교나 다 '특별한 날'에 대한 이 계명 속에 감추어 두신 천국의 비밀을 모르는 것은 마찬가지다. 그래서 모두 육체가 죽은 것이다.

'특별한, 특별하다'라는 말은 '보통과 아주 다르거나 뛰어나다, 구별하고 선택한다'는 의미를 함축한 말이다. 곧 일곱째 날이 되어야 창세 이래 없었던 하나님의 모든 말씀이 땅 위에 이루어져서 진실로 살아 계신 하나님이시며, 하나님의 자녀들 또한 창세 이래 처음으로 실상이 되어 기록된 언약, 약속이 사실이었음이 증명되는 것을 함축하여 말씀하신 것이다. 따라서 제칠일이 되어야 성경 속에 감추어 두셨던 천국의 비밀이 하나하나 열리고[골1:26] 하나님의 말씀이 살아 역사하여 하나님을 진실로 믿는 자들이 거룩해져서 전 세계 모든 사람들이 하나님만이 참 하나님이시고, 참 신은 오직 여호와 하나님이시라는 것을 인정하게 되는 것이다.

골로새서 1:26
이 비밀은 만세와 만대로부터 옴으로 감취었던 것인데 이제는 그의 성도들에게 나타났고

일곱째 날인 이때, 사람이 만든 모든 이론은 다 무효되고 파하여지며 하나님의 자녀들, 백성들이 '온전해지는 날'이다. 그래서 일곱째 날을 두고 다른 모양으로 말씀하신 것이 '여호와의 날, 인자의 날'이다. 전

고린도후서 10:5
모든 이론을 파하며 하나님 아는 것을 대적하여 높아진 것을 다 파하고 모든 생각을 사로잡아 그리스도에게 복종케 하니

우주적인 일곱째 날, 특별한 안식일이 되어야 히브리서 8장, 렘31:31~34절의 예언이자 유언인 '새 언약'이 땅 위에서 사실이 되어 이루어지는 것이다.

히브리서 8:8
저희를 허물하여 일렀으되 주께서 가라사대 볼찌어다 날이 이르리니 내가 이스라엘 집과 유다 집으로 새 언약을 세우리라

³¹나 여호와가 말하노라 보라 날이 이르리니 **내가 이스라엘 집과 유다 집에 새 언약을 세우리라** ³²나 여호와가 말하노라 이 언약은 내가 그들의 열조의 손을 잡고 애굽 땅에서 인도하여 내던 날에 세운 것과 같지 아니할 것은 내가 그들의 남편이 되었어도 그들이 내 언약을 파하였음이니라 ³³나 여호와가 말하노라 그러나 그날 후에 내가 이스라엘 집에 세울 언약은 이러하니 곧 **내가 나의 법을 그들의 속에 두며 그 마음에 기록하여 나는 그들의 하나님이 되고 그들은 내 백성이 될 것이라** ³⁴그들이 다시는 각기 이웃과 형제를 가리켜 이르기를 너는 여호와를 알라 하지 아니하리니 이는 작은 자로부터 큰 자까지 다 나를 앎이니라 내가 그들의 죄악을 사하고 다시는 그 죄를 기억지 아니하리라 여호와의 말이니라[렘31:31~34]

'새 언약'이 이루어지고 있은 지 벌써 15년째다. 창세 이래 2008년 6월 16일부터 시작하여 2022년 이때가 되기까지 이 증거는 전에도 없었고, 아무도, 그 누구도 들어본 적이 없었던 전대미문의 새 언약이었다는 것을 하나님께서 친히 증거하시는 것이다. 그래서 '특별한 안식일'이라고 하고, 이제 각자 자기 일

을 쉬고 하나님의 계명, 명령, 인도하심을 따라 살아야 한다. 아무도 가보지 않은 새 일, 새 길, 새 언약이 사실이 되어 땅 위에서 이루어졌고, 진리의 성령인 나와 은혜로교회 성도들은 특별한 안식일을 지키는 실상의 주인공들이다.

신약도 '율법'이며, '사람의 증거'에 해당함을 증명한 사도 바울

야고보서 3:6
혀는 곧 불이요 불의의 세계라 혀는 우리 지체 중에서 온몸을 더럽히고 생의 바퀴를 불사르나니 그 사르는 것이 지옥 불에서 나느니라

하박국 2:20
오직 여호와는 그 성전에 계시니 온 천하는 그 앞에서 잠잠할찌니라

고린도전서 14:34
모든 성도의 교회에서 함과 같이 여자는 교회에서 잠잠하라 저희의 말하는 것을 허락함이 없나니 율법에 이른 것같이 오직 복종할 것이요

골로새서 2:21
곧 붙잡지도 말고 맛보지도 말고 만지지도 말라 하는 것이니

출애굽기 35장에 '특별한 성일, 특별한 안식일'이라고 하신 제칠일인 이날에 자기 일을 하는 자들은 다 죽는다. 그래서 성경을 사용하는 하나님의 집에서부터 심판하시는 '심판 날'이 바로 지금 이 세대이며, "불도 피우지 말지니라"[출35:3]고 하신 것은 성경과 다른 거짓말로 하는 지옥 불의 소리[약3장]를 멈추라는 뜻이다. 그래서 "온 천하는 잠잠하라"고 하셨고, "여자는 교회에서 잠잠하라"고 하셨던 것이다. 곧 성경을 가지고 사람이 본능적으로 아는 지식으로 보고 지어낸 거짓말을 하지 말라는 뜻이다. 또한 이때가 될 때까지 주신 계명이 "언약궤인 성경에 함부로 손을 대지 말라"고 하셨던 것이고, "일반 백성이 제사장, 즉 아무나 목사나 사

제, 가르치는 선생이 되지 말라"고 하셨던 것이다. 그래서 제칠일이 되기 전까지는 모두 다 "일반"[사24:2]이었다. 이 일반이 하는 언행들이 어떤 결과를 낳았는지 15년째 증명하는 것이다. 이날이 되면 진실로 하나님께서 말씀하시는 하나님의 종들이 세상에 나타나고, 다음 예언, 유언이 실상이 된다.

열왕기상 13:33~34
33 여로보암이 이 일 후에도 그 악한 길에서 떠나 돌이키지 아니하고 다시 보통 백성으로 산당의 제사장을 삼되 누구든지 자원하면 그 사람으로 산당의 제사장을 삼았으므로 34 이 일이 여로보암 집에 죄가 되어 그 집이 지면에서 끊어져 멸망케 되니라

¹여호와께서 모세에게 일러 가라사대 ²이스라엘 자손에게 고하여 그들에게 이르라 **남자나 여자가 특별한 서원 곧 나실인의 서원**을 하고 자기 몸을 구별하여 여호와께 드리거든 ³포도주와 독주를 멀리하며 포도주의 초나 독주의 초를 마시지 말며 포도즙도 마시지 말며 생포도나 건포도도 먹지 말찌니 ⁴자기 몸을 구별하는 모든 날 동안에는 포도나무 소산은 씨나 껍질이라도 먹지 말찌며 [민6:1~4]

이사야 24:2
백성과 제사장이 일반일 것이며 종과 상전이 일반일 것이며 비자와 가모가 일반일 것이며 사는 자와 파는 자가 일반일 것이며 채급하는 자와 채용하는 자가 일반일 것이며 이자를 받는 자와 이자를 내는 자가 일반일 것이라

그래서 "유언"[히9:16~17]에 대한 뜻을 모르면 모두 실수하여 성경을 사용하며 종교생활을 하는 자들이 죄를 더 짓게 된다. 이 말씀에 분명히 특별한 서원을 하는 자를 "남자나 여자"라고 하셨다. 이 말씀의 뜻을 모르면서 제칠일안식교인들이나, 구약성경만을 사용하는 유대교인들이나, 이슬람교도들이나 다 여자를 인정하지 않는 것이다. 또 신약성경이 새 언약이라고 믿는 기독교인, 천주교인들도 마찬가지다. 이래서 천국은 비밀이다. 아무도, 그 누구도 성경 속에 감추

히브리서 9:16~17
16 유언은 유언한 자가 죽어야 되나니 17 유언은 그 사람이 죽은 후에야 견고한즉 유언한 자가 살았을 때에는 언제든지 효력이 없느니라

어 두신 진리를 몰랐던 것이다. 그 결과 사람들이 만든 다른 종교나 하나님을 인정한다고 하는 성경을 사용하는 사람들이나 다 일반이 된 것이다.

왜 예수 그리스도께서 이 땅에 오시고 구약시대 모든 세월을 다 무효하고 새로 1년 1월 1일로 시작하여 온 땅의 역사를 새로 쓰고 있는지 아무도 모르고 있다. 이는 하나님만이 참 신이시라는 명백한 증거인데도 진짜 하나님께서 정하신 때에 정하신 사람을 사용하시되 단 한 세대도 없었던 호2:19~20절의 말씀대로 외모로 '여자'를 사용하여 전대미문의 새 언약을 하실 줄 아무도, 그 누구도 알지 못했던 것이다.

호세아 2:19~20
19 내가 네게 장가들어 영원히 살되 의와 공변됨과 은총과 긍휼히 여김으로 네게 장가들며
20 진실함으로 네게 장가 들리니 네가 여호와를 알리라

그런데 3422년 전에 여호와, 곧 유일하신 참 하나님께서 최초의 성경 기록 저자인 모세에게 말씀하실 때, 이미 '나실인', 곧 하나님께 '구별된 자, 구분된 자'라는 뜻으로 일생 혹은 특별한 서원을 하는 여호와의 종들에 대해 "남자나 여자"라고 명백히 말씀하셨다. 신약성경에서도 "너희는 유대인이나 헬라인이나 종이나 자주자나 남자나 여자 없이 다 그리스도 예수 안에서 하나이니라"[갈3:28]라고 예언, 유언해 두셨던 것이다. 그런데 구약성경만 인정한다고 하는 자들이나 신, 구약성경을 다 인정한다고 하는 천주교나 기독교나 다 일

민수기 6:2
이스라엘 자손에게 고하여 그들에게 이르라 남자나 여자가 특별한 서원 곧 나실인의 서원을 하고 자기 몸을 구별하여 여호와께 드리거든

반으로 여자를 짓밟고 인격을 모독하고 하나님의 일을 훼방한 것이다.

사도 바울은 유대교인이었다. 저 유대인들, 현재 전 세계에 살고 있는 유대교인들이 아들 예수 그리스도를 당시 가장 잔인하게 사형시킨 죄의 결과가 얼마나 치명적인지 2022년 지금 이 세대에까지 저들의 하는 언행들을 보라. 하나님과 아무 관계가 없을 뿐만 아니라 그들은 하나님을 믿지 않고 언약을 어겼으며, 도리어 하나님의 일을 훼방하는 원수, 대적자들이 되어 사람들을 실제로도 죽이고, 영적으로도 죽이는 자들임을 사도 바울을 사용하셔서 증거하셨다. 바울은 사울일 때 당시 예수 그리스도를 믿는 사람들을 죽이는 일에 동참하여 가편 투표를 했고, 스데반을 죽이는 데 구경꾼이 되어 동조한 자다. 유대교인들 중 누구보다 앞장서서 예수 그리스도를 믿는 자들을 핍박하고 죽인 그는 부활하신 그리스도를 길에서 만나 유대교에서 기독교로 개종하였다. 이런 바울을 사용하셔서 왜 상반된 말씀을 기록하게 하셨을까?

갈3:28절에서 "남자나 여자 없이 다 그리스도 안에서 하나"라고 하고, 고전14:35절에서는 "만일 무엇을 배우려거든 집에서 자기 남편에게 물을찌니 여자가 교회에서 말하

사도행전 26:10~11
10 예루살렘에서 이런 일을 행하여 대제사장들에게서 권세를 얻어 가지고 많은 성도를 옥에 가두며 또 죽일 때에 내가 가편투표를 하였고
11 또 모든 회당에서 여러 번 형벌하여 강제로 모독하는 말을 하게 하고 저희를 대하여 심히 격분하여 외국 성까지도 가서 핍박하였고

는 것은 부끄러운 것임이라", 앞에 34절에서도 "모든 성
도의 교회에서 함과 같이 여자는 교회에서 잠잠하라 저희의
말하는 것을 허락함이 없나니 율법에 이른 것같이 오직 복
종할 것이요"라고 하였을까? 바울이 한 이 말, "여자는
교회에서 잠잠하라. 여자가 교회에서 말하는 것은 부끄러운
것이라"라고 율법 어디에 기록되어 있는가?

갈3:28절도, 고전14:34~35절도 모두 바울이 기록했
다. 바울이 생각한 율법은 모세오경이다. 모세가 기
록한 율법인 민6:2절에서 서원하는 나실인을 두고 "남
자나 여자나"라고 했는데 왜 다 무시하고 이렇게 말한
것일까? 그래서 모두 사람의 증거이고, 이런 증거를
듣고 믿는다고 하는 그들을 취하시지 않는다고 하셨
던 것이다[요5:34]. 사도 바울은 유대교인일 때 들었
던 말을 자신도 모르게 사용한 것이다. 그럼 이 말씀
들이 잘못되었을까? 아니다. 그래서 신약성경도 율법이
다. 새 언약이 아니라는 것을 증명하는 것이다.

요한복음 5:34
그러나 나는 사람에게서
증거를 취하지 아니하노
라 다만 이 말을 하는 것
은 너희로 구원을 얻게 하
려함이니라

율법이 무엇인지도 모르고 사도 바울이 한 말이라
고 이 세대 누가 믿을까마는 바울을 사용하신 하나님
의 뜻을 그는 몰랐다. 신령한 몸으로 부활하신 예수
그리스도를 만난 바울도 '제조되지 않았다'[겔15장]는
것을 하나님께서 새 언약을 받는 이 세대 우리들에게

에스겔 15:5
그것이 온전할 때에도 아
무 제조에 합당치 않았거
든 하물며 불에 살리고
탄 후에 어찌 제조에 합당
하겠느냐

교훈하시는 것이다. 사람들은 바울이 실제 유대교에서 기독교로 개종했으니까 당연히 회심했다고 말하고 믿는다. 그러나 실상의 사도 바울은 자신이 한 말들 중 상치되는 말들이 너무 많다는 것을 몰랐다.

그래서 '인자', 곧 하나님께서 인치신 자인 진리의 성령이 사람이 보기에 외모로 '여자'로 온다는 것을 안 믿는 것이다. 구약성경을 사용하는 자들이나 신, 구약성경을 한 권으로 주었어도 '구약은 율법이요, 신약은 복음'이라고 하며 단 한 절도 안 믿는 자들임을 스스로 증명한 것이며, 그래서 성경이 모든 것을 죄 아래 가두어 두었다[갈3:22~23]고 바울 자신이 기록하고도 이 말의 뜻은 모르는 사도 바울이다.

갈라디아서 3:22~23
22 그러나 성경이 모든 것을 죄 아래 가두었으니 이는 예수 그리스도를 믿음으로 말미암은 약속을 믿는 자들에게 주려 함이니라
23 믿음이 오기 전에 우리가 율법 아래 매인 바 되고 계시될 믿음의 때까지 갇혔느니라

> ¹¹또 하나님 앞에서 아무나 율법으로 말미암아 의롭게 되지 못할 것이 분명하니 이는 의인이 믿음으로 살리라 하였음이니라 ¹²**율법은 믿음에서 난 것이 아니라** 이를 행하는 자는 그 가운데서 살리라 하였느니라 [갈3:11~12]

이 예언, 유언에 사도 바울 자신도 해당하지 못하고 육체가 죽었다. 따라서 지금 전 세계 성경을 사용하는 모든 종교인들이 이 말씀 속에 감추어진 하나님의 뜻을, 다른 말로 천국의 비밀을, 또 다른 말로 진

리를 깨달아야 한다. 이 '믿음'은 사람들이 본능으로 아는 믿음이 아니다. 하나님께서 말씀하신 '믿음'은 실상이다. 이 믿음이 실상으로 올 때까지 의로운 자가 나오지 않는다. 이 '믿음'이 다른 말로 '길'이라는 사실을 이 예언, 유언을 기록한 사도 바울도 알지 못했다. 뿐만 아니라 외모로 형체가 '여자 목사'라는 것도 모르고 한 말이다. 사도 바울이 기록한 "믿음이 오기 전에 우리가 율법 아래 매인 바 되고 계시될 믿음의 때까지 갇혔느니라"[갈3:23]고 하신 이 예언, 유언에 자신도 해당했고, 자신이 한 말이 율법이 되어 2천여 년간 모든 것을 죄 아래 가두어 두었다는 것을 상상도 못한 사도 바울이다. 자신은 이미 의롭게 되었다고 생각했던 바울이지만, 모두 죄 아래 가두어 두는 기간이었다.

제칠일인 지금, **'믿음'**이 실상이 될 때 이루어지는 **'새 언약'**

요한복음 16:7~15
7 그러하나 내가 너희에게 실상을 말하노니 내가 떠나가는 것이 너희에게 유익이라 내가 떠나가지 아니하면 보혜사가 너희에게로 오시지 아니할 것이요 가면 내가 그를 너희에게로 보내리니

사람이 의롭게 되는 때는 진리의 성령이 실상이 되어서 하나님의 친히 가르치심을 대언하여 죄에 대하여, 의에 대하여, 심판에 대하여 모든 진리 가운데로 인도할 때 의롭게 되는 것이다[요16:7~15]. 곧 "의인의

세대"[시14:5]를 준비하는 지금 이 세대에 땅 위에서 사실이 되어 이루어지는 예언이며, 유언이었다.

그래서 이때가 될 때까지 아무도 온전히 영생을 얻은 자가 없었던 것인데 특히, 한국에서 아무나 영생을 망령되이 말하는 가짜들이 일어나서 하나님의 선한 일을 훼방한 것이다. 나를 옥에 가둔 형사가 조사할 때 '오대양 사건'을 이야기하며 나를 이상한 사람 취급했다. 하나님의 말씀에는 말의 뜻이 있다고 하면 신천지라고 하고, 재난, 심판을 말하면 종말론자라고 하는 이 참담한 실상이 된 것은 아무나 성경을 가지고 너도나도 손을 대어 조각, 단어만 사용하여 해석한 결과로 인한 것이었다. 그러나 이 모든 것은 하나님께서 그렇게 허락하신 일이며, 사람 편에서는 계명, 명령, 언약, 법, 곧 하나님과의 약속을 지키지 않은 것이므로 그 누구도 항변할 수 없다.

"율법은 믿음에서 난 것이 아니라 이를 행하는 자는 그 가운데서 살리라 하였느니라"[갈3:12]고 하신 이 예언, 유언에 감추어진 하나님의 뜻 또한 '믿음'에 대한 하나님의 뜻을 모르면 분별을 할 수 없다. 사람들이 본능으로, 곧 원욕, 정욕이 있는 사람이 다 알고 있다는 '믿음'이 아니라, 갈3:23절의 "믿음"의 실상인 '나'에 대한

8 그가 와서 죄에 대하여, 의에 대하여, 심판에 대하여 세상을 책망하시리라

9 죄에 대하여라 함은 저희가 나를 믿지 아니함이요

10 의에 대하여라 함은 내가 아버지께로 가니 너희가 다시 나를 보지 못함이요

11 심판에 대하여라 함은 이 세상 임금이 심판을 받았음이니라

12 내가 아직도 너희에게 이를 것이 많으나 지금은 너희가 감당치 못하리라

13 그러나 진리의 성령이 오시면 그가 너희를 모든 진리 가운데로 인도하시리니 그가 자의로 말하지 않고 오직 듣는 것을 말하시며 장래 일을 너희에게 알리시리라

14 그가 내 영광을 나타내리니 내 것을 가지고 너희에게 알리겠음이니라

15 무릇 아버지께 있는 것은 다 내 것이라 그러므로 내가 말하기를 그가 내 것을 가지고 너희에게 알리라 하였노라

시편 14:5
저희가 거기서 두려워하고 두려워하였으니 하나님이 의인의 세대에 계심이로다

갈라디아서 3:23
믿음이 오기 전에 우리가 율법 아래 매인 바 되고 계시될 믿음의 때까지 갇혔느니라

지칭이다. 곧 믿음은 형체를 가진 실상의 사람이므로, 율법은 이 사람에게서 난 것이 아니라는 뜻이다.

최초의 성경 저자 모세에게 법을 주신 분은 여호와 하나님이시다. 거룩하신 하나님께서 피조물에게 하신 명령이며, 법, 계명, 율례와 법도다. 그러니 당연히 피조물에게서 난 것이 아니다. 사람을 죽이고 살리시는 분은 오직 여호와 하나님이시다. 하나님께서는 당신이 창조하신 인간에게 하나님처럼 영원히 살 수 있는 법을 주셨다. 따라서 '말씀이 하나님'이시고, 절대 거짓말하시는 분이 아니시며 약속을 지키시는 하나님이시므로 하나님의 말씀대로 살면, 반드시 그 가운데서 살리라고 하신 말씀이 실상이 된다.

갈라디아서 3:12
율법은 믿음에서 난 것이 아니라 이를 행하는 자는 그 가운데서 살리라 하였느니라

누가복음 24:27, 44
27 이에 모세와 및 모든 선지자의 글로 시작하여 모든 성경에 쓴 바 자기에 관한 것을 자세히 설명하시니라
44 또 이르시되 내가 너희와 함께 있을 때에 너희에게 말한 바 곧 모세의 율법과 선지자의 글과 시편에 나를 가리켜 기록된 모든 것이 이루어져야 하리라 한 말이 이것이라 하시고

문제는 이 말씀을 기록한 사도 바울도 이 '믿음'이 누군지, 언제 실상이 되는지, 이 믿음이 무슨 뜻인지 몰랐고, 아들 예수 그리스도도 몰랐다. 그 증거가 바로 눅24:27절과 44절의 부활하신 예수께서 하신 말씀이다. 구약성경은 물론이요, 모든 성경이 다 자기에 관한 것이라고 하신 말씀과 심판을 다 자기에게 맡겼다고 하신 것도 마찬가지로 하나님의 뜻을 몰랐던 것이다. 하나님의 아들 예수 그리스도가 몰랐는데 누가 알았는가? 하나님의 뜻은 2804여 년 전에 예언해

두신 호2:19~20절이 실상이 된 사람이 이 땅에 나타나야 하고, 그보다 더 앞서 3422여 년 전에 모세를 사용하셔서 기록하신 신18:18~19절의 예언과 일치하는 사람이 나타나야 알게 되는 것이다. '그'가 '예수 그리스도'인가? 아니다.

> **¹⁸내가 그들의 형제 중에 너와 같은 선지자 하나를 그들을 위하여 일으키고** 내 말을 그 입에 두리니 내가 그에게 명하는 것을 그가 무리에게 다 고하리라 ¹⁹무릇 그가 내 이름으로 고하는 내 말을 듣지 아니하는 자는 내게 벌을 받을 것이요 [신18:18~19]

창세 이래 2008년 6월 16일 이전에 모래알처럼 많은 사람이 이 땅에 살았고, 죽었으며, 지금도 78억이 넘는 사람들이 살고 있다. 이 예언과 일치하는 사람이 있었는가? 없었다. 여기서 모세와 같은 형제는 누구인가? 그로부터 약 1400여 년 뒤에 이 땅에 육체를 입고 오신 하나님의 아들 예수 그리스도인가? 이 '형제'는 "누구든지 하늘에 계신 내 아버지의 뜻대로 하는 자가 내 형제요 자매요 모친이니라"[마12:50]고 하신 말씀대로 하나님의 뜻을 머리로만 아는 사람이 아니라 반드시 지켜 실행하는 자들이 예수 그리스도의 형제요 자매다. 그래서 생명책인 성경에 이름이 기록된 자들이 하나님의 자녀들이요 백성들이며, 하나님의 나라 상속자들이다. 이들은 1990여 년이 지나야 누군지 밝혀지므로 "누구든지"라고 기록한 것이다.

또한 "아들을 낳으리니 이름을 예수라 하라 이는 그가 자기 백성을 저희 죄에서 구원할 자이심이라 하니라"[마1:21]고 하신 대로 예수님이 자기 백성을 구원할 자인가? 예수님의 백성은 누구이며, 백성들을 죄에서 구원할 자라면 2022년 오늘까지 예수를 믿는 사람들은 왜 그렇게 죄를 짓고 있으며, 죽었는가? 죽어서 구원받는 것인가? 문자 그대로 예수 그리스도께서 사람을 죄에서 구원하시는 것이 아니라, 아들을 통해 하나님께서 함께 하셔서 하나님의 백성들을 죄에서 구원하실 것을 약속해 두신 것이다. 사람을 죄에서 구원하시는 분은 오직 하나님 한 분뿐이라는 사실을 알아야 한다.

> [1]나의 힘이 되신 여호와여 내가 주를 사랑하나이다 [2]여호와는 나의 반석이시요 나의 요새시요 나를 건지시는 자시요 나의 하나님이시요 나의 피할 바위시요 나의 방패시요 나의 구원의 뿔이시요 나의 산성이시로다 [시18:1~2]

시편 18편은 다윗의 노래로 다윗의 자손으로 이 땅에 오신 예수 그리스도께서 원수요, 대적자들의 손에 사형당하셨지만, 여호와 하나님께서 이 말씀대로 실상으로 영원히 죽지 아니하는 신령한 몸으로 다시 부활하게 하셨다. 또한 이 말씀은 지금 이 세대에 하나님께서 진실로 구원의 뿔이심을 실상으로 땅 위에 나타내시기 위해 다윗의 집에 하신 '영원한 언약'인 '새 언약, 새 노래'의 말씀을 진리의 성령인 나를 통해 이미 15년째 이루시고 계신다.

> [1]새 노래로 여호와께 찬송하라 대저 기이한 일을 행하사 그 오른손과 거룩한 팔로 자기를 위하여 구원을 베푸셨도다 [2]여호와께서 그 구원을 알게 하시며 그 의를 열방의 목전에 명백히 나타내셨도다 [시98:1~2]

이 '새 노래, 곧 새 언약'이 창세 이래 실상이 된 첫날이 2008년 6월 16일이다. 히브리서 8장의 유언이 효력이 나타나서 땅 위에 사실로 이루어지는 것은 사람들이 빨리 왕래하고 지식이 더하는 지금 이때[단12:4], 열방인 전 세계 모든 나라에 예수 이름, 하나님의 이름이 다 퍼져서 예수 이름을 모르는 사람들이 없는 이 세대[히8:11]에 진리의 성령이 실상이 되어 '의에 대하여, 곧 영원한 의'이신 여호와 하나님께서 친히 가르치시는 새 언약을 대언하므로 3022여 년이 지난 이 세대에 유언의 효력이 나타난 것이다. 그래서 예수 그리스도

히브리서 8:8
저희를 허물하여 일렀으되 주께서 가라사대 볼찌어다 날이 이르리니 내가 이스라엘 집과 유다 집으로 새 언약을 세우리라

다니엘 12:4
다니엘아 마지막 때까지 이 말을 간수하고 이 글을 봉함하라 많은 사람이 빨리 왕래하며 지식이 더하리라

히브리서 8:11
또 각각 자기 나라 사람과 각각 자기 형제를 가르쳐 이르기를 주를 알라 하지 아니할 것은 저희가 작은 자로부터 큰 자까지 다 나를 앎이니라

히브리서 8:6

그러나 이제 그가 더 아름다운 직분을 얻으셨으니 이는 더 좋은 약속으로 세우신 더 좋은 언약의 중보시라

히브리서 9:15

이를 인하여 그는 새 언약의 중보니 이는 첫 언약 때에 범한 죄를 속하려고 죽으사 부르심을 입은 자로 하여금 영원한 기업의 약속을 얻게 하려 하심이니라

역대상 21:12

혹 삼 년 기근일찌, 혹 네가 석 달을 대적에게 패하여 대적의 칼에 쫓길 일일찌, 혹 여호와의 칼 곧 온역이 사흘 동안 이 땅에 유행하며 여호와의 사자가 이스라엘 온 지경을 멸할 일일찌 하셨나니 내가 무슨 말로 나를 보내신 이에게 대답할 것을 결정하소서

는 "새 언약의 중보"[히8:6, 9:15]로 오셨다 하셨고, 이 '새 언약, 곧 새 노래'는 특별한 안식일인 지금 이 세대, 진리의 성령이 실상이 된 이때 이루어지며, 부르는 노래다.

그래서 구약도, 신약도 모두 온전한 율법이며, 하나님의 언약이다. 전 우주적인 일곱째 날, 하나님께서 친히 진리의 성령을 통해 새 언약을 하시는 '여호와의 날'에 모두 성부 하나님께로, 새 언약의 말씀으로 돌아서야 한다. 특별한 안식일에 자기 일을 하는 자는 다 죽는다. 그 징조가 코로나19 온역 재앙이다. 2년이 넘도록 계속되는 온역 재앙은 하나님의 칼이며 징벌하심이다. 더 늦기 전에 모두 새 언약의 말씀으로, 성부 하나님께로 돌아서라.

이제 온 천하는 **잠잠하라**

열매 맺지 못하는
'무화과나무'의 비밀

43

「동아일보」 2022년 4월 7일 목요일
「조선일보」 2022년 4월 8일 금요일

스마트폰으로 QR 코드를 스캔 하시면
[이제 온 천하는 잠잠하라] 전문을 다운로드 받을 수 있습니다.

샘이 한 구멍으로
어찌 '단물'과 '쓴물'을 내겠느뇨

하나님은 본래 영원히 사시는 분이시라 하나님께서 말씀하신 언약은 '영원한 언약'이다. 창세 이래 하나님께서 아브라함에게 하신 언약은 약속의 자식 이삭에게 이어지고, 택함을 받은 야곱, 다윗왕에게 영원한 언약이 이어져도 당 시대에 땅 위에 실상이 되지 않았다. 또한 이 언약은 하나님께서 다윗의 자손으로 보내신 아들 예수 그리스도를 사용하셔서 '영생'이 하나님의 명령[요12:50]이라고 하셨어도, 아들 예수 또한 육체가 한 번 죽으셔야 했고, 신령한 몸으로 부활하셨지만 영원한 언약의 실상이 아니라 '중보'로 보내심을 받은 것이다.

창세 이래 예수 그리스도까지 이어진 '영원한 언약'은 2천 년이 더 지나고 진리의 성령이 실상이 되어

요한복음 12:50
나는 그의 명령이 영생인 줄 아노라 그러므로 나의 이르는 것은 내 아버지께서 내게 말씀하신 그대로 이르노라 하시니라

히브리서 8:6
그러나 이제 그가 더 아름다운 직분을 얻으셨으니 이는 더 좋은 약속으로 세우신 더 좋은 언약의 중보시라

히브리서 9:15
이를 인하여 그는 새 언약의 중보니 이는 첫 언약 때에 범한 죄를 속하려고 죽으사 부르심을 입은 자로 하여금 영원한 기업의 약속을 얻게 하려 하심이니라

야 성취된다. 그래서 아들을 실상으로 이 땅에 보내
셔서 구약시대 모든 세월을 무효로 하고 땅의 역사
를 새로 시작하셨지만, 아들 예수는 "내 나라는 이 세상
에 속한 것이 아니라"라고 하시고, "내 나라는 여기에 속한
것이 아니니라"[요18:36]라고 하셨다. 그러나 이 말씀은
예수님 자신도 말의 뜻을 모르고 하신 말씀이었다.
이 때문에 지금까지 천주교, 기독교인들은 예수 그리
스도의 나라, 곧 하나님 아버지의 나라를 이 땅이 아
닌 저 하늘 어딘가로 상상하거나, 죽어서 간다고 상
상한 것이다.

요한복음 18:36
예수께서 대답하시되 내
나라는 이 세상에 속한 것
이 아니라 만일 내 나라
가 이 세상에 속한 것이었
더면 내 종들이 싸워 나로
유대인들에게 넘기우지
않게 하였으리라 이제 내
나라는 여기에 속한 것이
아니니라

　　예수님의 이 말을 알아듣지 못하고 빌라도는 "그러
면 네가 왕이 아니냐"고 물었고, 예수께서 또 이렇게 대
답하신다. "네 말과 같이 내가 왕이니라 내가 이를 위하여
세상에 났으며 이를 위하여 세상에 왔나니 곧 진리에 대하
여 증거하려 함이로라"[요18:37]고 하셨다. 이러니 당시
그 누구도 알아듣지 못했던 것이다. 이 세상이 당신
의 나라가 아니라고 하면서 왕이라고 하시고, 또 당
신이 이 땅에 온 목적이 진리에 대하여 증거하려 함
이라고 한 것이다. 당시 이 말을 들은 빌라도는 물
론이고, 아무도 그 말을 알아듣지 못하고 모두 사람
차원으로 듣고 아들 예수를 죽인 것이다. 그리고 지

요한복음 18:37
빌라도가 가로되 그러면
네가 왕이 아니냐 예수께
서 대답하시되 네 말과 같
이 내가 왕이니라 내가 이
를 위하여 났으며 이를 위
하여 세상에 왔나니 곧 진
리에 대하여 증거하려 함
이로라 무릇 진리에 속한
자는 내 소리를 듣느니라
하신대

고린도전서 15:25
저가 모든 원수를 그 발 아래 둘 때까지 불가불 왕 노릇 하시리니

요한복음 14:16~17, 26
16 내가 아버지께 구하겠으니 그가 또 다른 보혜사를 너희에게 주사 영원토록 너희와 함께 있게 하시리니
17 저는 진리의 영이라 세상은 능히 저를 받지 못하나니 이는 저를 보지도 못하고 알지도 못함이라 그러나 너희는 저를 아나니 저는 너희와 함께 거하심이요 또 너희 속에 계시겠음이라
26 보혜사 곧 아버지께서 내 이름으로 보내실 성령 그가 너희에게 모든 것을 가르치고 내가 너희에게 말한 모든 것을 생각나게 하시리라

요한복음 15:26
내가 아버지께로서 너희에게 보낼 보혜사 곧 아버지께로서 나오시는 진리의 성령이 오실 때에 그가 나를 증거하실 것이요

요한복음 16:7
그러하나 내가 너희에게 실상을 말하노니 내가 떠나가는 것이 너희에게 유익이라 내가 떠나가지 아니하면 보혜사가 너희에게로 오시지 아니할 것이요 가면 내가 그를 너희에게로 보내리니

금 이 시간까지 실상으로 이 땅에 오시지 않고 천주교, 기독교인들에게 '왕 노릇' 하시고 계신 것이다[고전 15:25]. 그러니 모두 상상하며 지금 이 세대까지 이어져 온 것이다.

이는 '영원한 언약'이 땅 위에서 실상이 되지 않았다는 명백한 증거다. 예수 그리스도께서 당신이 이 땅에 온 목적이 "진리에 대하여 증거하려 함이라"고 하신 그대로 요14:16~17절, 26절, 15:26절, 16:7~15절에 명백하게 당신이 승천하시면 하나님 아버지께서 보내실 '진리의 성령'에 대하여 증거하셨다. 진리의 성령이 오시면 영원히 땅에 거할 것을, 곧 '영생'을 약속하셨다. 전 성경에 문자 그대로 '진리의 성령, 진리의 영'이라고 기록한 곳은 '요한복음'뿐이다. 그러나 이 언약, 곧 약속은 2천여 년이 지나야 땅 위에서 사실이 되어 이루어진다는 것을 예수 그리스도도 몰랐다. 이에 대해서는 하나님께서 부활하신 아들 예수 그리스도를 만나 유대교에서 그리스도교로 개종한 사도 바울을 사용하여 언약하셨다. 곧 성경이 모든 것을 죄 아래 가두어 둘 것이며, 이는 '믿음이 올 때까지'이고, 이 믿음이 와서 실상이 되어야 하나님께서 예수 그리스도를 통하여 하신 '영원한 언약'이 땅 위에 이루어질

것을 약속해 두셨던 것이다[갈3:22~23].

　예수 그리스도께서 "내가 곧 길이요 진리요 생명"이라고 한 말을 또 사람들은 각자 자신이 본능으로 알고 있는 것으로 보고 만들어 낸 말이 '오직 예수'였다. 이렇게 예수 그리스도를 사용하셔서 하신 말씀들이 2천여 년간 사람들을 율법 아래 가두어 두었다는 것을 아무도 모르고, 아들 예수를 사용하셔서 하나님께서 초림 때 하신 일은 감추어지고 천주교, 기독교인들이 영광을 모두 '아들 예수'에게 돌리게끔 만든 것이다. 이 결과는 치명적이었다. 사람들은 하나님이 행하신 일에는 아무 관심이 없고 "오직 예수" 하며 모두 상상하여 헛되고 헛된 종교생활을 하고 온 것인데 이를 누가 알았는가?

　'영원한 언약'은 하나님께서 하시는데 반드시 사람을 사용하셔서 각 시대마다 이어져 왔을 뿐, 단 한 세대도 땅 위에서 실상이 되지 않았다는 것은 육체도 죽지 아니하고 영생을 얻은 사람이 없었다는 것이 그 증거다. 이는 곧 '단물'을 내는 사람이 아무도 없었다는 명백한 증거다. '샘'은 사람이 본능으로 아는 샘이 아니고 '입'을 뜻한다.

갈라디아서 3:22~23
22 그러나 성경이 모든 것을 죄 아래 가두었으니 이는 예수 그리스도를 믿음으로 말미암은 약속을 믿는 자들에게 주려 함이니라
23 믿음이 오기 전에 우리가 율법 아래 매인 바 되고 계시될 믿음의 때까지 갇혔느니라

야고보서 3:10~11
10 한 입으로 찬송과 저주가 나는도다 내 형제들아 이것이 마땅치 아니하니라
11 샘이 한 구멍으로 어찌 단물과 쓴물을 내겠느뇨

따라서 구약의 언약, 곧 약속도, 신약에 예수 그리스도를 통하여 하신 약속도 다 진리의 성령이 실상이 되어 와서 기록된 모든 언약, 곧 약속이 땅 위에서 사실이 되는 것이 하나님의 뜻이며, 전 성경을 기록하신 목적[시102:18]인 이때를 두고 '장차, 장래, 후일, 미래, 마지막, 종말, 세상 끝'이라고 계속 여러 부분, 여러 모양으로 약속해 두셨던 것이다. 그러므로 반드시 진리의 성령, 곧 진리의 영이 실상이 되어야 '단물'을 낸다는 뜻이기도 하다. 이렇게 될 때 진리의 하나님에 대해서, 예수 그리스도에 대해서, 진리의 성령에 대해서, 하나님의 자녀들에 대해서, 모든 천국의 비밀을 하나하나 밝히 드러내어 하나님의 생각을 대언하므로 창세 이래 그토록 소망한 하나님의 나라가 땅위에서 사실이 되어 이루어지는 것이다. 상상만 하던 하나님 나라가 실상이 되니 당연히 '단물'이 된다.

"샘이 한 구멍으로 어찌 단물과 쓴물을 내겠느뇨"[약3:11]라고 하신 말씀대로 성경을 사용하여 가르치는 모든 지도자는 '쓴물이 아니면 단물' 둘 중 하나를 입에서 낸다. 쓴물은 성경을 가지고 성경과 다른 거짓말로, 지옥 불의 소리로 설교하는 지도자의 혀로서 나무인 사람들을 태워서 생의 바퀴를 불사른다고 하신 것이다

시편 102:18
이 일이 장래 세대를 위하여 기록되리니 창조함을 받을 백성이 여호와를 찬송하리로다

히브리서 1:1
옛적에 선지자들로 여러 부분과 여러 모양으로 우리 조상들에게 말씀하신 하나님이

[약3:1~6]. 지옥 불의 소리를 내는 자들은 다 선생 노릇 하는 자들이며, 이들의 혀는 불이 되어 쉬지 아니하는 악이요 죽이는 독인데도, 그 악독이 더 좋다고 하는 교인들이다. 이런 자들의 입을 사람 방법으로는 막을 수 없었는데 하나님께서 막고 계신다. 코로나19 전염병으로 인해 한 나라 대통령일지라도 마스크를 쓰고 사는 세상이 된 것은 '온 천하는 잠잠하라'는 하나님의 징벌이다.

때가 아닌데 '무화과나무'를 저주하신 예수님

내 형제들아 어찌 무화과나무가 감람 열매를, 포도나무가 무화과를 맺겠느뇨 이와 같이 짠물이 단물을 내지 못하느니라 [약3:12]

이 말씀은 포도나무로는, 곧 예수 이름으로는 절대 무화과 열매를 낼 수 없다는 뜻이다. 또 예수 그리스도도 '단물'을 내지 못한다는 뜻이다. 곧 예수 그리스도는 '짠물'을, '쓴물'을 낸다는 뜻이다. 이는 너무 중요하다. 전 세계 모든 천주교, 기독교인들은 이 사실을 안 믿으면 지옥 불구덩이에 다 들어간다는 뜻이기도 하

야고보서 3:1~6

1 내 형제들아 너희는 선생 된 우리가 더 큰 심판 받을 줄을 알고 많이 선생이 되지 말라

2 우리가 다 실수가 많으니 만일 말에 실수가 없는 자면 곧 온전한 사람이라 능히 온몸도 굴레 씌우리라

3 우리가 말을 순종케 하려고 그 입에 재갈 먹여 온몸을 어거하며

4 또 배를 보라 그렇게 크고 광풍에 밀려가는 것들을 지극히 작은 키로 사공의 뜻대로 운전하나니

5 이와 같이 혀도 작은 지체로되 큰 것을 자랑하도다 보라 어떻게 작은 불이 어떻게 많은 나무를 태우는가

6 혀는 곧 불이요 불의의 세계라 혀는 우리 지체 중에서 온몸을 더럽히고 생의 바퀴를 불사르나니 그 사르는 것이 지옥 불에서 나느니라

다. 이는 믿든 안 믿든 사실이다. 지금 전 세계 성경을 사용하는 모든 사람들 중 은혜로교회 성도들을 제외하고 모두는 다 저주 아래 있다. 짠물을 먹고 있다. 증명한다.

마태복음 21:18~22
18 이른 아침에 성으로 들어오실 때에 시장하신지라
19 길 가에서 한 무화과나무를 보시고 그리로 가사 잎사귀밖에 아무것도 얻지 못하시고 나무에게 이르시되 이제부터 영원토록 네게 열매가 맺지 못하리라 하시니 무화과나무가 곧 마른지라
20 제자들이 보고 이상히 여겨 가로되 무화과나무가 어찌하여 곧 말랐나이까
21 예수께서 대답하여 가라사대 내가 진실로 너희에게 이르노니 만일 너희가 믿음이 있고 의심치 아니하면 이 무화과나무에게 된 이런 일만 할뿐 아니라 이 산더러 들려 바다에 던지우라 하여도 될 것이요
22 너희가 기도할 때에 무엇이든지 믿고 구하는 것은 다 받으리라 하시니라

¹²이튿날 저희가 베다니에서 나왔을 때에 예수께서 시장하신지라 ¹³멀리서 잎사귀 있는 한 무화과나무를 보시고 혹 그 나무에 무엇이 있을까 하여 가셨더니 가서 보신즉 잎사귀 외에 아무것도 없더라 **이는 무화과의 때가 아님이라** ¹⁴예수께서 나무에게 일러 가라사대 **이제부터 영원토록 사람이 네게서 열매를 따 먹지 못하리라** 하시니 제자들이 이를 듣더라… ²⁰저희가 아침에 지나갈 때에 무화과나무가 뿌리로부터 마른 것을 보고 ²¹베드로가 생각이 나서 여짜오되 랍비여 보소서 **저주하신 무화과나무가 말랐나이다** [막 11:12~14, 20~21]

같은 사건이 마21:18~22절에도 기록되어 있다. 이 두 군데 말씀 속에 예수 그리스도 이름으로 2008년 6월 16일까지, 그리고 2022년 4월 현재 전 세계 기독교, 천주교에서 예수 이름으로 예배드리는 자들이 저주의 쓴물, 다른 말로 짠물을 먹고 마시며 미칠 것과 저주 아래 있음을 감추어 두신 예언이며, 유언이다. 이러한 하나님의 뜻을 예수님 자신도 모르셨다. 이 말씀을 하신 하나님의 뜻을 지금 이 세대까지 아

무도 모르고 문자 그대로 사람이 본능으로 아는 것으로 보고 당시 예수님께서 능력이 있으셔서 무화과나무를 저주하신 일로만 알고 말하는 것은 아무 유익이 없다.

예수 그리스도께서 무화과의 때도 아닌데 잎사귀 밖에 없는 무화과나무를 두고 "이제부터 영원토록 사람이 네게서 열매를 따 먹지 못하리라"고 하시니까 "나무가 곧 마른지라"라는 이 기록을 원욕이 그대로인 사람들이 보면 '예수님은 능력자시라 말하시면 그대로 다 되는구나~' 하며 "예수 이름으로 무엇이든지 구하면 다 주신다"고 지어낸 말로 설교한다. 그 말을 듣는 교인들도 원욕이 그대로이니 그 말이 자신의 원욕, 정욕을 채워 주는 마치 도깨비 방망이처럼 생각과 마음에 박혀서 혀로 기도하고 점점 미쳐 간 것이다. 하지만 '이성'이 조금만 있어도 이 말씀은 이해가 되지 않았어야 했다. 때도 아닌데 당연히 잎사귀밖에 없는 것이 자연의 이치다. 다른 분도 아니고 하나님의 아들이 무화과나무를 저주하다니 말이 되는가? 당연히 의문이 들어서 안 믿어져야 한다. 이런 말씀을 이성이 있는 사람들이 보면 합리적이지 않다고 생각하여 절대 하나님도, 아들 예수 그리스도도 안 믿는다.

이런 말씀을 목사들에게 물으면 더 무식한 대답을 하여 겁박하는 자들도 있다. "무조건 믿으라"고 하거나, "성경을 깊이 알려고 하면 안 된다, 그것은 믿음이 아니다" 등등 저 마음대로 잘난 척하고 지껄인다. 그래서 이미 2722여 년 전에 이렇게 예언해 두셨다.

¹¹그러므로 모든 묵시가 너희에게는 마치 봉한 책의 말이라 그것을 유식한 자에게 주며 이르기를 그대에게 청하노니 이를 읽으라 하면 대답하기를 봉하였으니 못 하겠노라 할 것이요 ¹²또 무식한 자에게 이르기를 그대에게 청하노니 이를 읽으라 하면 대답하기를 나는 무식하다 할 것이니라 [사 29:11~12]

성경은 하나님께서 정하신 때가 될 때까지 절대 감추어 두신 천국의 비밀을 알 수 없다는 것조차 모르고, 이미 자신은 다 알고 잘 믿고 있다고 생각하는 자들은 더 지나쳐 아무 이성이 없다. 성경은 봉한 책의 말이라 하나님께서 열어 주시지 아니하면 아들이라도 자신이 무슨 언행을 하는지 알지 못한다. 곧 사람은 한 입으로 쓴물과 단물을 낼 수 없다는 것을 말하는 것이다. 따라서 '단물'은 하나님께서 장가드셔서 거룩한 성전이 된 진리의 성령[호2:19~20]을 사용하셔서 하나님께서 친히 당신의 뜻, 감추어진 천국의 비

호세아 2:19~20
19 내가 네게 장가들어 영원히 살되 의와 공변됨과 은총과 긍휼히 여김으로 네게 장가들며
20 진실함으로 네게 장가들리니 네가 여호와를 알리라

밀을 여시고, 이를 대언하게 하시는 것만이 하나님께서 말씀하시는 '단물'이다. 이 진리, 곧 사실을 인지하고 마음으로 받지 아니하면 영생과는 관계가 없다. 지나온 모든 역사가 이를 명백하게 증명해 주고 있다. 이런 뜻을 감추시고 전 성경을 기록하셨다.

> ¹바벨론 왕 느부갓네살이 유다 왕 여호야김의 아들 여고냐와 유다 방백들과 목공들과 철공들을 예루살렘에서 바벨론으로 옮긴 후에 여호와께서 **여호와의 전 앞에 놓인 무화과 두 광주리로 내게 보이셨는데** ²**한 광주리에는 처음 익은 듯한 극히 좋은 무화과가 있고 한 광주리에는 악하여 먹을 수 없는 극히 악한 무화과가 있더라** ³여호와께서 내게 이르시되 예레미야야 네가 무엇을 보느냐 내가 대답하되 무화과이온데 그 좋은 무화과는 극히 좋고 그 악한 것은 극히 악하여 먹을 수 없게 악하니이다 [렘24:1~3]

이 말씀을 문자 그대로만 보면 구약시대 이스라엘인 유대인들이 바벨론에 포로로 갔을 때를 두고 말한다고 본다. 그렇게만 보면 성경적인 방언만 되어 이 말씀을 기록하게 하신 하나님의 나라 비밀인 하나님의 뜻을 알 수가 없다. 해답을 먼저 말하면 무화과 두 광주리, 곧 처음 익은 듯한 '극히 좋은 무화과' 한 광주리가 있고[렘24:4~7], 또 악하여 먹을 수 없는 '극히 악한 무화과' 한 광주리가 있다[렘24:8~10].

요한계시록 11:8

저희 시체가 큰 성 길에 있으리니 그 성은 영적으로 하면 소돔이라고도 하고 애굽이라고도 하니 곧 저희 주께서 십자가에 못 박히신 곳이니라

이사야 14:1~2

1 여호와께서 야곱을 긍휼히 여기시며 이스라엘을 다시 택하여 자기 고토에 두시리니 나그네 된 자가 야곱 족속에게 가입되어 그들과 연합할 것이며 2 민족들이 그들을 데리고 그들의 본토에 돌아오리니 이스라엘 족속이 여호와의 땅에서 그들을 얻어 노비를 삼겠고 전에 자기를 사로잡던 자를 사로잡고 자기를 압제하던 자를 주관하리라

고린도전서 13:10

온전한 것이 올 때에는 부분적으로 하던 것이 폐하리라

에스겔 12:3~4

3 인자야 너는 행구를 준비하고 낮에 그들의 목전에서 이사하라 네가 네 처소를 다른 곳으로 옮기는 것을 그들이 보면 비록 패역한 족속이라도 혹 생각이 있으리라 4 너는 낮에 그 목전에서 네 행구를 밖으로 내기를 이사하는 행구같이 하고 저물 때에 너는 그 목전에서 밖으로 나가기를 포로되어 가는 자같이 하라

⁵이스라엘의 하나님 여호와가 이같이 말하노라 내가 이곳에서 옮겨 갈대아인의 땅에 이르게 한 유다 포로를 **이 좋은 무화과같이 보아 좋게 할 것이라** ⁶**내가 그들을 돌아보아 좋게 하여 다시 이 땅으로 인도하고 세우고 헐지 아니하며 심고 뽑지 아니하겠고** ⁷내가 여호와인 줄 아는 마음을 그들에게 주어서 그들로 전심으로 내게 돌아오게 하리니 그들은 내 백성이 되겠고 나는 그들의 하나님이 되리라 [렘 24:5~7]

극히 좋은 무화과는 전대미문의 새 언약을 받아 지켜 실행한 성도들에 대한 예언, 유언이다. 영적으로 소돔이라고도 하고 "애굽"[계11:8]이라고 하는 이 세상에 속한 자들에게 포로가 되어 있었고, 영적으로 귀신의 처소인 갈대아인의 땅에서 하나님께서 예비하신 땅으로 빼내셔서, 약속하신 땅에 심으신 "다시 택하신 이스라엘"[사14:1~2]인 낙토에 있는 성도들을 '좋은 무화과'에 비유하신 것이다. 온전한 것이 올 때에 부분적으로 하던 것은 다 폐하고[고전13:10] 신령한 자, 거룩한 자가 된 진리의 성령을 그릇으로 사용하셔서 창세 이래 단 한 세대도 모르고 있었던 전대미문의 새 언약으로 현재 완전히 다시 창조하시고 계신다. 곧 한 몫의 삶을 온전히 버리고 계명을 따라 이사를 했고 [겔12장], '극히 좋은 무화과'가 된 성도들이 이미 태어났

다. 이 열매는 포도나무인 예수 그리스도가 무화과를 맺지 못했다는 명백한 증거다[약3:12].

야고보서 3:12
내 형제들아 어찌 무화과 나무가 감람 열매를, 포도 나무가 무화과를 맺겠느뇨 이와 같이 짠물이 단물을 내지 못하느니라

[8]나 여호와가 이같이 말하노라 내가 유다 왕 시드기야와 그 방백들과 예루살렘의 남은 자로서 이 땅에 남아 있는 자와 애굽 땅에 거하는 자들을 이 **악하여 먹을 수 없는 악한 무화과같이 버리되** [9]**세상 모든 나라 중에 흩어서 그들로 환난을 당하게 할 것이며** 또 그들로 내가 쫓아 보낼 모든 곳에서 치욕을 당하게 하며 말거리가 되게 하며 조롱과 저주를 받게 할 것이며 [10]내가 칼과 기근과 염병을 그들 중에 보내어 그들로 내가 그들과 그 열조에게 준 땅에서 멸절하기까지 이르게 하리라 하시니라 [렘24:8~10]

극히 악한 무화과는 성경과 다른 거짓말로, 지옥 불의 소리로 설교하는 자들과 그들 아래 "아멘" 하며 하인 노릇 하는 교인들에 대한 판결이다. 이 예언, 유언은 귀신의 처소 바벨론, 애굽 땅에 거하는 자들은 극히 악하여 먹을 수 없는 '악한 무화과'로, 더 이상 악할 수 없는 지경에 이른 상태로 이 예언, 유언이 이미 사실이 되었다. 그래서 절대 예레미야 당시 저 이스라엘 유대인들이 아니라, 예수 이름을 사용하는 모든 사람들을 뜻하는 것이다. 하나님께서 이들을 버리신다. 그래서 세상 모든 나라 중에 흩어서 그들로 환난을 당하게 할 것이며, 칼, 곧 전쟁으로, 기근과 염병으로

역대상 21:12
혹 삼 년 기근일찌, 혹 네
가 석 달을 대적에게 패하
여 대적의 칼에 쫓길 일일
찌, 혹 여호와의 칼 곧 온
역이 사흘 동안 이 땅에
유행하며 여호와의 사자
가 이스라엘 온 지경을 멸
할 일일찌 하셨나니 내가
무슨 말로 나를 보내신 이
에게 대답할 것을 결정하
소서

벌하신다. 여호와의 칼인 온역, 염병, 곧 전염병이며, 코로나19도 이에 해당한다. '칼, 기근, 사나운 짐승, 온역'을 예루살렘에 함께 내려서 죽인다는 예언이 악하여 먹을 수 없는 무화과들에게 실상이 된다. 그래서 이 네 가지 재앙이 내리기 전에 모두 성부 하나님께로, 새 언약의 말씀으로 돌아서라고 경고하는 것이다.

'극히 좋은 무화과' 열매를 만드는 '단물'

시편 102:18
이 일이 장래 세대를 위하
여 기록되리니 창조함을
받을 백성이 여호와를 찬
송하리로다

호세아 2:19~20
19 내가 네게 장가들어
영원히 살되 의와 공변됨
과 은총과 긍휼히 여김으
로 네게 장가들며
20 진실함으로 네게 장가
들리니 네가 여호와를 알
리라

포도나무인 예수께서 무화과인 다시 택하신 이스라엘을 만드신 것이 아니다. 여호와 하나님께서 친히 "창조함을 받을 백성들"[시102:18]을 다시 만드시고 계신 것이다. 나도 하나님께서 영원히 거하시는 성전 된 사람, 그래서 하나님의 성령이고, 내가 하나님의 자녀를 낳거나 만드는 것이 아니라, 하나님께서 다시 낳고 만드시는 것이다. 나는 이 선한 일에 먼저 사용된 '사람'이다. 성도들의 더러움을 씻으시고 다시 창조, 곧 제조하시는 분은 하나님이시다. 하나님께서 이렇게 하시는 이유는 다시 창조된 택한 자녀들과 영원히 함께 계시기 위함이다. 이 모든 일은 이미 우리가 이 땅에 사람으로 태어나기 전인 3422여 년 전부터 성경에 다 기록되어 있었다. 그래서 생명책에, 곧 성경 책에 이름이 기록되어야 구원을 받는다고 하신 것이다. 이렇게 온 땅에 있는 모든 사람들에게 '달고 단물'이 2008년 6월 16일에 시작하여 2022년 4월 현재까지 가르치고 계시는 '여호와 하나님의 가르치심'[요6:45]이다. 이 외에 그 어떤 것도 다 '쓴물'이다.

요한복음 6:45
선지자의 글에 저희가 다 하나님의 가르치심을 받으리라 기록되었은즉 아버지께 듣고 배운 사람마다 내게로 오느니라

'단물'을 마실 때 물과 성령으로 거듭나는 것이다. 이 '단물'을 대언하여 무화과 열매를 맺을 때 사용되는 사람, 곧 하나님께서 인치신 '인자'에 대해 아가서 4장에도 예언되어 있다.

> ¹¹내 신부야 네 입술에서는 꿀 방울이 떨어지고 네 혀 밑에는 꿀과 젖이 있고 네 의복의 향기는 레바논의 향기 같구나 ¹²나의 누이, 나의 신부는 잠근 동산이요 덮은 우물이요 봉한 샘이로구나… ¹⁵너는 동산의 샘이요 생수의 우물이요 레바논에서부터 흐르는 시내로구나 [아4:11~12, 15]

이 말씀은 '단물'인 하나님의 가르치심을 대언하는 사람에 대한 예언이자, 솔로몬의 유언이다. 그리고 반드시 6일이 지나고 전 우주적인 일곱째 날인 여호와의 날, 인자의 날인 지금 이 세대에 실상이 되는 예언이며 유언이다. 그래서 "여자 중 극히 어여쁜 자야"[아

아가 6:1
여자 중 극히 어여쁜 자
야 너의 사랑하는 자가 어
디로 갔는가 너의 사랑하
는 자가 어디로 돌이켰는
가 우리가 너와 함께 찾으
리라

요한계시록 3:7
빌라델비아 교회의 사자
에게 편지하기를 거룩하
고 진실하사 다윗의 열쇠
를 가지신 이 곧 열면 닫
을 사람이 없고 닫으면 열
사람이 없는 그이가 가라
사대

고린도전서 13:10
온전한 것이 올 때에는 부
분적으로 하던 것이 폐하
리라

갈라디아서 3:23
믿음이 오기 전에 우리가
율법 아래 매인 바 되고
계시될 믿음의 때까지 갇
혔느니라

아가 6:9
나의 비둘기, 나의 완전한
자는 하나뿐이로구나 그
는 그 어미의 외딸이요 그
낳은 자의 귀중히 여기는
자로구나 여자들이 그를
보고 복된 자라 하고 왕후
와 비빈들도 그를 칭찬하
는구나

6:1]라고 하셨던 것이다. 이는 야고보서 3장의 "단물"을 대언하는 진리의 성령이 실상인 것과 반드시 빌라델비아 교회 사자인 '목사'이고, 거룩하고 신령하신 하나님이 영원히 거하시는 성전이라 '성령, 곧 거룩한 자, 신령한 자'라고 하셨다. 또 '온전한 것, 믿음'이며, "완전한 자는 하나뿐이라"고 하셨던 것이다. 또한 봉한 책의 말을 열어 주실 때 사용되는 사람이라 '봉한 샘', 곧 봉하여 감추어 두신 사람의 입, 하나님의 뜻을 대언하는 입이라는 뜻이다.

"포도나무가 무화과를 맺겠느뇨"라고 한 약3:12절의 예언, 유언이 진실로 사실이다. 즉 하나님께서 말씀하신 무화과는 사람이 본능으로 아는 실제 무화과나무 열매인 무화과를 말씀하신 것이 아니라, 하나님의 백성 '이스라엘'을 뜻하신 것이다. 이스라엘 또한 사람이 본능적으로 아는 저 이스라엘 유대인들이 아니라 '하나님과 겨루어 이긴 자', 곧 하나님의 가르치심을 받고도 생존하여 이긴 다시 택하신 하나님의 백성들, 아들들을 뜻하신 것이다. 그래서 "임마누엘이라 하리라 하셨으니 이를 번역한즉 하나님이 우리와 함께 계시다 함이라"[마1:23]고 하신 예언, 유언이 이제야 땅 위에서 실상이 되어 이루어지고 있다. 믿든 안 믿든 사실이다.

이사야의 예언, 유언도, 예레미야의 예언, 유언도, 창세기부터 요한계시록까지 모든 성경의 예언, 유언은 다 여호와의 날, 인자의 날인 이 세대를 목적으로 기록되었으며, 전 성경에 기록된 사람들, 성경을 기록한 저자들은 다 '그림자요 모형'이다.

그래서 "저희가 섬기는 것은 하늘에 있는 것의 모형과 그림자라 모세가 장막을 지으려 할 때에 지시하심을 얻음과 같으니 가라사대 삼가 모든 것을 산에서 네게 보이던 본을 좇아 지으라 하셨느니라 그러나 이제 그가 더 아름다운 직분을 얻으셨으니 이는 더 좋은 약속으로 세우신 더 좋은 언약의 중보시라"[히8:5~6]고 하신 말씀대로 진리의 성령인 나를 사용하셔서 대언하시는 이 언약은 진실로 '전대미문의 새 언약'이며, 예수 그리스도께서는 새 언약의 중보로 오신 것이다. 이래서 '새 언약'인 온전한 언약을 모르면 모형과 그림자에 대한 하나님의 뜻을 모른다. 그러나 문자 그대로라도 자세히 읽어 보면 신약성경이 하나님께서 말씀하시는 새 언약이 아니라는 것을 인정하게 된다. 그리고 절대 저 유대인들을 지칭하시는 것이 아니며, 절대 아무에게나 누구에게나 전대미문의 새 언약을 알게 하시는 것이 아니다. 이 새 언약으로 귀신의 처소 바벨론에서 포로 된 성도들을 '극히 좋은 무화과'로 다시 만드시는 것이다. 따라서 첫 언약 기간은 6일이며, 이때를 두고 영적인 '밤'이라고 하셨고, 이 기간 전체가 다 그림자와 모형에 해당한다.

예수님이 무화과나무를 저주하여 무화과나무가 말랐다고 하는 말씀 속에 2022년 4월 지금 이 세대까지의 천주교, 기독교의 영적인 실상을 감추어 두셨다. 오늘도 전 세계 교회에서 성경을 사용하여 설교하고 가르치는 마른 무화과나무들인 지도자들의 혀가 불이 되어 나무인 교인들을 지옥 불에 사르고 있다. 이를 감추시고 예수님이 무화과나무를 저주한 것이라고 기록해 두신 것인데, 사람들은 예수 이름을 온갖 이적, 기적을 일으키는 이름, 자신을 왕 자리에 앉혀서 호의호식하게 만드는 도깨비 방망이인 줄 알고 상상하고 있다. 그 이름이 자신을 영원히 지옥 불 구덩이에 들어가게 하는 불이 되어 '영원'을 결판내는 줄은 꿈에도 모르고 있다. 그래서 포도주를 마시고 미쳐 있다고 한 것이다.

"내 백성이 지식이 없으므로 망하는도다"[호4:6]라고 하신 말씀이 사실이다. 창세 이래 지금 이 시간까지 성경을 사용하는 모든 사람들이 다 망했고 하나님께서 말씀하시는 '온전한 영생'을 얻은 사람이 단 한 명도 없었다. '말씀이 하나님이시다'. 모두 때를 분별해야 한다. 지금은 극히 악한 무화과가 일하는 때가 끝나는 '마지막 때'다. 7년 대환난이 이 세대에 일어난다. 코로나19는 하나님의 징벌하심이다. 더 늦기 전에 모두 성부 하나님께로, 단물로 먹이시는 새 언약의 말씀으로 돌아서라. 때가 진실로 급하다!

44

내 형제들아, 너희는 많이 '**선생**'이 되지 말라

「동아일보」 2022년 4월 14일 목요일
「조선일보」 2022년 4월 15일 금요일

스마트폰으로 QR 코드를 스캔 하시면
[이제 온 천하는 잠잠하라] 전문을 다운로드 받을 수 있습니다.

스스로를 '주, 선생, 왕'이라 하신
'예수님'

악인의 집에는 여호와의 저주가 있거니와 의인의 집에는
복이 있느니라 [잠3:33]

하나님께서 미워하시는 패역한 자, 곧 악인의 집에는 여호와의 저주가 있다는 말씀[잠3:33] 속에 2천여 년 천주교, 기독교 역사가 감추어져 있다. 야고보서 3장의 선생 노릇 하는 자의 입은 '저주'를 말한다[약3:5~12]. 혀로 하는 지옥 불의 소리를 듣고 신앙생활하는 자들은 다 패역한 자들이다. 성경을 가지고 가르치거나 설교하는 자들은 저주, 곧 쓴물, 짠물을 내든지, 아니면 '단물'을 낸다. 약3:1~12절에 해당하는 자들은 성경이 모두를 죄 아래 가두어 두는 기간일 때 불의한 자들, 불법하는 자들이며, 이들 아래 있는 교인들은 모두 하나님께 패역한 자들이다. 저주하며

야고보서 3:10~12
10 한 입으로 찬송과 저주가 나는도다 내 형제들아 이것이 마땅치 아니하니라
11 샘이 한 구멍으로 어찌 단물과 쓴물을 내겠느뇨
12 내 형제들아 어찌 무화과나무가 감람 열매를, 포도나무가 무화과를 맺겠느뇨 이와 같이 짠물이 단물을 내지 못하느니라

죽이는 독이 가득한 자는 절대 한 입으로 저주만 할 뿐 찬송을 할 수 없다. 그래서 이미 다음과 같이 판결해 두셨다.

> 내 형제들아 너희는 **선생 된 우리가 더 큰 심판받을 줄을 알고 많이 선생이 되지 말라** [약3:1]

고린도전서 2:13~14
13 우리가 이것을 말하거니와 사람의 지혜의 가르친 말로 아니하고 오직 성령의 가르치신 것으로 하니 신령한 일은 신령한 것으로 분별하느니라
14 육에 속한 사람은 하나님의 성령의 일을 받지 아니하나니 저희에게는 미련하게 보임이요 또 깨닫지도 못하나니 이런 일은 영적으로라야 분변함이니라

야보고서에서 말씀하시는 '선생'은 누구일까? 성경은 사람 생각으로, 본능으로 아는 지식으로 해석하면 절대 안 되며, 반드시 신령한 것은 신령한 것으로 분별해야 한다[고전2:13~14]. '선생'에 대한 영적인 분별을 위해 성경에서 해답을 찾아가자.

> ¹바리새인 중에 니고데모라 하는 사람이 있으니 유대인의 관원이라 ²그가 밤에 예수께 와서 가로되 **랍비**여 우리가 당신은 **하나님께로서 오신 선생인 줄 아나이다** 하나님이 함께 하시지 아니하시면 당신의 행하시는 이 표적을 아무라도 할 수 없음이니이다 [요3:1~2]

유대인의 관원이 예수님을 '선생'이라고 한다. 이렇게 말하는 관원 니고데모도 역시 유대인의 '선생'이다. "예수께서 가라사대 너는 이스라엘의 선생으로서 이러한 일을 알지 못하느냐"[요3:10] 하셨고, 뿐만 아니라 예수님께서 스스로를 '선생'이라고 하셨다. "시장에서

문안받는 것과 사람에게 랍비라 칭함을 받는 것을 좋아하느니라 그러나 너희는 랍비라 칭함을 받지 말라 너희 선생은 하나이요 너희는 다 형제니라"[마23:7~8]라고 하셨고, "저희 발을 씻기신 후에 옷을 입으시고 다시 앉아 저희에게 이르시되 내가 너희에게 행한 것을 너희가 아느냐 너희가 나를 선생이라 또는 주라 하니 너희 말이 옳도다 내가 그러하다 내가 주와 또는 선생이 되어 너희 발을 씻겼으니 너희도 서로 발을 씻기는 것이 옳으니라"[요13:12~14]고 예수님 자신이 자신을 '주, 선생'이라고 하셨다.

'선생'이란 '스승, 가르치는 사람, 학식이 풍부한 사람, 선생님' 또는 상대방에 대한 일반적인 높임말이다. 여기서 '주'라는 말은 '주, 주인, 상전, 주관자, 소유자'라는 뜻이다. 구약성경에 '주'는 다 '여호와 하나님'을 지칭하는데, 신약에 와서 사람이 본능적으로 아는 것으로 보면 여호와 하나님도 '주'라고 하고, 예수 그리스도도 '주'라고 하므로 혼란스럽게 된 것이다. 그래서 생긴 말이 '성자 하나님'이다. 이에 대해서 명확하게 분별을 해야 한다.

> [35]예수께서 성전에서 가르치실쌔 대답하여 가라사대 어찌하여 서기관들이 그리스도를 다윗의 자손이라 하느뇨 [36]다윗이 성령에 감동하여 친히 말하되 **주께서 내 주께 이르시**

되 내가 네 원수를 네 발 아래 둘 때까지 내 우편에 앉았으라 하셨도다 하였느니라 ³⁷다윗이 그리스도를 주라 하였은즉 어찌 그의 자손이 되겠느냐 하시더라 백성이 즐겁게 듣더라 [막12:35~37]

이 말씀은 시편 110편의 "여호와께서 내 주에게 말씀하시기를 내가 네 원수로 네 발등상 되게 하기까지 너는 내 우편에 앉으라 하셨도다"[시110:1]라고 하신 예언, 유언을 인용한 것이다. '여호와'는 유일하신 참 하나님의 이름이며, 성부 하나님을 지칭하는 말이다. 곧 '스스로 있는 자, 나는 나다'라는 뜻으로 하나님의 영원하심과 자존하심 그리고 원인이 없으신 절대 유일하신 존재임을 강조하신 하나님의 고유한 성호다. 영광스러운 신명이다. 특히, 이 용어는 하나님의 백성과 관계되는 구원이나 언약의 성취, 하나님의 신실하심, 인자하심과 관련하여 주로 사용하신다.

¹⁴하나님이 모세에게 이르시되 **나는 스스로 있는 자니라** 또 이르시되 너는 이스라엘 자손에게 이같이 이르기를 **스스로 있는 자가 나를 너희에게 보내셨다 하라** ¹⁵하나님이 또 모세에게 이르시되 너는 이스라엘 자손에게 이같이 이르기를 나를 너희에게 보내신 이는 너희 조상의 하나님 곧 아브라함의 하나님, 이삭의 하나님, 야곱의 하나님 **여호와라 하라 이는 나의 영원한 이름이요 대대로 기억할 나의 표호니라**

[출3:14~15]

이 말씀은 곧 하나님께서 당신의 거룩한 이름인 '여호와'를 모세에게 말씀하시며 당신의 '칭호'를 이렇게 말씀하신 것이다. 그러므로 "여호와께서 내 주에게 말씀하시기를"이라고 하신 것은 '하나님께서 예수 그리스도에게'라는 뜻이다. 하나님께서 다윗을 사용하셔서 말씀하실 때는 "여호와께서 내 주에게 말씀하시기를"이라고 했는데, 예수 그리스도께서는 이를 "주께서 내 주께 이르시되"[막12:36]라고 하여 이 말씀을 사람이 본능으로만 보면 '성자 하나님'이라고 할 수 있는 근거가 되는 것이다.

이뿐만 아니라 앞에 "다윗이 성령에 감동하여 친히 말하되"라는 말씀도 지금 이 시간까지 성령을 상상하게 만들고, 더 나아가 '성령 하나님'이라는 말을 만들어 내게 된 원인이 된 것이다. 이는 치명적인 결과를 낳았다. 2천여 년이 지나도록 성경을 사용하는 모든 사람들을 혼란하게 만든 것이다. 이래서 성경이 모든 것을 죄 아래 가두어 두었다고 하신 것이며[갈3:22~23], 이 또한 하나님께서 이렇게 경영해 오신 일이다.

갈라디아서 3:22~23
22 그러나 성경이 모든 것을 죄 아래 가두었으니 이는 예수 그리스도를 믿음으로 말미암은 약속을 믿는 자들에게 주려 함이니라
23 믿음이 오기 전에 우리가 율법 아래 매인 바 되고 계시될 믿음의 때까지 갇혔느니라

하나님의 뜻을 하나님께서 정하신 때가 될 때까지 아무도 모르게 하시고, 약 1600여 년간 40여 명의 인간 저자들을 사용하셔서 기록하게 하셨던 것이다. 예수님이 자신을 '주와 선생'이라고 말하게 된 것도 하나님께서 그렇게 허락하신 것이다. 또한 이는 당시 예수님은 출3:13~15절의 말씀의 뜻을 모르셨다는 증거이기도 하다. 분명하게 "여호와께서 내 주에게"라고 하셨는데, 예수님은 그대로도 말하지 않고 "다윗이 성령에 감동하여 친히 말하되"라고 한 것과 "주께서 내 주에게"라고 한 것은 여호와 하나님과 성자인 자신과 성령을 동일시하도록 만든 원인이 된 것이다.

또한 "예수께서 가라사대 너희 율법에 기록한 바 내가 너희를 신이라 하였노라 하지 아니하였느냐 성경은 폐하지 못하나니 하나님의 말씀을 받은 사람들을 신이라 하셨거든"[요10:34~35]이라고 한 이 말도 치명적인 실수를 하신 것이다. 이래서 '불뱀'을 만들라고 하셨고, 하나님께서 말씀하시지 않은 말을 너무 교묘하게 하신 말씀이다. 하나님께서는 "내가 너희를 신이라 하였노라"라고 하지 않으셨고, "나 외에 다른 신이 없다"고 하셨다. 그러나 예수님께서 하신 이 말씀 속에는 천국의 비밀이 감추어져 있다. 곧 사람들이 예수 그리스도뿐만 아니라 자신들도 신의 자리에 앉아서 하나님의 말씀을 왜곡하여 "오직 예수" 할 것과 하나님의 영광을 가로채는 수많은 우상들이 2022년 지금 이 시간까지 원욕을 위해 성경을 사용할 것을 감추어 두신 것이다.

왜 예수님을 '불뱀, 놋뱀, 뱀'에 비유하셨을까?

¹⁴모세가 **광야에서 뱀을 든 것같이 인자도 들려야 하리니**
¹⁵이는 저를 믿는 자마다 영생을 얻게 하려 하심이니라 [요 3:14~15]

그렇다면 왜 예수 그리스도를 '뱀'에 비유하셨을까? 모세가 놋뱀을 장대에 달았던 것은 예수 그리스도께서 십자가에 죽으시고 삼 일 만에 신령한 몸으로 부활하시고, 40일 동안 계시다가 승천하실 것을 예언했던 것이다. "이는 저를 믿는 자마다"라고 하신 것은 예수 그리스도 자신에 대한 예언이 성취되어 '십자가에 달려 죽을 것'과 또한 40일 후에 승천하실 것이라는 비밀이 감추어져 있었다. 또한 "저를 믿는 자마다"라는 예언, 유언에도 2천여 년이 지나야 사실이 될 것과 또 다른 보혜사인 '진리의 성령이 실상이 되어', 다른 말

갈라디아서 3:23
믿음이 오기 전에 우리가
율법 아래 매인 바 되고
계시될 믿음의 때까지 갇
혔느니라

고린도전서 13:10
온전한 것이 올 때에는 부
분적으로 하던 것이 폐하
리라

히브리서 9:16~17
16 유언은 유언한 자가
죽어야 되나니
17 유언은 그 사람이 죽
은 후에야 견고한즉 유언
한 자가 살았을 때에는 언
제든지 효력이 없느니라

에스겔 15:2
인자야 포도나무가 모든
나무보다 나은 것이 무
엇이랴 삼림 중 여러 나
무 가운데 있는 그 포도나
무 가지가 나은 것이 무엇
이랴

로는 "믿음이 올 때까지"[갈3:23], 또 다른 말로 "온전한
것이 올 때에"[고전13:10]라고 하신 때가 감추어져 있다.
그래서 하나님께서 정하신 때인 지금 이 세대에 "영
생을 얻게 하려 하심이니라"고 하신 말씀이 실상이 된다
는 뜻이다.

그래서 "예언, 유언"[히9:16~17]에 대한 뜻을 모르면
"예수님이 인간의 모든 죄, 곧 과거에 지은 죄, 현재
에 짓고 있는 죄, 미래에 지을 죄까지 다 지시고 십
자가에 죽으셨다"라는 거짓말을 지어내어 지옥 불에
보내는 '저주, 쓴물, 독주'가 된다. 다시 말하면 민수기
21장의 불뱀, 놋뱀에 비유된 예수님과 광야에서 이스
라엘 백성들을 물어 죽인 '불뱀들'에 감추어 두신 하
나님의 뜻을 모르게 된다는 뜻이다. 그래서 에스겔 15
장에 포도나무가 모든 나무, 곧 불뱀들보다 나은 것
이 무엇이냐고 하셨던 것이다. 이를 다른 말로 표현
하면 "내 형제들아 어찌 무화과나무가 감람 열매를, 포도
나무가 무화과를 맺겠느뇨"[약3:12]라고 하셨던 말씀의
뜻과 동일하다.

그래서 야고보서 3장에 말에 실수를 하는 선생에 해
당하는 사람들 중 일 순위가 바로 '예수 그리스도'시
다. 성경을 문자 그대로, 사람이 본능으로 아는 지식

으로 보면 절대 하나님의 나라와 아무 관계가 없다. 도리어 죄에 죄를 더하여 합법적으로 하나님께 심판을 받는 대상이 되는 것이다. '포도나무'에 대한 천국의 비밀을 모르면, '무화과'에 대한 천국의 비밀을 모르면 하나님의 나라와 아무 관계가 없다. 야고보서 3장을 기록한 저자 야고보조차도 이 말씀 속에 감추어 두신 하나님의 뜻을 몰랐다. 그래서 이렇게 기록한 야고보 자신도 '선생 노릇'에 해당함을 몰랐는데, 어떻게 예수 그리스도가 신령한 몸으로 다시 부활하시고도 여호와 하나님께 받은 열쇠가, 그것도 세세토록 받은 열쇠가 왜 "사망과 음부의 열쇠"[계1:18]인지 감추어 두신 비밀을 알았겠는가?

2년이 넘도록 전 세계에 역병(염병, 전염병, 온역, 여호와의 칼, 곧 코로나19)으로 인해 수백만 명의 사람들이 죽어도 남의 일로 여기는 자들은 '여호와의 저주'가 있는 자들이며, '불뱀들'에 물려서 육체는 살아 있으나 영적으로 죽은 자들이다. 진실로 갈3:22~23절의 예언, 유언이 사실이었다. 믿음이 올 때까지 아들 예수에게도 하나님의 뜻을 알게 하지 않으셨다. 그래서 예수님은 썩는 양식을 먹인 '인자'이고[요6:27], 땅의 일을 말하였으며[요3:12], 선생 노릇을 하신 것이다.

요한계시록 1:18
곧 산 자라 내가 전에 죽었었노라 볼찌어다 이제 세세토록 살아 있어 사망과 음부의 열쇠를 가졌노니

갈라디아서 3:22~23
22 그러나 성경이 모든 것을 죄 아래 가두었으니 이는 예수 그리스도를 믿음으로 말미암은 약속을 믿는 자들에게 주려 함이니라
23 믿음이 오기 전에 우리가 율법 아래 매인 바 되고 계시될 믿음의 때까지 갇혔느니라

요한복음 6:27
썩는 양식을 위하여 일하지 말고 영생하도록 있는 양식을 위하여 하라 이 양식은 인자가 너희에게 주리니 인자는 아버지 하나님의 인치신 자니라

요한복음 3:12
내가 땅의 일을 말하여도 너희가 믿지 아니하거든 하물며 하늘 일을 말하면 어떻게 믿겠느냐

민수기 21:6~9

6 여호와께서 불뱀들을 백성 중에 보내어 백성을 물게 하시므로 이스라엘 백성 중에 죽은 자가 많은 지라

7 백성이 모세에게 이르러 가로되 우리가 여호와와 당신을 향하여 원망하므로 범죄하였사오니 여호와께 기도하여 이 뱀들을 우리에게서 떠나게 하소서 모세가 백성을 위하여 기도하매

8 여호와께서 모세에게 이르시되 불뱀을 만들어 장대 위에 달아 물린 자마다 그것을 보면 살리라

9 모세가 놋뱀을 만들어 장대 위에 다니 뱀에게 물린 자마다 놋뱀을 쳐다본 즉 살더라

예수님께서 하신 이 언행이 2022년 지금 이때까지 전 세계에 예수 믿는다고 하는 모든 사람들을 죄 아래 가두어 두는 '선생의 입'이 된 것이다. 그래서 예수 그리스도를 '불뱀'에 비유하신 것이고, 예수 이름 사용하는 모든 천주교 교황, 신부, 기독교 목사들을 '불뱀들'에 비유하신 것이며, "모세가 놋뱀을 만들어 장대 위에 다니 뱀에게 물린 자마다 놋뱀을 쳐다본즉 살더라"[민21:9]고 하신 것은, 하나님께서 이 땅에 보내신 아들 예수를 사용하셔서 여호와 하나님이 행하신 일을 바라보라고 하셨던 것이다. 민21:6~9절에서 당시 놋뱀을 쳐다본 자들은 일시적으로는 살았으나, 결국 그들 각자의 죄가 목에 차면 육체가 죽은 것이다. 이 모두는 결국 그림자와 모형이었다.

¹⁴그러나 너희 마음 속에 독한 시기와 다툼이 있으면 자랑하지 말라 진리를 거스려 거짓하지 말라 ¹⁵이러한 지혜는 **위로부터 내려온 것이 아니요 세상적이요 정욕적이요 마귀적이니** ¹⁶시기와 다툼이 있는 곳에는 요란과 모든 악한 일이 있음이니라 [약3:14~16]

'전대미문의 새 언약'[히8장]이 아닌 것은 다 저주 아래 있게 하고, 쓴물이요, 짠물이다. 혀로, 말로만 예수 이름을 사용하는 모든 지도자들은 예수님이 저주하신 무화과나무들이요, 이들은 본래 무화과를 영원히 맺지 못하

는 자들임을 마21:18~21절, 막11:12~14절, 20~24절에서 말씀하신 예언, 유언 속에 비밀로 감추어 두셨던 것이다. 이는 진리의 성령이 와서 모든 진리 가운데로 인도할 때까지 감추어 두신 천국의 비밀이었다.

문제는 이 세대에 누가 이 사실을 알고 믿었는가? 이런 진리를 거스려 거짓 하는 자들이 나를 감옥에 가둔 자들이고, '이단'이라 정죄한 자들이다. 이런 자들은 혀로 말만 하고 계명은 지켜 실행하지 않는 자들이며, 전부 선생 노릇 하는 자들이고, 하나님의 원수요, 대적자들이다. 그래서 포도나무는 무화과 열매를 맺지 못한 것이다.

야고보서 3:12
내 형제들아 어찌 무화과 나무가 감람 열매를, 포도나무가 무화과를 맺겠느뇨 이와 같이 짠물이 단물을 내지 못하느니라

이렇게 된 결정적인 원인은 예수 그리스도께서 자신을 '주'라 하셨고, '선생'이라고 하셨으며, 2022년 이 세대까지 불가불 "왕 노릇"[고전15:25] 하고 오신 것이다. 그래서 멸망으로 인도하는 크고 넓은 문에 있는 자칭 선지자, 주의 이름으로 귀신을 쫓아내고 많은 권능을 행했다고 하는 자들에게 "불법을 행하는 자들아, 나는 도무지 너희를 모른다" 하며 "내게서 떠나가라"고 하신 것이다[마7:13~27]. 예수님께서 자신을 두고 '주, 선생'이라고 하신 말씀이 지옥 불이 되어 오늘까지 예수 믿는다고 하는 모든 사람들이 다 육체가 죽

요한복음 13:13
너희가 나를 선생이라 또는 주라 하니 너희 말이 옳도다 내가 그러하다

고린도전서 15:25
저가 모든 원수를 그 발 아래 둘 때까지 불가불 왕 노릇 하시리니

은 것이다. 그래서 성경이 모든 것을 죄 아래 가두어 두었다고 하신 것이다. 이는 썩는 양식이었고, 예수 이름으로 실족해 있는 것이다. 이런 영적인 상태를 두고 야고보서 3장에서는 '쓴물, 짠물, 저주'라고 하셨으며, "세상적이요 정욕적이요 마귀적이니"라고 하셨다. "자녀들은 혈육에 함께 속하였으매 그도 또한 한 모양으로 혈육에 함께 속하심은 사망으로 말미암아 사망의 세력을 잡은 자 곧 마귀를 없이 하시며"[히2:14]라고 하신 이 예언, 유언이 2022년 오늘까지 전 세계 천주교, 기독교에서 사실이 되어 하나님께서 예수 그리스도를 사용하셔서 악인들을 심판하시고 계신 명백한 증거이다.

예수 그리스도를 살리신 분은 **하나님**이시며, 오직 **'주'는 성부 하나님 한 분뿐**이시다

요한복음 16:7~8
7 그러하나 내가 너희에게 실상을 말하노니 내가 떠나가는 것이 너희에게 유익이라 내가 떠나가지 아니하면 보혜사가 너희에게로 오지 아니할 것이요 가면 내가 그를 너희에게로 보내리니
8 그가 와서 죄에 대하여, 의에 대하여, 심판에 대하여 세상을 책망하시리라

예수 그리스도에 대한 하나님의 뜻이 밝혀지는 것은 진리의 성령이 실상이 되어 죄에 대해서, 의에 대해서, 심판에 대해서 모든 진리 가운데로 인도하고 있다는 명백한 증거다[요16:7~15]. 예수님을 '뱀, 불뱀, 놋뱀'에 비유하신 것은 예수 이름으로 사망의 세력 잡은 자, 마귀를 없이 하시기 위함이며, 성경과 다

른 거짓말하는 자들, 말로 혀로만 "오직 예수, 하나님, 주여" 하는 자들을 캄캄한 흑암에 갇힌 채 한 몫의 삶을 살고, 죄가 목에 차면 영원히 꺼지지 아니하는 영벌에 들어가게 하신다. 이들이 드리는 예배는 "그들은 하나님께 제사하지 아니하고 마귀에게 하였으니 곧 그들의 알지 못하던 신 근래에 일어난 새 신 너희 열조의 두려워하지 않던 것들이로다"[신32:17]라고 3422년 전에 모세를 통해 예언, 유언해 두셨다. 마귀들, 마귀에게 제사하는 자들은 예수님의 언행 속에 감추어 두신 '천국의 비밀'은 모른 채 "오직 예수" 하며 예수 이름을 이용만 한다. 그래서 예수 그리스도께서 '단물'을 먹이시는 인자가 아니었다. '인자'라고 하면 하나님의 아들이라고 하는 고착된 생각을 뿌리째 뽑아 버려야 한다. 오히려 '주, 선생, 왕'이라 하여 실족케 하신 것이 명백한 사실이다.

'단물'은 하나님께서 친히 가르치시는 살아 계신 하나님의 말씀, 곧 영원한 언약이며, 하나님께서 미리 정해 두신 진리의 성령을 사용하여 행하시는 15년째 이 일이다.

그러므로 하나님께서 은혜를 주시지 아니하면 그 누구도 진리를 깨달을 수 없다. 사람에게 주신 자유의지로 각각 자신의 지위를 지키며 오직 하나님께 영광을 돌리는 온전한 삶은 절대 다른 세대가 아니고, 전 우주적인 일곱째 날인 지금 이 세대에 실상이 된다. 하나님을 알 수 있는 유일한 길은 오직 '성경'이며, 성경이 하나님의 법이며, 생명책이다. 이 책은 멸망하는 자들에게는 그냥 '책'이지만, 영생을 얻는 자들에게는 '생명책'이다. 예수님께서도 하나님께서 정하신 때를 모르셨다. 그래서 '시험하는 돌'이라고 비유해 두신 것이다. 하나님께서 친히 진리의 성령을 사용하여 전대미문의 새 언약[히8장]을 하실 때 '새 언약, 곧 영원한 언약의 중보'[히8:6, 9:15]로 오신 것이 사실이다. 이미 전 성경에 하층, 중층, 상층의 소리로 천국의 비밀을 감추시고 기록하신 것이다. 진실로 장래 일을 사람에게 알게 하시는 하나님이 아니셨다.

> 선지자의 글에 **저희가 다 하나님의 가르치심을 받으리라** 기록되었은즉 아버지께 듣고 배운 사람마다 내게로 오느니라 [요6:45]

지금 이때 하나님께서 친히 가르치시는 새 언약으로 돌아서지 아니하면 전 성경에 기록된 모든 재앙이 다 내릴 때 피할 수가 없다. 고통이 심하여 "죽기를 구하여도 죽음이 저희를 피할 것이라"[계9:6]고 하신 말씀이

히브리서 8:6
그러나 이제 그가 더 아름다운 직분을 얻으셨으니 이는 더 좋은 약속으로 세우신 더 좋은 언약의 중보시라

히브리서 9:15
이를 인하여 그는 새 언약의 중보니 이는 첫 언약 때에 범한 죄를 속하려고 죽으사 부르심을 입은 자로 하여금 영원한 기업의 약속을 얻게 하려 하심이니라

사실이 되며, 사람들이 세상에 일어날 일들을 인하여 기절할 것이라고 하셨다[눅21:26]. 예수 이름 사용하여 교인들을 지옥 불구덩이에 보내는 이 일의 결과로 받는 보응은 차라리 사람으로 태어나지 않는 것이 더 낫다는 말 외에 표현할 길이 없다. 전 세계 성경을 사용하는 모든 사람들이 예수 이름으로 실족해 있다. 지금 이때가 '심판 날'이며, 전 성경에서 말씀하시는 '환난 날'이다. 이는 "진리의 성령이 오실 때에 그가 나를 증거하실 것이요"[요15:26]라는 예언, 유언이 사실이 되어 예수 그리스도에 대해 성경대로 밝히는 것이다.

누가복음 21:26
사람들이 세상에 임할 일을 생각하고 무서워하므로 기절하리니 이는 하늘의 권능들이 흔들리겠음이라

하나님께서 사람의 생각과 하나님의 생각은 진실로 다르다는 것을 성경 속에 감추어 두신 하나님의 뜻, 곧 천국의 비밀을 친히 밝혀 주시므로 명명백백하게 창조주 여호와 하나님과 피조물의 관계가 명확해지고, 각자에게 주신 사명대로 위치를 지키며 여호와 하나님께만 영광을 돌리는 삶이 되어 온 하늘과 땅이 하나님 안에서 통일이 되는 것이다. 전 우주적인 일곱째 날, 여호와의 날, 인자의 날에 새 언약의 말씀으로 사람은 사람의 위치를 지키고, 각자에게 주어진 역할을 감당하여 진실로 하나님의 나라는 이런 나라, 이런 삶이라고 모든 피조물들에게 바른 진리, 사람의

도리를 지켜서 행복하게 사는 세상을 만드시는 것이 하나님의 뜻이다.

> 이제는 나 곧 내가 그인 줄 알라 **나와 함께 하는 신이 없도 다** 내가 죽이기도 하며 살리기도 하며 상하게도 하며 낫게 도 하나니 내 손에서 능히 건질 자 없도다 [신32:39]

은혜로교회 성도들은 이 말씀대로 여호와 하나님 만 참 신이라고 알고 있는데, 혀로 "오직 예수" 하는 천주교, 기독교인들 그 누구도 이 사실을 모르고 있 다. 구약성경만 가지고 하나님의 말씀이라고 인정하 는 것 또한 하나님과 아무 관계가 없다. 또 신약성경 만 가지고 복음이라고 하고, "오직 예수"라고 혀로 말 만 하는 자들도 하나님과 아무 관계가 없다. 하나님 께서 때를 미리 정해 두시고 생명책에 기록된 대로 이 땅에 보내시고, 당신이 정하신 뜻대로 온 세계 천 지 만물을 경영하시는 하나님이시다. 혀로 말만 하 는 것이 절대 아니다. 말씀이 하나님이심을 진실로 인정하는 것은 여호와 하나님의 명령, 다른 말로 계 명을 지켜 실행하는 것이다.

선한 분은 오직 하나님 한 분이시고, 하나님께서 이 선한 일 에 사용하시는 진리의 성령도 한 사람이다. 하나님의 선한 행실을 알게 하는 '사람'은 반드시 "내가 네게 장가 들어 영원히 살되 의와 공변됨과 은총과 긍휼히 여김으로 네게 장가들며 진실함으로 장가들리니 네가 여호와를 알리라"[호 2:19~20]고 하신 예언이 실상이 된 '여자', "과부로 명부에 올릴 자는 나이 육십이 덜 되지 아니하고 한 남편의 아내이었던 자로서 선한 행실의 증거가 있어 혹은 자녀를 양육하며 혹은 나그네를 대접하며 혹은 성도들의 발을 씻기며 혹은 환난당한 자들을 구제하며 혹은 모든 선한 일을 좇은 자라야 할 것이요"[딤전5:9~10]라고 한 이 예언, 유언이 실상이 된 자인 '참 과부'여야 한다. 너무도 명백하게 진리의 성령인 '나'에 대한 예언이었고, 이미 사실이 되었다.

'절대 선'이신 '하나님의 도'를 지켜 실행하는 삶, 다른 말로 하나님의 모든 명령, 모든 계명을 따라 사는 삶 자체가 하나님께서 말씀하신 '선행'이다. 창조주 하나님의 계명을 모르고 사는 삶은 하나님께서 말씀하시는 선행이 아니다. 그래서 "의인은 없나니 하나도 없다"[롬3:10~12]고 하셨다. 예수 그리스도께서 말씀을 받은 자들을 신이라 한 것은 치명적인 죄다. 하나님 외에 신은 없다고 하셨는데 "내가 너희를 신이라 하였노라", "하나님의 말씀을 받은 사람들을 신이라 하셨거

로마서 3:10~12
10 기록한 바 의인은 없나니 하나도 없으며
11 깨닫는 자도 없고 하나님을 찾는 자도 없고
12 다 치우쳐 한 가지로 무익하게 되고 선을 행하는 자는 없나니 하나도 없도다

요한복음 10:34~35
34 예수께서 가라사대 너
희 율법에 기록한 바 내가
너희를 신이라 하였노라
하지 아니하였느냐
35 성경은 폐하지 못하
나니 하나님의 말씀을 받
은 사람들을 신이라 하셨
거든

요한복음 13:13
너희가 나를 선생이라 또
는 주라 하니 너희 말이
옳도다 내가 그러하다

누가복음 23:3
빌라도가 예수께 물어 가
로되 네가 유대인의 왕이
냐 대답하여 가라사대 네
말이 옳도다

요한계시록 1:18
곧 산 자라 내가 전에 죽
었었노라 볼찌어다 이제
세세토록 살아 있어 사망
과 음부의 열쇠를 가졌
노니

든"[요10:34~35]이라고 한 말과 스스로를 '주, 선생, 왕'
이라고 하신 말로 인해 2천여 년 동안 예수 그리스도
를 믿는 사람들을 얼마나 많이 죽였는지 셀 수가 없
다. 이런 치명적인 죄로 인해 신령한 몸으로 부활하
시고도 '사망과 음부의 열쇠'를 받으신 것이다. 이렇게
하나님의 심판을 받고도 이 시간까지 우상이 되어 있
다고 하면 누가 믿을까?

이제 '오직 예수'가 '주'가 아니라 '성부 하나님'만이 우리
의 '주'이시다. 모두 성부 하나님께로, 전대미문의 새 언
약으로 돌아서야 한다. 모든 죄악에서 돌이키라는 경고
가 2년이 넘게 지속되는 '코로나19 온역 재앙'이다. 이 경
고에도 돌아서지 아니하면 성경에 기록된 모든 재앙이
이 땅에 다 내릴 때 피할 길이 없다. 진실로 '새 언약'으로
돌아서야 한다.

이제 온 천하는 **잠잠하라**

네가 하나님처럼
'팔'이 있느냐?

45

「동아일보」 2022년 4월 21일 목요일
「조선일보」 2022년 4월 22일 금요일

스마트폰으로 QR 코드를 스캔 하시면
[이제 온 천하는 잠잠하라] 전문을 다운로드 받을 수 있습니다.

누가 하나님처럼
'팔'이 있는가?

⁸네가 내 심판을 폐하려느냐 스스로 의롭다 하려 하여 나를 불의하다 하느냐 ⁹네가 하나님처럼 팔이 있느냐 하나님처럼 우렁차게 울리는 소리를 내겠느냐 [욥40:8~9]

욥기서의 이 말씀은 치명적인 판결이다. 문자 그대로는 욥에게 책망하시지만 이는 예수 그리스도와 예수 그리스도의 이름을 사용하는 모든 종교 지도자들이 하나님의 심판을 폐하려느냐고 하신 것이다. 욥을 사단이 시험하도록 허락하신 것은 하나님의 판결이었다. 그러나 자신이 받는 고난이 이해가 되지 않아 억울하다고 세 친구와 변론을 하는 욥에게 하나님께서 친히 책망하시는 말씀이다. 자신은 의로운데 하나님께서 불의하셔서 자신을 심판하신다는 욥에게 "나를(하나님을) 불의하다 하느냐"고 하신 것이다. 이

렇게만 아는 것은 성경적인 방언만 되어 성경을 보는 모든 사람에게 아무 유익이 없다.

 이 말씀은 가장 먼저는 예수 그리스도께서 이 땅에 오시기 1400여 년 전에 이미 예수 그리스도께서 하나님의 심판을 폐하려 한다고 판결해 두신 말씀이고, 땅에서 예수 이름 사용하는 모든 사람이 다 이 판결의 말씀에 해당한다. 하나님 한 분 외에 신은 없는데, 혀로 "예수님을 구주로 영접합니다"라고 말만 하면 "어떤 죄도 다 용서받았다" 하고, 더 미친 말은 "당신의 과거의 모든 죄, 현재 짓고 있는 모든 죄, 미래에 지을 죄까지 예수님이 다 지시고 십자가에 죽으셨고, 예수님을 당신의 구주로 영접하기만 하면 이 시간부터 천국 티켓을 이미 받은 것"이라고 하는 이 미친 말이 바로 하나님의 심판을 폐하려 하는 언행이다.

 하나님께서 예수 이름으로 2천 년간 이런 영적인 상태일 것을 욥기서에 미리 예언해 두신 것이다. 욥도 처음에는 자신에게 일어난 사건에 대해 원망하지 않다가 가진 모든 것을 다 잃고 나니까 원망하기 시작했다. 이것은 자신은 이미 의롭다고 생각하고 하는 언행이며, 하나님 앞에 의롭게 행동했다고 스스로 착각한 것이다. 이성을 가지고 신약성경을 보면 사실 예수 그리스도도 하나님의 말씀에 비추어서 자신을 살피지 않았다. 이에 대한 증거가 하나님께서 하신 말씀을 다음과 같이 왜곡한 것이다.

> [34]예수께서 가라사대 너희 율법에 기록한 바 내가 너희를 신이라 하였노라 하지 아니하였느냐 [35]성경은 폐하지 못하나니 **하나님의 말씀을 받은 사람들을 신이라 하셨거든** [요 10:34~35]

신은 오직 하나님 한 분뿐이시며, 하나님만 참 신이시다. 그러나 예수님께서 하신 이 말씀은 2022년 오늘까지 전 세계에 얼마나 많은 사람을 예수 이름으로 죽였는지 그 수를 셀 수가 없다. 이렇게 치명적인 죄를 지었으므로 신령한 몸으로 부활하고도 "사망과 음부의 열쇠"[계1:18]를 받으신 것이다. 이것은 예수 그리스도께서 하나님을 경외하는 일을 폐한 것이며, 하나님 앞에 묵도하기를 그치게 한 것이다. 하나님 외에 신은 없다고 하셨는데 말씀을 받은 자들을 '신'이라 한 것은 치명적인 죄다.

이런 기록이 없었다면 오늘날 우리도 모두 마찬가지였을 것이다. 그래서 전 성경 기록 목적은 창조함을 받을 백성들을 위해 기록되었고[시102:18], 예수 그

요한계시록 1:18
곧 산 자라 내가 전에 죽었었노라 볼지어다 이제 세세토록 살아 있어 사망과 음부의 열쇠를 가졌노니

욥기 15:4
참으로 네가 하나님 경외하는 일을 폐하여 하나님 앞에 묵도하기를 그치게 하는구나

시편 102:18
이 일이 장래 세대를 위하여 기록되리니 창조함을 받을 백성이 여호와를 찬송하리로다

리스도는 "새 언약의 중보"[히8:6, 9:15]로 이 땅에 오신 것이 너무도 명백하다. 신약과 구약성경이 모두 주어졌기에 밝힐 수 있는 천국의 비밀이다. 그러나 이는 하나님 편에서 이렇게 경영해 오신 하나님의 뜻이었고, 사람은 피조물로서 각자에게 주어진 자유의지로 여호와 하나님의 계명을 지켜 말씀대로 살아야 할 의무가 있으며, 자신의 지위를 지켜야 하는 것이다.

히브리서 8:6
그러나 이제 그가 더 아름다운 직분을 얻으셨으니 이는 더 좋은 약속으로 세우신 더 좋은 언약의 중보시라

히브리서 9:15
이를 인하여 그는 새 언약의 중보니 이는 첫 언약 때에 범한 죄를 속하려고 죽으사 부르심을 입은 자로 하여금 영원한 기업의 약속을 얻게 하려 하심이니라

따라서 하나님의 뜻을 몰랐으니까 그랬다고 그 누구도 핑계 대면 안 된다. 사람이 자신은 죄 없다고 하는 그 자체가 하나님을 거짓말하는 분으로 만드는 것이다. 이를 두고 욥기 40장에서 스스로 의롭다 하는 것은 하나님의 심판을 폐하는 것이며, 하나님을 불의한 분으로 생각하는 패역이라고 하신 것이다. 인간이 인간다운 것은 자신의 분수를 아는 것이다. 교만과 겸손의 차이는 영원한 지옥과 영원한 천국의 차이다. 전대미문의 새 언약이 아니면 그 누구도 하나님의 나라와 아무 상관이 없다. 진실로 말씀이 하나님이시다.

욥기 40:8
네가 내 심판을 폐하려느냐 스스로 의롭다 하려 하여 나를 불의하다 하느냐

"네가 하나님처럼 팔이 있느냐"라고 하신 말씀이 너무 이상하지 않은가? 곧 '의문'이지 않은가? 욥은 사람이니 팔이 있다. 예수 그리스도도 팔이 있고, 예수 이

욥기 40:9
네가 하나님처럼 팔이 있느냐 하나님처럼 우렁차게 울리는 소리를 내겠느냐

45. 네가 하나님처럼 '팔'이 있느냐?　　67

를 사용하는 모든 신앙인들도 다 팔이 있다. 반면 하나님은 '영'이시니 팔이 없으시지 않은가? 이성이 있는 사람이면 그 누가 보아도 이 말씀이 이상하여 이해가 안 되어야 한다. 곧 의문이 들어 '이것이 무슨 말인가?' 하고 의심이 들어야 한다. '오직 예수'가 살리는 구원자, 메시야라고 가르쳤는데 왜 2022년 오늘까지 단 한 명도 육체도 죽지 않고 산 자가 없었을까? 예수님께서 "내가 곧 길이요 진리요 생명이니"라고 하셨는데 왜 아무 열매가 없이 모두 다 죽은 것일까? 그럼 이 말씀이 잘못 기록된 것일까? 절대 아니다. 그래서 전 성경은 '의문'이다. 의문에만 머물러 있었으므로 온전히 '영생'을 얻은 자가 아무도 없었던 것이다.

구약에 에녹과 엘리야도 죽음을 보지 않고 옮기웠다고만 했을 뿐 그들이 어디에 있는지 기록되지 않았으며, 의문이다. 또한 예수 그리스도는 '성자'인데 심지어 '성자 하나님'이라고 하는데 왜 승천하셨으며, 그곳이 천국이라면 왜 다시 강림하신다고 하실까? '성모'라며 상을 만들어 경배받는 마리아는 왜 죽었을까? "회개하라 천국이 가까왔느니라"[마4:17]고 가르쳤는데 왜 이 온 세상은 천국은커녕 사람다운 사람이 살 수 없는 세상이 되었을까? 왜 사람이 만든 '돈'이 하나님이 된 세상이 되었을까? 이런 사람들은 다 팔이 있는데 왜 하나님께서는 "네가 하나님처럼 팔이 있느냐"고 하실까? 혀로 말로만 "하나님, 예수님, 오 주여, 오직 예수" 하며 공갈하고 사기 치는 전 세계의 우상들아, 왜 이렇게 반대로 말씀하여 기록해 두셨는지 너는 아느냐? 우상 앞에 부복하고 돈 바치고 우상 숭배 하는 교인들아, 그 죄가 너를 지옥 가게 하는 것이다. 더 이상 속지 마라, 이 하인들아!

전 성경은 '의문'이다. 사람이 아무도 이 의문을 풀지 못했다는 것에 대한 명백한 증거가 창세 이래 모든 사람들이 다 죽은 것이다. 곧 '죽이는 의문'에 해당하는 기간이었기 때문이다. 한 마디로 말하면 "살리는 것은 영이니 육은 무익하니라 내가 너희에게 이른 말이 영이요 생명이라"[요6:63]고 하신 말씀에 해답이 있다. "예수께서 대답하시되 진실로 진실로 네게 이르노니 사람이 물과 성령으로 나지 아니하면 하나님 나라에 들어갈 수 없느니라 육으로 난 것은 육이요 성령으로 난 것은 영이니"[요3:5~6]라고 하셨는데, 예수님은 왜 죽었으며, 또 가르침을 받은 제자들은 왜 다 죽은 것일까? 영성이 높다는 사도 바울도 "의문은 죽이는 것이요 영은 살리는 것임이니라"[고후3:6]고 가르쳤는데 왜 순교하여 죽었을까?

고린도후서 3:6
저가 또 우리로 새 언약의 일군 되기에 만족케 하셨으니 의문으로 하지 아니하고 오직 영으로 함이니 의문은 죽이는 것이요 영은 살리는 것임이니라

이는 다 '의문'을 가르쳤다는 하나님의 판결이다. 그 결과로 인하여 육체가 다 죽은 것이다.

곧 예수 그리스도도, 사도들도, 2022년 이날까지 모두 다 '의문'을 가르치고 죽은 것이다. 이렇게 된 것은 3422년 전에 "네가 하나님처럼 팔이 있느냐"[욥40:9]고 하신 판결대로 다 팔이 없었기 때문이다. 하나님의 심판을 받아서 다 죽은 것이다. 예수님이 구원자라면 왜 예수 이름 믿는다고 하는 모든 사람들이 다 죽었는지에 대한 판결도 성경에 이미 기록해 두셨고, 기록하신 판결대로 하나님께서 심판하셨기 때문에 다 죽은 것이다. 다시 말하면 '살리는 영'으로 다시 창조되지 않았다는 뜻이다.

'하나님의 팔'이 없어
한 번 죽으셔야 했던 예수 그리스도

이사야 55:8~9
8 여호와의 말씀에 내 생각은 너희 생각과 다르며 내 길은 너희 길과 달라서 9 하늘이 땅보다 높음같이 내 길은 너희 길보다 높으며 내 생각은 너희 생각보다 높으니라

하나님께서 말씀하시는 '팔'은 무슨 뜻일까? 하나님은 신령하신 분이시고, 신령한 하나님의 말씀은 반드시 말씀에서 해답을 찾아야 한다. 하나님의 뜻대로 말씀을 받고 믿는 것이 '믿음'이다. 사람의 생각과 하나님의 생각이 어떻게 다른지 따라가 보자. 하나님의 팔

은 '여호와 하나님의 능력, 힘'을 뜻한다. 하나님께서는 친히 진술하시지 않으시고 반드시 사람을 사용하신다[욥33:13]. 특히 욥40:8~9절에서 말씀하시는 '팔'은 심판하실 때 사용되는 팔이다. 그래서 "네가 내 심판을 폐하려느냐"고 하신 것이다.

욥기 33:13
하나님은 모든 행하시는 것을 스스로 진술치 아니하시나니 네가 하나님과 변쟁함은 어찜이뇨

⁴내 백성이여 내게 주의하라 내 나라여 내게 귀를 기울이라 이는 율법이 내게서부터 발할 것임이라 내가 **내 공의를 만민의 빛으로 세우리라** ⁵내 의가 가깝고 내 구원이 나갔은즉 **내 팔이 만민을 심판하리니 섬들이 나를 앙망하여 내 팔에 의지하리라** ⁶너희는 하늘로 눈을 들며 그 아래의 땅을 살피라 하늘이 연기같이 사라지고 땅이 옷같이 해어지며 거기 거한 자들이 하루살이같이 죽으려니와 **나의 구원은 영원히 있고 나의 의는 폐하여지지 아니하리라** [사51:4~6]

이사야서의 이 예언, 유언이 땅 위에 실상이 되어 이루어지는 때에 사용되는 사람이 하나님께서 말씀하신 '팔'이다. 지금까지 땅에 사는 모든 천주교, 기독교인들은 예수 그리스도가 '의'라고 말하고 가르치고, 그래서 오직 예수가 '구원자, 곧 메시야'라고 생각한다. 사람을 구원하고 죽이고 살리시는 분은 '여호와 하나님'이시다[신32:39]. 그러니 '의'는 오직 여호와 하나님이시다. 이를 믿으라고 하나님께서 예수 그리스도를 이 땅에 보내셨고, 대적자들에게 죽임을 당해도

신명기 32:39
이제는 나 곧 내가 그인 줄 알라 나와 함께 하는 신이 없도다 내가 죽이기도 하며 살리기도 하며 상하게도 하며 낫게도 하나니 내 손에서 능히 건질 자 없도다

요한복음 14:16
내가 아버지께 구하겠으니 그가 또 다른 보혜사를 너희에게 주사 영원토록 너희와 함께 있게 하시리니

요한복음 15:26
내가 아버지께로서 너희에게 보낼 보혜사 곧 아버지께로서 나오시는 진리의 성령이 오실 때에 그가 나를 증거하실 것이요

요한복음 16:7
그러하나 내가 너희에게 실상을 말하노니 내가 떠나가는 것이 너희에게 유익이라 내가 떠나가지 아니하면 보혜사가 너희에게로 오시지 아니할 것이요 가면 내가 그를 너희에게로 보내리니

욥기 40:8~9
8 네가 내 심판을 폐하려느냐 스스로 의롭다 하려하여 나를 불의하다 하느냐
9 네가 하나님처럼 팔이 있느냐 하나님처럼 우렁차게 울리는 소리를 내겠느냐

하나님께서 약속하신 대로 삼 일 만에 영원히 죽지 아니하는 신령한 몸으로 다시 구원하셨던 것이다. 이 예수 그리스도를 사용하셔서 이미 심판에 대하여, 의에 대하여 모든 진리 가운데로 인도하여 세상을 책망하시는 '진리의 성령'을 보내신다고 1990년 전에 미리 언약, 곧 약속해 두셨던 것이다[요14, 15, 16장].

2천 년 전에 예수 그리스도를 통해 예언하신 요 16:7~15절의 '또 다른 보혜사인 진리의 성령'이 실상이 되어 '여호와의 팔'로 사용하신다. 따라서 절대 진리의 성령은 상상하는 성령이 아니라 '사람'으로 올 것을 3422년 전에 욥40:8~9절에 감추어 두셨던 것이다. 그 사람은 반드시 "내가 네게 장가들어 영원히 살되 의와 공변됨과 은총과 긍휼히 여김으로 네게 장가들며 진실함으로 네게 장가들리니 네가 여호와를 알리라"[호2:19~20]고 하신 예언, 유언이 땅 위에 실상이 되어 이루어져서 하나님께서 영원히 거하시는 성전이 된 '여자'이며, 이 여자를 통해 성경 속에 감추어 두신 하나님의 뜻, 곧 천국의 비밀이 풀어지고, 땅 위에 사실이 되어 이루어지는 것이다. 그래서 하나님께서 "내 백성이여 내게 주의하라"고 하신 것이다.

히브리서 8장의 예언, 유언이 2008년 6월 16일부터

사실이 되어 '전대미문의 새 언약'을 선포하여 마음과 생각에 하나님의 법(율법)을 기록하여 실상이 될 때 "주의하라"고 하신 것이다. 하나님의 성전이 된 "한 새 사람"[엡2:15~16]을 사용하여 죄에 대하여, 의이신 여호와 하나님에 대하여, 심판에 대하여 대언하는데, 다른 말로 하면 하나님의 가르치심을 대언하여 사람을 구원하시되 온전하게 영원히 구원하실 때 주의하지 아니하고 '이단'이라 훼방하여 자신의 영원을 영원히 지옥 영벌로 결판내고 망칠까 봐 "내 백성이여 내게 주의하라 내 나라여 내게 귀를 기울이라"[사51:4]고 2722년 전에 미리 기록해 두셨던 것이다.

그러나 주의하기는커녕 자신을 영원히 지옥 영벌에서 구원하시는 하나님의 사랑을 거절하고 배반하며 멸시하고 얼마나 패역했는지 하나님의 새 일이자 큰일을 훼방하고 결국 세상 법에 고소하여 진리의 성령인 나와 성도를 4년이 다 되도록 감옥에 가두고 있다. 이로 인하여 하나님께서 대적하셔서 온 세상에 코로나19 재앙을 내려 징벌하시고 계시는데도 누가 알았으며, 누가 주의를 하였는가? 이사야 51장의 예언은 예수 그리스도에 대한 예언이 아니다. 전 우주적인 일곱째 날인 지금 이 세대에 진리의 성령을 사

히브리서 8:8
저희를 허물하여 일렀으되 주께서 가라사대 볼찌어다 날이 이르리니 내가 이스라엘 집과 유다 집으로 새 언약을 세우리라

에베소서 2:15~16
15 원수 된 것 곧 의문에 속한 계명의 율법을 자기 육체로 폐하셨으니 이는 이 둘로 자기의 안에서 한 새 사람을 지어 화평하게 하시고
16 또 십자가로 이 둘을 한 몸으로 하나님과 화목하게 하려 하심이라 원수 된 것을 십자가로 소멸하시고

用하셔서 '전대미문의 새 언약'을 하실 때를 예언하신 것이다.

그래서 롬13:1~4절에 "각 사람은 위에 있는 권세에게 굴복하라"고 하셨고, "그는 하나님의 사자가 되어 네게 선을 이루는 자니라 그러나 네가 악을 행하거든 두려워하라 그가 공연히 칼을 가지지 아니하였으니 곧 하나님의 사자가 되어 악을 행하는 자에게 진노하심을 위하여 보응하는 자니라"[롬13:4]고 하신 예언, 유언은 나에 대한 예언으로, 이제 실상이 되어 '여호와의 칼'인 온역, 곧 '코로나19 전염병'으로 대적하고 계신 지 벌써 2년이 넘어도 아무 두려움이 없는 자들이 대한민국 기독교인들이다.

[7]의를 아는 자들아, 마음에 내 율법이 있는 백성들아, 너희는 나를 듣고 사람의 훼방을 두려워 말라 사람의 비방에 놀라지 말라 [8]그들은 옷같이 좀에게 먹힐 것이며 그들은 양털같이 벌레에게 먹힐 것이로되 나의 의는 영원히 있겠고 나의 구원은 세세에 미치리라 [사51:7~8]

15년째 이 일을 비방하고 훼방한 자들이 바로 옷같이 좀에게 먹히고, 양털같이 벌레에게 먹힌 자들이다. 그래서 이 예언 또한 2022년 이때 사실이 되는 예언, 유언이다. 특히 "옷같이"라고 하신 이 말의 뜻은 단순하게 나를 통한 이 일을 비방하고 훼방한 대

로마서 13:1~3
1 각 사람은 위에 있는 권세들에게 굴복하라 권세는 하나님께로 나지 않음이 없나니 모든 권세는 다 하나님의 정하신 바라
2 그러므로 권세를 거스리는 자는 하나님의 명을 거스림이니 거스리는 자들은 심판을 자취하리라
3 관원들은 선한 일에 대하여 두려움이 되지 않고 악한 일에 대하여 되나니 네가 권세를 두려워하지 아니하려느냐 선을 행하라 그리하면 그에게 칭찬을 받으리라

역대상 21:12
혹 삼 년 기근일찌, 혹 네가 석 달을 대적에게 패하여 대적의 칼에 쫓길 일일찌, 혹 여호와의 칼 곧 온역이 사흘 동안 이 땅에 유행하며 여호와의 사자가 이스라엘 온 지경을 멸할 일일찌 하셨나니 내가 무슨 말로 나를 보내신 이에게 대답할 것을 결정하소서

적자들인 원수들을 옷에 비유한 것이 아니다. 예수 그리스도를 잔인하게 사형시킨 원수들이 '좀'이며, 사람이 본능으로 아는 유충이 아니라, 악인을 좀에 비유한 것이다. "옷같이 좀에게 먹힐 것이며"라고 하신 이 단어 속에 감추인 뜻만 깨닫고 믿어도 혀로 "오직 예수"라고 하는 말이 얼마나 치명적인 심판인지 깨닫는다. 이 '좀'은 전부 땅에 속한 자들이다.

"땅이 옷같이 해어지며 거기 거한 자들이 하루살이같이 죽으려니와"[사51:6]라고 하신 말씀에는 땅에 속한 자들은 심판 날인 이때에 예수 그리스도께서 그를 따르는 제자들과 헤어졌듯이 그렇게 다 헤어진다는 뜻이 감추어져 있다. 예수 그리스도와 제자들은 2022년 이 세대까지 헤어져 있다. 제자들 중 죽은 자들은 제단 아래 있고, 그냥 죽은 자들, 곧 한 몫의 삶이 다하여 다시는 돌아오지 못할 길로 돌아간 자들이 있고, 후에 혀로 "주여 주여" 하는 모든 자들도 다 이렇게 육체가 죽어 헤어진 것이다.

'해어지며'라는 말씀은 육체를 입은 사람이 죽어서 흙으로 돌아간다는 뜻만이 아니다. 사단이 예수님을 광야에서 시험할 때 "돌들이 떡덩이가 되게 하라"[마4:3]고 한 이 말씀의 뜻을 모르고 예수님은 "사람이 떡으로만 살 것이 아니요 하나님의 입에서 나오는 모든 말씀으로 살 것이니라"[마4:4]고만 했을 뿐 실상으로 '떡덩이'를 만들 수 없다는 것을 이미 2722년 전에 "땅이 옷같이 해어지며"라는 말씀 속에 감추어 두신 천국의 비밀이다. 이 비밀은 진리의 성령이 실상이 될 때 성취되는 예언으로, 이미 성취되어 돌들이 떡덩이가 된 지 15년째이고, 은혜로교회 성도들이 바로 영원히 헤어지지 아니할 '거룩한 떡덩이들'이다.

요한복음 6:27
썩는 양식을 위하여 일하지 말고 영생하도록 있는 양식을 위하여 하라 이 양식은 인자가 너희에게 주리니 인자는 아버지 하나님의 인치신 자니라

요한복음 3:12
내가 땅의 일을 말하여도 너희가 믿지 아니하거든 하물며 하늘 일을 말하면 어떻게 믿겠느냐

에스겔 15:2
인자야 포도나무가 모든 나무보다 나은 것이 무엇이랴 삼림 중 여러 나무 가운데 있는 그 포도나무 가지가 나은 것이 무엇이랴

예레미야 31:35
나 여호와는 해를 낮의 빛으로 주었고 달과 별들을 밤의 빛으로 규정하였고 바다를 격동시켜 그 파도로 소리치게 하나니 내 이름은 만군의 여호와라 내가 말하노라

²⁶주께서 나를 대적하사 괴로운 일들을 기록하시며 나로 나의 어렸을 때에 지은 죄를 받게 하시오며 ²⁷내 발을 착고에 채우시며 나의 모든 길을 살피사 내 발자취를 한정하시나이다 ²⁸나는 썩은 물건의 후패함 같으며 좀먹은 의복 같으니이다 [욥13:26~28]

욥기 13장의 이 말씀은 예수 그리스도에 대한 예언이다. 예수 그리스도는 썩는 양식을 먹였으며[요6:27], 땅의 일을 말하셨다[요3:12]. 그래서 에스겔 15장에 포도나무(예수 그리스도)가 모든 나무(모든 사람)보다 나은 것이 무엇이냐고 하신 것이다. 이는 2천 년간 예수 이름을 사용하는 모든 사람들이 영적인 밤을 지날 때 '밤의 빛'으로 정해 두셨다는 뜻이며[렘31:35], 혈육에 함께 속하여 죽으심으로써 사망으로 말미암아

사망의 세력 잡은 자 마귀를 없이 하시는 데 사용된다는 비밀이 감추어져 있다[히2:14]. 그래서 예수 그리스도께서 신령한 몸으로 부활하셨어도 세세토록 받은 열쇠가 사망과 음부의 열쇠[계1:18]인 것이다. 당신이 이 땅에 사람으로 오기 전에 이미 "좀에게 먹힐 것"이라고 이사야서에 예언해 두셨고, 그 예언대로 땅에 속한 '좀', 곧 예수 그리스도를 죽인 원수들인 유대인 대제사장들, 서기관들, 바리새인들, 배신자 마귀 가룟 유다, 빌라도와 그의 하속들에게 죽임을 당할 것을 '좀 먹은 의복'에 비유하신 것이다.

히브리서 2:14
자녀들은 혈육에 함께 속하였으매 그도 또한 한 모양으로 혈육에 함께 속하심은 사망으로 말미암아 사망의 세력을 잡은 자 곧 마귀를 없이 하시며

요한계시록 1:18
곧 산 자라 내가 전에 죽었노라 볼찌어다 이제 세세토록 살아 있어 사망과 음부의 열쇠를 가졌노니

죽이는 의문인 **'첫 언약'**에서 영원히 살리는 **'전대미문의 새 언약'**으로 돌아서라

전 성경은 비밀이다. 그래서 비유로 말씀하신 예수 그리스도도 '의문'이었고, 의문만 가르친 것이며, 의문으로 죽인 것이다. 이는 예수 그리스도는 하나님의 팔이 아님은 물론이요, "네가 하나님처럼, 곧 여호와처럼 팔이 있느냐"고 하신 말씀 속에 '성령'을 받지 않았다는 뜻이 감추어져 있다. 이사야서가 기록되고 700년 후에 이 땅에 오신 예수님은 짧은 삶 동안 사역을

하셨으며, 십자가에 죽은 후 삼 일 만에 신령한 몸으로 부활하시고 40일 동안 구약성경을 가지고 자신에 대해서 자세하게 풀어 주셨다고 하셨으니, 그 기간 동안 성경을 얼마나 풀어 주셨겠는가? "옷같이 해어지며, 옷같이 좀에게 먹힐 것이며"라고 하신 이 예언이 730년 후에 자신에 대한 예언이었다는 것을 알았을까? 몰랐다. 또한 "옷같이 해어지며"라고 하신 이 말씀을 사람의 눈으로만 보면 "땅이 옷같이 낡아지고"라고 볼 것이다. 곧 비유했다고 본다. '옷같이 해어지고'라는 말을 사람이 입는 옷이 낡아지듯이라는 말로만 본다는 뜻이다. 이렇게만 해석하면 사람이 본능으로 아는 것으로 멸망하는 자들에 해당한다.

욥기 13:28
나는 썩은 물건의 후패함 같으며 좀 먹은 의복 같으니이다

이 말씀 또한 신령한 것을 신령한 것으로 해석하면 "나는 썩은 물건의 후패함 같으며"라고 하신 말씀과 문자 그대로 보면 사51:6절에 "옷같이 해어지며 곧 낡아지며"라고 하신 말씀과 동일하다. 이 말씀의 가장 온전한 하나님의 뜻은 예수 그리스도에 대해서 기록한 신약성경도 '첫 언약'에 해당한다는 것이다. 다시 말하면 "첫 것은 낡아지게 하신 것이니 낡아지고 쇠하는 것은 없어져가는 것이니라"[히8:13]고 하신 예언과 뜻이 같다. 이 사실을 모르고 성경을 사용하는 천주교, 기독교인

들은 전부 신약성경 자체가 '새 언약'이라고 생각하고 지어낸 말이 "구약은 율법이고, 신약은 복음"이라는 말이다. 이렇게 지어낸 말이 잘못되었다는 것을 증명하는 것이다. 이미 3422년 전인 욥기서에서도, 아니 창세기부터 다 예언되어 있었는데 이를 사람들이 몰랐을 뿐이다. 히브리서 8장만 자세히 읽어도 신약성경을 '새 언약'이라고 하면 안 되고, 신약성경만 가지고 '복음'이라고 하면 절대 안 된다. 저자가 기록되지 않은 히브리서에 '새 언약'이라고 기록해 두신 것은 창세기부터 전 성경에 감추어 두신 하나님의 뜻을 하나님께서 친히 밝히실 때[요6:45], 곧 진리의 성령을 사용하셔서 신령한 것을 신령한 것으로 밝히실 때 '전대미문의 새 언약'이 되게 하시기 위해서였다.

요한복음 6:45
선지자의 글에 저희가 다 하나님의 가르치심을 받으리라 기록되었은즉 아버지께 듣고 배운 사람마다 내게로 오느니라

고린도전서 2:13~14
13 우리가 이것을 말하거니와 사람의 지혜의 가르친 말로 아니하고 오직 성령의 가르치신 것으로 하니 신령한 일은 신령한 것으로 분별하느니라
14 육에 속한 사람은 하나님의 성령의 일을 받지 아니하나니 저희에게는 미련하게 보임이요 또 깨닫지도 못하나니 이런 일은 영적으로라야 분변함이니라

욥13:27절에 "나의 모든 길을 살피사 내 발자취를 한정하시나이다"라고 하신 것은 '제한하여 두다'라는 뜻이며, 예수 그리스도에 대한 판결과 더불어 예수 이름을 사용하는 모든 사람들이 다 이 '한정'을 벗어날 수 없다는 뜻이 감추어져 있었다. 2022년 지금까지 천주교, 기독교, 더 넓게는 성경을 사용하는 모든 사람들의 지나온 역사가 이 말씀이 맞다는 것을 증명해 준다. 그래서 포도나무로는 제조를 할 수 없으며[겔

에스겔 15:5
그것이 온전할 때에도 아
무 제조에 합당치 않았거
든 하물며 불에 살라지고
탄 후에 어찌 제조에 합당
하겠느냐

야고보서 3:12
내 형제들아 어찌 무화과
나무가 감람 열매를, 포도
나무가 무화과를 맺겠느
뇨 이와 같이 짠물이 단물
을 내지 못하느니라

욥기 40:9
네가 하나님처럼 팔이 있
느냐 하나님처럼 우렁차
게 울리는 소리를 내겠
느냐

15:5], "포도나무가 무화과를 맺겠느뇨"[약3:12]라고 하셨
고, "네가 하나님처럼 팔이 있느냐"고 하신 것이다.

"좀 먹은 의복 같으니"라고 하신 이 말씀 속에 예수
그리스도에 대한 비밀, 예수 그리스도를 죽이는 자들
에 대한 비밀, 예수 그리스도의 이름을 사용하며 신
앙생활 하는 모든 자들의 비밀과 '전대미문의 새 언약'
을 대적하는 자들이 바로 혀로 말로만 "오직 예수"
하는 자들이라는 비밀도 다 감추어져 있다. 그래서
사도 바울도 "오직 주 예수 그리스도로 옷 입고"[롬13:14],
"누구든지 그리스도와 합하여 세례를 받은 자는 그리스도
로 옷 입었느니라"[갈3:27]고 한 이 유언, 예언이 무슨
뜻인지 모르고 기록한 말씀이었다. 따라서 하나님께
서 전 성경을 기록하신 목적은 명백하게 일곱째 날인
지금 이 세대를 위해 기록하신 것이 확실하며, 세례
도, 할례도, 모든 것도 다 '전대미문의 새 언약'으로 돌
아서지 아니하면 천국과 아무 관계가 없는 헛된 일일
뿐이다.

"천지는 없어지려니와 주는 영존하시겠고 그것들은 다 옷
같이 낡으리니 의복같이 바꾸시면 바뀌려니와"[시102:26]
라고 하신 말씀이 실상이 되어 낡은 옷인 첫 언약을 버
리고 새 의복으로, 곧 '새 언약'으로 바꾸고 계신 지 15년째

다. 육체를 입고도 신령한 자, 거룩한 자인 진리의 성령이 실상이 된 것은 마른 뼈들인 하나님의 택한 사람들에게 '하나님의 팔'이 되어 일으켜 세우기 위해서다. 나는 내 말을 하는 것이 아니다[요16:13]. 살아 계신 아버지 여호와 하나님의 말씀을 대언하는 것이다[요16:14~15]. 이런 내가 '여호와의 팔'이고 '칼을 가진 여호와의 사자'이며, '사신 하나님의 눈이요, 두 발이며 한 몸'이라고 하신 것이다.

이제 온 천하는 잠잠하고 성부 하나님께로, 새 언약의 말씀으로 돌아서야 한다. 그렇지 않으면 성경에 기록된 모든 재앙이 이 땅에 내릴 때 피할 길이 없다. 코로나19는 빙산의 일각일 뿐이다. 지금 이때가 "너희가 인자의 날 하루를 보고자 하되"[눅17:22]라고 하신 '인자의 날, 하루'다. 이 세대에 7년 대환난이 있다.

요한복음 16:13~15

13 그러나 진리의 성령이 오시면 그가 너희를 모든 진리 가운데로 인도하시리니 그가 자의로 말하지 않고 오직 듣는 것을 말하시며 장래 일을 너희에게 알리시리라
14 그가 내 영광을 나타내리니 내 것을 가지고 너희에게 알리겠음이니라
15 무릇 아버지께 있는 것은 다 내 것이라 그러므로 내가 말하기를 그가 내 것을 가지고 너희에게 알리라 하였노라

46

이제 온 천하는 **잠잠하라**

물과 성령으로 거듭나는
'여호와의 날', '인자의 날'

「동아일보」 2022년 4월 28일 목요일
「조선일보」 2022년 4월 29일 금요일

스마트폰으로 QR 코드를 스캔 하시면
[이제 온 천하는 잠잠하라] 전문을 다운로드 받을 수 있습니다.

인생이나 유익하게 할 뿐인 인자이신 **'예수'**

[7]네가 의로운들 하나님께 무엇을 드리겠으며 그가 네 손에서 무엇을 받으시겠느냐 [8]네 악은 너와 같은 사람이나 해할 따름이요 네 의는 인생이나 유익하게 할 뿐이니라 [욥 35:7~8]

'여호와'는 유일하신 참 하나님의 성호다. 하나님의 성호를 더럽히는 것이 얼마나 무서운 일인지 모두 알아야 한다. 진실로 여호와 하나님 한 분만 참 신이시다. 오늘 이 시간까지 혀로 "예수여, 주 예수여, 오직 예수, 우리 주여" 하며 혀로 말만 하는 말쟁이들, 이미 자신들은 교회를 세우고 목사, 신부, 교황, 랍비, 곧 선생이 되어 가르치는 자들, 자신들은 교회를 다니고 예수를 잘 믿어 스스로 의롭다 칭함을 받는 자들, 자신들은 하나님께 복을 받아 죽어서 천국 간다고 자긍하는 자들에게 3422년 전에 엘리후를 사용하셔서 판결하신 말씀이 욥35:7~8절 말씀이다. 예수 믿으면 죽어서 천국 간다고 하는 것 자체가 '교만'이며, 새빨간 거짓말이다. 더 미친 자들은 거리에서 "예수 천국, 불신 지옥"이라고 소리 지르는 자들, 교회 안 다니는 가족은 마귀, 귀신이고 자신은 의롭다고 착각하는 자들이며, 이들이 모두 포도주를 마시고 미친 언행을 할 줄 다 아시고 욥기서에 예언, 유언해 두셨던 것이다.

욥은 교만했다. 엘리후를 사용하여 하나님께서 하시는 이 말씀을 받아들이지 않았다. 도리어 자신은 의롭다고 반론하고 변쟁한다. 욥은 단 한 마디도 인정하지 않고 자신이 그런 처지가 된 것을 세 친구와 변쟁하는 것 자체가 하나님이 불의하시다고 대적하는 행위임을 그는 몰랐다. 욥은 자신과 변론하는 세 친구들보다 의롭다고 생각하니 다투는 것이다.

그래서 "네 악은 너와 같은 사람이나 해할 따름이요"라고 하신 말씀에 해당하는 일 순위가 예수 그리스도다. 신은 오직 하나님 한 분뿐이신데 "성경은 폐하지 못하나니 하나님의 말씀을 받은 사람들을 신이라 하셨거든"[요 10:35]이라고 하신 예수 그리스도의 언행이 예수를 믿는다고 하는 모든 사람들을 "오직 예수" 하며 해할 것을 3422년 전에 예언하신 대로 사실이 되었다. 그래서 "옷같이 좀에게 먹힐 것"[사51:8]이라 하셨으며, 벌거벗겨서 십자가에 달리셨고, 머리에 가시면류관이 씌워진 것이다. 결국 "한 번 죽는 것은 사람에게 정하신 것이요 그 후에 심판이 있으리니"[히9:27]라고 하신 예언, 유언이 사람으로 이 땅에 오신 예수 그리스도에게 사실이 되었고, 그 후 예수 이름 사용하는 모든 사람들에게 사실이 되어 모두 육체가 죽었음을 오늘 이 시간까지 증명하고 있다.

이사야 51:8
그들은 옷같이 좀에게 먹힐 것이며 그들은 양털같이 벌레에게 먹힐 것이로되 나의 의는 영원히 있겠고 나의 구원은 세세에 미치리라

그래서 "만일 네 오른눈이 너로 실족케 하거든 빼어 내버리라 네 백체 중 하나가 없어지고 온몸이 지옥에 던지우지 않는 것이 유익하며 또한 만일 네 오른손이 너로 실족케 하거든 찍어 내버리라 네 백체 중 하나가 없어지고 온몸이 지옥에 던지우지 않는 것이 유익하니라"[마5:29~30]고 하셨던 것이다. 지금 혀로 말로만 "오직 예수" 하는 자들의 오른눈, 오른손을 하나님께서 나를 사용하셔서 빼고 찍어 내버리고 계신 것이다.

'욥'을 다시 창조하시기 위해 '엘리후'를 사용하시는데 그 은혜를 깨닫지 못하고 억울해 하며 세 친구와 변쟁하는 이 기록을 보고도 예수 그리스도는 깨닫지

못하셨고, 자신을 하나님의 아들로 다시 창조하시는 중에 대체육체들을 사용하셔서 영원히 거룩하게 하시는 하나님의 행하심을 입으로 시인하고도 막상 사건을 만나니까 "엘리 엘리 라마 사박다니"라고 원망한 것이다. 이에 대해 이미 욥기 35장에 "네가 의로운들 하나님께 무엇을 드리겠으며 그가 네 손에서 무엇을 받으시겠느냐"라고 하신 예언대로 사실이 되어, 신령한 몸으로 부활하시고도 세세토록 "사망과 음부의 열쇠"[계 1:18]를 받으신 것이다.

요한계시록 1:18
곧 산 자라 내가 전에 죽었었노라 볼찌어다 이제 세세토록 살아 있어 사망과 음부의 열쇠를 가졌노니

욥기 35:7~8
7 네가 의로운들 하나님께 무엇을 드리겠으며 그가 네 손에서 무엇을 받으시겠느냐
8 네 악은 너와 같은 사람이나 해할 따름이요 네 의는 인생이나 유익하게 할 뿐이니라

"네 의는 인생이나 유익하게 할 뿐이니"라고 하신 예언, 유언대로 예수 이름을 사용하며 교회생활 하는 모든 천주교, 기독교인들이 다 인생 차원을 벗어날 수 없었던 것이다. '하나님의 도'는 사람이 만든 모든 종교가 얼마나 무익한 것인지, 헛되고 헛된 것인지, 알게 하시는 '진리의 도'다. 인생 차원은 '영생'과 아무 관계가 없고, 이 말씀이 맞다고 머리로 알고 사용해도 하나님 나라와 아무 관계가 없다. 진실로 귀신이 떠나고 나면 '지켜야지' 해서 지키는 것이 아니라 그냥 행동한다. 삶에서 그대로 이루어지는 것이다.

사람은 하나님을 모르면 전부 '자기의 의'를 자랑한다. 그래서 솔로몬을 사용하여 "인생의 혼, 짐승의

혼"[전3:21]이라고 예언, 유언하신 것이다. 둘 다 사람이 보기에 '사람'이지만 하층에 속한 자는 "네 악은 너와 같은 사람이나 해할 따름이라"고 한 예언, 유언이 사실이 된 사람들로 '짐승의 혼'에 해당하여 예수 이름으로 실족하여 올무에 걸린 자들이다. 이들은 다 성경을 사용하나 멸망으로 인도하는 크고 넓은 문에 있는 자들이며[마7:13~27], 이들이 있는 교회를 '귀신의 처소'라 하고, "예수님, 하나님"이라고 일생 혀로 말은 하지만, 하나님과 예수 그리스도와 아무 상관이 없는 지옥 불에 들어가는 자들이다. 또 한 부류는 중층의 소리를 하는 자들로, 이들은 복음을 전하는 것 때문에 순교한 자들[계6:9~11]과 거지 나사로처럼 낙원에 가는 자들[눅16:19~22]이다. 그러나 이 두 부류가 다 육체가 살아 있을 때 거듭난 것이 아니었다. 사람들이 예수 이름 사용하여 자신의 원욕과 영달을 위해 일할 것을 두고 "네 의는 인생이나 유익하게 할 뿐이니라"고 한 것이다. 이에 대한 증거가 다음 말씀이다.

"사람은 학대가 많으므로 부르짖으며"[욥35:9]라고 하신 '학대'란 '심하게 괴롭히고 혹독하게 대우하다'라는 뜻이다. 이 예언이 진실로 사실이다. 단 한번뿐인 한 몫의 삶을 헛되게 보내게 할 뿐 아니라 영원히 고통

전도서 3:21
인생의 혼은 위로 올라가고 짐승의 혼은 아래 곧 땅으로 내려가는 줄을 누가 알랴

요한계시록 18:2
힘센 음성으로 외쳐 가로되 무너졌도다 무너졌도다 큰 성 바벨론이여 귀신의 처소와 각종 더러운 영의 모이는 곳과 각종 더럽고 가증한 새의 모이는 곳이 되었도다

요한계시록 6:9
다섯째 인을 떼실 때에 내가 보니 하나님의 말씀과 저희의 가진 증거를 인하여 죽임을 당한 영혼들이 제단 아래 있어

누가복음 16:22
이에 그 거지가 죽어 천사들에게 받들려 아브라함의 품에 들어가고 부자도 죽어 장사되매

욥기 35:9
사람은 학대가 많으므로 부르짖으며 세력 있는 자의 팔에 눌리므로 도움을 부르짖으나

받는 음부, 곧 지옥 불구덩이에 들어가게 하는 것이
니 학대 정도가 아니고 죽이고 또 죽이는 것이다. '오
직 예수'가 구원의 이름이 아니란 사실을 전 세계 교
인들이 알면 어찌 될까? 예수 믿기만 하면 죽어서 천
국 간다고 거짓말하는 지도자들, 곧 학대하는 위치에
있는 자들도 자신이 영원히 지옥 영벌에 떨어지는 실
상과 결과를 알면 누가 이런 언행을 하겠나? 더 심각
한 문제는 그들에게 아무리 말해도 절대 듣지 않는다
는 것이다.

"네 악은 너와 같은 사람이나 해할 따름이요"라고 하신
판결을 폐한 자들이 지금 전 세계 천주교, 기독교인들
이고, 성경을 사용하는 모든 자들이다. 이 말씀의 "네"
가 '예수'라고 인정하지 않는 자들이 다 이단이다. '성
자 하나님'이라는 미친 말을 하는 자들이다. 이런 자
들은 다 지옥 불구덩이에 갔고, 가게 된다. '영생은 하
나님의 명령'[요12:50]이라고 말씀은 하셨어도 예수 그
리스도조차 영생의 길로 가지 못하고 한 번 죽으셔야
했기에 "쓴물, 짠물, 저주"[약3:10~12]라고 하신 것이다.

"네가 의로운들 하나님께 무엇을 드리겠으며 그가 네 손
에서 무엇을 받으시겠느냐"고 하신 이 한 절의 말씀도
안 믿은 사람이 '예수 그리스도'라는 사실을 누가 알았

요한복음 12:50
나는 그의 명령이 영생인
줄 아노라 그러므로 나의
이르는 것은 내 아버지께
서 내게 말씀하신 그대로
이르노라 하시니라

야고보서 3:10~12
10 한 입으로 찬송과 저
주가 나는도다 내 형제들
아 이것이 마땅치 아니하
니라
11 샘이 한 구멍으로 어
찌 단물과 쓴물을 내겠
느뇨
12 내 형제들아 어찌 무
화과나무가 감람 열매를,
포도나무가 무화과를 맺
겠느뇨 이와 같이 짠물이
단물을 내지 못하느니라

으며, 이 세대 누가 믿었으며, 누가 믿겠는가? 이 말
씀을 깨달았다면 어떻게 '성자 하나님, 성령 하나님'이
라는 말로 하나님께 대적하겠는가? 신은 오직 하나
님 한 분이시다.

성경의 의문을 풀어 주시는
인자이신 '성령'

³예수께서 대답하여 가라사대 진실로 진실로 네게 이르노
니 사람이 거듭나지 아니하면 하나님 나라를 볼 수 없느니
라 ⁴니고데모가 가로되 사람이 늙으면 어떻게 날 수 있삽
나이까 두번째 모태에 들어갔다가 날 수 있삽나이까 ⁵예수
께서 대답하시되 진실로 진실로 네게 이르노니 **사람이 물
과 성령으로 나지 아니하면 하나님 나라에 들어갈 수 없느
니라** ⁶**육으로 난 것은 육이요 성령으로 난 것은 영이니** [요
3:3~6]

"물과 성령으로 나지 아니하면, 성령으로 난 것은 영이니"
라고 하신 말씀을 지금 이 세대까지 모두가 다 모호
하게 해석하고 의문만 가진 채 있었다. 그러나 2008
년 6월 16일부터 진리의 성령이 실상이 되어 하나님
의 가르치심인 "새 언약"[히8장]으로 '단물'을 낼 때 물
과 성령으로 거듭나는 것이 실상이 되며, 이미 15년

히브리서 8:8
저희를 허물하여 일렀으
되 주께서 가라사대 볼찌
어다 날이 이르리니 내가
이스라엘 집과 유다 집으
로 새 언약을 세우리라나

째 이루어지고 있는 사실이다. 그래서 "온전한 것이 올 때에는 부분적으로 하던 것은 폐하리라"[고전13:10]고 하신 말씀 또한 이 땅 위에서 사실이 된 것이다. 다른 말로 하면 사도 요한의 유언인 요3:3~6절의 말씀이 하나님께서 정하신 때가 되어 실상이 된 것이다. 그래서 성경만이 참 진리다.

사도 바울이 예언, 유언한 "그러나 성경이 모든 것을 죄 아래 가두었으니 이는 예수 그리스도를 믿음으로 말미암은 약속을 믿는 자들에게 주려 함이니라 믿음이 오기 전에 우리가 율법 아래 매인 바 되고 계시될 믿음의 때까지 갇혔느니라"[갈3:22~23]는 말씀은 요3:3~6절의 의문뿐만 아니라 전 성경의 의문이 하나하나 풀어지는 근본 열쇠다.

진리의 성령이 오시면 분명하게 "죄에 대하여, 의에 대하여, 심판에 대하여 모든 진리 가운데로 인도하여 가르칠 것이라"[요16:7~15]고 하신 그대로 실상이 되었다. 다시 말하면 "물과 성령으로 나지 아니하면"이라는 말씀은 창세 이래 그 누구도 몰랐던 하나님 나라의 비밀인데, 하나님의 계명을 지켜 실행하는 "믿음"[갈3:22~23]이 실상이 되어 성경의 의문이 하나하나 풀어지는 '새 언약'의 말씀이 '물'이며, 영생하도록 있는 양식을 먹이는 "인자"[요6:27]인 '진리의 성령'이 사실이

갈라디아서 3:22~23
22 그러나 성경이 모든 것을 죄 아래 가두었으니 이는 예수 그리스도를 믿음으로 말미암은 약속을 믿는 자들에게 주려 함이니라
23 믿음이 오기 전에 우리가 율법 아래 매인 바 되고 계시될 믿음의 때까지 갇혔느니라

요한복음 6:27
썩는 양식을 위하여 일하지 말고 영생하도록 있는 양식을 위하여 하라 이 양식은 인자가 너희에게 주리니 인자는 아버지 하나님의 인치신 자니라

되어 하나님의 말씀으로 다시 거듭난 성도들이 태어나고 있는 이 일이 바로 "물과 성령으로 거듭나는 것"이며, "성령으로 난 것은 영이니"라고 하신 예언, 유언이 이 땅 위에서 15년째 사실이 되고 있다. 그래서 반드시 하나님의 영원한 성전이 된 사람인 '진리의 성령'이 실상이 되어야 전 성경의 의문이 풀어지는 것이다.

이렇게 될 때까지 성경을 사용하며 가르치고 설교한 모든 사람들이 '의문'에 의해 다 죽은 것이다. 이성을 찾고 전 성경을 보면 절대 단 한 절도 이해가 안 되어야 한다. 참 진리인 하나님의 말씀은 '의문'인 채 이 세대까지 이어져 온 것이다. 이 기간에는 사람들이 귀신의 처소에서 모두 학대를 받고 있었다. 따라서 "육으로 난 것은 육이요"라고 하신 이 예언에 2022년 지금까지 전 세계에 예수 그리스도를 믿는다고 하는 모든 사람들이 다 해당한다. 나와 은혜로교회 성도들은 이 사실, 곧 진리를 이제 알았고, 우리 외에 모든 기독교인들이나 천주교인들은 아무도 모를 뿐이다. 그래서 "모든 거짓은 진리에서 나지 않음을 인함이니라"[요일2:21]고 한 것이다.

살리시는 분은 영이신 '하나님'이시며, 육체를 입고 이 땅에 왔다가 십자가에 죽으시고 삼 일 만에 부활하신 예수께서 사람을 살리시는 것이 아니다. 다른 모양으로 말하면 영이신 '하나님께서 장가드신 여자'[호 2:19~20], 그래서 거룩한 자요 신령한 자가 된 진리의 성령을 사용하셔서 하나님께서 친히 가르치시고, 진리의 성령이 대언하여 모든 진리 가운데로 인도하는 15년째 이 말씀이 '모든 사람들을 물과 성령으로 거듭나게 하시는 일'이다.

진리의 성령을 상상하면 일생 헛되고 헛된 신앙생활을 하고, 육체가 죽는 것은 물론이고, 그 혼은 지옥 불구덩이에 들어간다. 초림 이후 2천 년간은 영적인 '밤'을 지나는 기간이었으며, 다른 말로 '그림자요 모형'에 해당하는 기간이다. 그래서 포도나무는 무화과를 맺을 수 없으며[약3:12], 포도나무로는 제조할 수 없다고 하셨고[겔15:2~3], 욥15:1~6절에서 헛된 지식, 무익한 말, 유조치 아니한 이야기, 곧 도움이 안 되는 말이라고 하셨으며, 이로 인하여 하나님을 경외하는 일을 폐하여 하나님 앞에 묵도하기를 그치게 하는 '간사한 혀'라고 한 것이다. 이 말씀에 해당하는 분이 바로 예수 그리스도시다. 그래서 육체가 한 번 죽은 것이다.

⁶나 여호와가 의로 너를 불렀은즉 내가 네 손을 잡아 너를

호세아 2:19~20
19 내가 네게 장가들어 영원히 살되 의와 공변됨과 은총과 긍휼히 여김으로 네게 장가들며
20 진실함으로 네게 장가 들리니 네가 여호와를 알리라

야고보서 3:12
내 형제들아 어찌 무화과 나무가 감람 열매를, 포도나무가 무화과를 맺겠느뇨 이와 같이 짠물이 단물을 내지 못하느니라

에스겔 15:2~3
2 인자야 포도나무가 모든 나무보다 나은 것이 무엇이랴 삼림 중 여러 나무 가운데 있는 그 포도나무 가지가 나은 것이 무엇이랴
3 그 나무를 가지고 무엇을 제조할 수 있겠느냐 그것으로 무슨 그릇을 걸 못을 만들 수 있겠느냐

욥기 15:4~5
4 참으로 네가 하나님 경외하는 일을 폐하여 하나님 앞에 묵도하기를 그치게 하는구나
5 네 죄악이 네 입을 가르치나니 네가 간사한 자의 혀를 택하였구나

보호하며 너를 세워 백성의 언약과 이방의 빛이 되게 하리
니 7네가 소경의 눈을 밝히며 갇힌 자를 옥에서 이끌어 내며
흑암에 처한 자를 간에서 나오게 하리라 8나는 여호와니 이
는 내 이름이라 나는 **내 영광을 다른 자에게**, 내 찬송을 우
상에게 주지 아니하리라 [사42:6~8]

"나는 내 영광을 다른 자에게 주지 아니하리라"고 하신
말씀 때문에 한 입으로 단물과 쓴물을 같이 낼 수 없
다고 하셨던 것이다[약3:10~12]. 예수께서 무화과나무
를 저주한 사건 속에 2천 년간 사람에게서 증거도 취
하시지 아니하시고, 영광을 취하시지도 아니하실 것
임을 감추어 두셨고, 이렇게 하나님께서 경영하신 것
은 아무나, 아무 때나, 누구에게나 영광을 주시는 것
이 아니기 때문이다. 우상과 우상숭배 하는 자에게
하나님의 영광을 주시는 것이 아니다. 진리는 이러
한데 우상들과 우상숭배 하는 자들은 입만 열면 "모
든 영광은 하나님께~"라고 혀로 말만 하며 사람들을
속인다.

요한복음 5:34, 41
34 그러나 나는 사람에
게서 증거를 취하지 아니
하노라 다만 이 말을 하는
것은 너희로 구원을 얻게
하려 함이니라
41 나는 사람에게 영광을
취하지 아니하노라

예수께서 예언, 유언하신 "그가 내 영광을 나타내리
니"[요16:14]라고 하신 말씀은 진리의 성령이 실상이
되어 예수 그리스도에 대해 증거할 때[요15:26] 반드
시 영광을 오직 여호와 하나님께 돌려야 함을 입증

요한복음 15:26
내가 아버지께로서 너희
에게 보낼 보혜사 곧 아버
지께로서 나오시는 진리
의 성령이 오실 때에 그가
나를 증거하실 것이요

하게 된다. 그런데 하나님께서는 사람에게서 영광을 취하시지 않으시고[요5:41], 하나님께서 친히 가르치시는 전대미문의 새 언약으로 다시 창조하셔서 영광을 받으신다. 하나님께서는 반드시 정하신 사람을 사용하셔서 대언하시며, 그 사람은 천주교, 기독교인들이 본능으로 아는 저 황금돔이 있는 곳에서 나오는 것이 아니고, 반드시 전 세계 구석구석에 성경이 각 나라 언어로 다 번역이 되어 하나님, 예수님에 대해서 다 안다고 하는 이때[히8:11, 단12:4]에 실상이 되며, 온 세상에 진리로 공의를 세우시는 하나님께서 장가드셔서 성전 된 '나'를 통해 이루어진다.

히브리서 8:11
또 각각 자기 나라 사람과 각각 자기 형제를 가르쳐 이르기를 주를 알라 하지 아니할 것은 저희가 작은 자로부터 큰 자까지 다 나를 앎이니라

다니엘 12:4
다니엘아 마지막 때까지 이 말을 간수하고 이 글을 봉함하라 많은 사람이 빨리 왕래하며 지식이 더하리라

그러나 "나는 여호와니 이는 내 이름이라"고 하신 말씀을 문자 그대로 보고 만든 단체가 '여호와의 증인'이다. 그들은 단 한 명도 구원을 받을 수 없다. 전 성경에 기록된 말씀대로 지켜 행하지 않으면 하나님의 나라와 아무 상관이 없고, 도리어 여호와의 성호를 더럽히고 언약궤에 손을 댄 죄로 인하여 영원한 영벌에 들어간다. 이제 "오직 예수"라고 하며 말만 하는 말쟁이가 아니라, 여호와 하나님의 계명을 지켜 실행하여 다시 창조되어야 여호와 하나님께 영원히 영광을 돌릴 수 있다. 그래서 하나님께서 친히 가르치신다

고 하신 것이다[요6:45, 사54:13].

하나님께서 친히 가르치시는
'여호와의 날'

하나님께서 당신의 이름을 왜 '여호와'라고 말씀하셨을까? '여호와'란 '스스로 있는 자, 나는 나다'라는 뜻으로, 하나님의 영원하심과 지존하심, 원인이 없으신 절대 유일하신 존재임을 강조하시는 하나님의 고유한 성호이며, 영광스러운 신명이다. 사람들이 하나님을 각자 자신들 마음대로 만들고 지어내서 '성자 하나님, 성령 하나님'이라고 할 것도 다 아시고, 심지어 '여호와의 증인'이라고 지어내서 종교화할 것도 다 아신 하나님이시다. 성경에 기록된 단어만 빼서 이용하는 자들이 이렇게 많을 줄 다 아신 하나님이시기에 '전대미문의 새 언약'을 받는 성도들에게 명확하게 분별하고 믿으라고 기록해 두신 것이다.

'여호와'라는 신명은 당신의 백성과 관계되는 구원이나 언약의 성취, 당신의 신실하심과 인자하심에 관련하여 주로 사용하신다. 그래서 일곱째 날을 '여호와의 날'이라고 하신 것은 이날이 되어야 여호와 하나

요한복음 6:45
선지자의 글에 저희가 다 하나님의 가르치심을 받으리라 기록되었은즉 아버지께 듣고 배운 사람마다 내게로 오느니라

이사야 54:13
네 모든 자녀는 여호와의 교훈을 받을 것이니 네 자녀는 크게 평강할 것이며

히브리서 8:8
저희를 허물하여 일렀으되 주께서 가라사대 볼찌어다 날이 이르리니 내가 이스라엘 집과 유다 집으로 새 언약을 세우리라

님을 진리대로 알게 될 것과 이날에 비로소 여호와께서 친히 임하셔서 영원히 함께 계실 것을 이미 창세기부터 다 감추어 두셨다. 이날이 될 때까지는 사람에게 하나님의 행하심, 하나님의 나라의 비밀과 하나님의 뜻을 모르게 하신 것이다. 이는 악인들에게 의인의 업에 손을 대지 못하도록 하신 하나님의 완전한 모략이시다.

또한 피조물과 하나님의 관계성을 명백하게 정의해 두신 성호가 바로 '여호와'다. 곧 '인자'인 사람과 완전히 다르다는 뜻이 감추어져 있다. 이때가 되어야 '인자'에 대해서도 진리대로 바르게 알게 된다. 이날을 또 '인자의 날'이라고 하신 이유도 참 신이신 여호와 하나님과 인자의 차이와 관계를 명확하게 분별하게 되기 때문이다. '인자', 곧 사람이며, 하나님께서 인정하시는 사람에 대하여도 명백하게 분별하여 알도록 하시기 위하여 성호를 말씀하신 것이다. 다시 말하면 예수 그리스도와 진리의 성령, 하나님의 아들들도 다 '인자', 곧 사람임을 명확하게 분별하기 위해서 이미 3422년 전인 BC 1400년경에 미리 예언, 유언해 두셨다.

하나님은 인생이 아니시니 식언치 않으시고 인자가 아니시

니 후회가 없으시도다 어찌 그 말씀하신 바를 행치 않으시
며 하신 말씀을 실행치 않으시랴 [민23:19]

이 말씀은 2천 년 동안 기독교에서 귀신이 주인인
사람이 만들어 낸 '성자 하나님, 성령 하나님'이라고 하
는 미친 말을 뿌리째 뽑아 버릴 수 있는 '하나님의 사
자의 칼'[롬13:4]이다. 인생은 모든 사람을 말하며, 이
인생은 '식언'한다. '식언'이란 약속한 말을 지키지 않
는다는 뜻이다. 하나님의 말씀으로 거듭나지 않은
사람인 인생은 거짓말을 하며, 혀로 "주여, 예수여"
한다고 천국의 상속자가 아니다. 살아 계신 하나님
의 가르치심을 받고 다시 창조되지 않은 인생은 모두
자신이 한 말, 약속을 지키지 않으니 거짓말, 곧 식
언을 한다. 그 결과로 인하여 모든 사람은 반드시 한
번 죽는 것이고, 죽어야 한다. 이는 모든 인생은 하나
님께서 창조하셨음을 증명하는 하나님의 증거이며,
신이 아니라는 것을 명백하게 판결해 두신 것이다.

그래서 사람에게서 증거를 취하지 아니하시고, 사
람에게서 영광을 취하시지 않는다고 하셨으며, 예수
를 사용하셔서 또 다른 보혜사인 진리의 성령을 실상
으로 보내 주면 "그가 내 영광을 나타내리니 내 것을 가지
고 너희에게 알리겠음이니라"[요16:14]고 하신 것이다. 예

로마서 13:4
그는 하나님의 사자가 되
어 네게 선을 이루는 자니
라 그러나 네가 악을 행하
거든 두려워하라 그가 공
연히 칼을 가지지 아니하
였으니 곧 하나님의 사자
가 되어 악을 행하는 자에
게 진노하심을 위하여 보
응하는 자니라

수께 영광은 여호와 하나님이시다. 곧 예수는 인자인 사람으로 이 세상에 왔지만 여호와 하나님의 아들이시기에 인생들에게 가장 잔인하게 죽임을 당하셨어도 영광이신 여호와 하나님께서 함께 하신 인자, 곧 하나님께서 인정하셔서 인치신 아들이시기에 십자가를 지시기 전에 하신 말씀대로 사실이 되어 이루어진 것이다. 곧 말씀이 하나님이심을 나타내 보이셨고, 하나님은 당시 땅에 있는 모든 인생들 중에 예수가 '인자'이심을 증명해 주신 것이다. 이는 2008년 6월 16일부터 창세 이래 처음으로 '전대미문의 새 언약'을 친히 밝히시고 계신 이 일을 이 세대 모든 사람들에게 믿으라고 나타내 보여 주신 하나님의 증거였다.

하나님께서는 아무에게나 영광이신 당신을 나타내시지 않는다는 것이다. 그래서 "나는 여호와라 이는 내 이름이라 나는 내 영광을 다른 자 곧 우상에게 주지 않는다"고 하신 것이다. 곧 영광이신 하나님께서 당신이 어떤 분이심을 아무 사람에게 나타내 주시지 않고, 여호와 하나님을 영원히 찬송하게 하시는 일 또한 인생인 사람에게 말씀하시지 않고 미리 정해 두신 '인자'에게 나타내신다는 뜻이다. 이래서 '인생들'에게 허락하신 기간인 6일에는 영원한 영광이신 하나님께서 당신의 뜻을 알게 하시지 않았다. 이를 두고 "나는 내 영광을 다른 자에게 주지 아니하리라"고 하신 것이다.

> 여호와의 말씀에 시온의 딸아 노래하고 기뻐하라 이는 **내가 임하여 네 가운데 거할 것임이니라** [슥2:10]

여호와의 날, 인자의 날에 이 예언, 유언은 진리의 성령이 실상이 되어 사실이 되고 있으니 하나님의 나라 천국도 상상이 아니라 이 땅에서 온전히 실상이 된다는 뜻이며, 하나님의 영광을 나타내신다는 뜻이다. 여호와 하나님께서 임하셔서 영원히 거하시는 처소 된 사람, 다른 말로 진리의 성령이 실상이 되어야 사람에게서 귀신이 영원히 떠나 거룩해지며 신령하신 하나님께서 영원히 거하시는 성전 된 사람만이 육체도 죽지 아니하고 신령한 사람이 되어 영광을 나타낸다는 뜻이다. 그래서 반드시 모든 사람, 곧 모든 인생은 한 몫의 삶을 무효하고 하나님의 계명을 지켜 실행하여야 육체도 죽지 아니하고 영생을 얻게 된다. 이를 예수 그리스도를 사용하여 교훈해 주셨던 것이다.

이는 2008년 6월 16일부터 15년째 전대미문의 새 일인 "새 언약"[히8장]을 하나님께서 친히 하실 때가 되

호세아 2:19~20
19 내가 네게 장가들어 영원히 살되 의와 공변됨과 은총과 긍휼히 여김으로 네게 장가들며
20 진실함으로 네게 장가들리니 네가 여호와를 알리라

갈라디아서 3:22
그러나 성경이 모든 것을 죄 아래 가두었으니 이는 예수 그리스도를 믿음으로 말미암은 약속을 믿는 자들에게 주려 함이니라

히브리서 9:15
이를 인하여 그는 새 언약의 중보니 이는 첫 언약 때에 범한 죄를 속하려고 죽으사 부르심을 입은 자로 하여금 영원한 기업의 약속을 얻게 하려 하심이니라

야고보서 3:12
내 형제들아 어찌 무화과나무가 감람 열매를, 포도나무가 무화과를 맺겠느뇨 이와 같이 짠물이 단물을 내지 못하느니라

기 전, 성경이 모든 것을 죄 아래 가두어 두는 기간[갈3:22]에는 사람에게 하나님의 뜻인 천국의 비밀을 모르게 하셨다가, 새 언약을 통하여 온전해지게 하시는 하나님의 행하심을 지금 이 세대 택자들에게 알게 하시기 위함이었다. 이를 다른 말로 표현하면 예수 그리스도는 "새 언약의 중보"[히9:15]로 보냄을 받으셨고, 포도나무로는 무화과를 맺을 수 없으니[약3:12] '신'이 아님을 증명하시는 것이다. 따라서 '신'은 오직 여호와 하나님 한 분이시고, 하나님은 살아 있는 산 자의 하나님이시며, 사신 하나님이시다. 절대 인생, 곧 사람 차원은 그 누구도 영생에 이를 수 없다. 그래서 이 말씀을 책으로, 유튜브로 아무리 받아도 실상이 안 되면 그는 말쟁이일 뿐이다.

'여호와의 날, 인자의 날'인 이때 모두 하나님께서 친히 가르치시는 전대미문의 새 언약의 말씀으로 돌아서야 한다. 악한 자들이 일하는 때가 끝났다. 코로나19는 진리의 성령을 핍박하고 불의와 불법하는 자들에 대한 하나님의 징벌하심이다. 7년 대환난이 이 세대에 일어난다. 모두 진리를 찾고 찾아 하나님께로 돌아오라.

이제 온 천하는 **잠잠하라**

귀신들의 '**유언**'을 지키는
전 세계 기독교인들

47

「조선일보, 동아일보」 2022년 5월 6일 금요일

스마트폰으로 QR 코드를 스캔 하시면
[이제 온 천하는 잠잠하라] 전문을 다운로드 받을 수 있습니다.

'유언' 속에 감추어 두신
천국의 비밀

[16]유언은 유언한 자가 죽어야 되나니 [17]유언은 그 사람이 죽은 후에야 견고한즉 유언한 자가 살았을 때에는 언제든지 효력이 없느니라 [히9:16~17]

성경은 대예언서이자 비밀이다. 모든 문제와 해답은 성경 속에 다 있다. '예언'이란 '미래에 일어날 일을 미리 헤아려 말함, 또는 그 일, 하나님께서 40여 명의 인간 저자를 사용하셔서 미리 말씀해 두셨던 말이 사실이 되어 이루어질 일'이다. '유언'(遺言)이란 '사람이 죽음에 이르러서 부탁하여 남기는 말, 죽은 후에 법률상의 효력을 발생시킬 목적으로 일정한 방식에 따라 하는 단독 의사 표시'를 뜻한다. 유언이라는 두 글자 안에 '그윽하고 깊이가 있는 말, 귀신이나 도깨비의 말, 아첨하는 말, 터무니없는 소문, 부언 곧 근거 없이 떠돌아 다니는 말, 뜬소문'이라는 뜻이 감추어져 있다. 실제 2022년 이때까지 이런 뜻의 '유언'에 의해 성경을 사용하는 모든 종교들이 이어져 온 것이다. 창세 이래 단 한 번도, 그 누구도 하지 않았던 온 세상에 대한 하나님의 판결이 '유언'이라는 두 글자 속에 감추어져 있다. 그래서 반드시 유언에 대한 천국의 비밀을 알아야 한다.

아이러니하게도 '유언'이란 말의 뜻 속에 '귀신이나 도깨비의 말'이 진실로 사실이었음을 15년째 증명하고 있다. 지금도 교회 강대상에서 하나님의 이름, 예수 그리스도의 이름으로 하는 성경과 다른 거짓말만 믿고, 심지어 "랄랄라 따따따" 하는 말이 성령받은 증거라고 속이고, 예수 믿기만 하면 죽어서 천국 간다고 가르친 음부에 가 있는 귀신의 처소 대장들을 사모하여 유언을 지키고 있는 교인들과 교회가 있다.

아무런 근거도 없는 '유언'인데, 그 유언을 지키고 계승하여 죽은 귀신, 사단, 마귀, 용, 벨리알, 광명의 천사로 가장한 자들, 옛 뱀, 독사, 지옥 불의 소리, 귀신의 처소 대장들이 한 유언들, 곧 성경과 다른 거짓말들이 실제로 실상이 되어 효력이 나타나서 6천 년간 이어져 왔다는 것을 성경에 기록된 두 글자인 '유언'에 감추어 두신 것이다. 그래서 생긴 말이 바로 '유언비어'(流言蜚語)다. 곧 '아무 근거 없이 널리 퍼진 소문, 터무니없이 떠도는 말, 뜬소문, 부언, 낭설, 부언유설'이라는 뜻이다. 왜 한 몫의 삶을 육체가 살아서 버리지 아니하면 절대 영생할 수 없는지에 대한 해답을 이 유언 속에 감추어 두셨던 것이다. 전 세계 모든 종교의 실상을 이 유언이라는 두 글자 속에 다 감추어 두셨던 것이다.

예수 이름으로 귀신을 쫓아내고, 예수님의 옷자락만 잡아도 귀신이 떠난다고 생각하는 사람들은 교회 안에서 '가르치는 귀신[딤전4:1]이나 도깨비의 유언'에 의해 오늘 이 시간까지 자신들은 죽어서 천국 간다는 말만 믿고, 귀신의 유언을 지키는 이 온 세상 사람들이다. 교회 안에서 지도자들이 하는 아무런 근거도 없는 유언비어로 인해서 다 죽었고, 죽이고 있다. 이 사실을 밝히고 있는 것이 15년째 나를 통한 하나님의 선한 일이다. 이들은 전부 무엇이든지 혀로 말만 할 뿐 근거가 없으니 허공 치는 소리다. 성경적인 방언만 해도 다 허공 치는 소리이며, 예수 이름으로 구하기만 하면 다 주신다고 하는 말이 거짓이란 사실을 15년째 증명해도 귀신들에게는 '예수 이름이 도깨비 방망이'다.

디모데전서 4:1
그러나 성령이 밝히 말씀하시기를 후일에 어떤 사람들이 믿음에서 떠나 미혹케 하는 영과 귀신의 가르침을 좇으리라 하셨으니

고린도전서 14:9
이와 같이 너희도 혀로서 알아 듣기 쉬운 말을 하지 아니하면 그 말하는 것을 어찌 알리요 이는 허공에다 말하는 것이라

귀신의 처소인 교회의 지도자들이나 그들의 하인인 교인들은 자신들이 도깨비, 귀신이 하는 뜬소문, 아첨하는 말에 일생 속고 속이는 자들이라는 사실과 '귀신이나 도깨비의 말'이란 의미를 '유언' 속에 감추어 두신 하나님의 뜻을 살아서도 모르고, 죽어서도 모른다. 영적인 귀머거리라 안 들린다. 성경을 보아도 보지 못하는 것조차 모른다.

> 그 즈음에 히스기야가 병들어 죽게 되니 아모스의 아들 선지자 이사야가 나아와 그에게 이르되 여호와께서 이같이 말씀하시기를 **너는 네 집에 유언하라** 네가 죽고 살지 못하리라 하셨나이다 [사38:1]

이 말씀에는 육체가 죽는 자의 말은 다 '유언'이라는 뜻이 감추어져 있다. 히스기야에게 "너는 네 집에 유언하라"고 하신 하나님의 말씀을 전한 이사야 선지자도 죽었고, 이 말씀을 전해 들은 히스기야왕도 죽었다. 곧 하나님의 말씀을 대신 전한 이사야서도 유언이라는 뜻이고, 전 성경을 기록한 저자들도 다 죽어서 육체가 썩었으니 썩는 양식을 설교한 자들이며, 그 당시에 성경을 기록한 저자들을 통하여 말씀을 듣고 신앙생활을 한 교인들도 다 죽었으니 다 유언이 실상이 되지 못한 것이다. 심지어 하나님의 아들 예수를 통해서 하나님의 말씀을 들었던 제자들도 다 죽었다. 신령한 몸으로 다시 부활하신 예수 그리스도를 만나서 유대교에서 기독교로 개종한 사도 바울도 죽었다. 이런 사도들에 의해 2022년 지금까지 전 세계 구석구석에 성경이 각 나라 언어로 번역되어 전파되고, 모두 "하나님, 예수님" 하며 일생 교회를 다녔으나 다 육체가 죽었다. 이런 진리의 눈으로 창세 이래 전 세계 모든 사람들을 보라. 모두 죽은 자를 기리고 숭배하며 유언을 지키고 설교한 자들, 성경 박사들, 가르치는 모든 자들은 단 한 명도 살아 있지 않고 다 죽었다.

육체를 입고 사는 동안 반드시 '사신 하나님'을 만나야 한다

내가 또 말하기를 내가 다시는 여호와를 뵙지 못하리니 **생존 세계에서 다시는 여호와를 뵙지 못하겠고** 내가 세상 거민 중에서 한 사람도 다시는 보지 못하리라 하였도다 [사38:11]

사람이 죽으면 생존 세계, 곧 이 땅에서 여호와 하나님을 뵙지 못한다. 15년 생을 연장받았어도 결국 히스기야는 죽었으므로 명백하게 유언이다. 또한 이 말씀은 히스기야가 이사야 선지자를 통해서 들은 여호와 하나님의 말씀으로 육체가 살아서 하나님을 뵈었다고 한 유언도 담겨 있다. 그래서 자신이 죽으면 "다시는 생존 세계에서 여호와 하나님을 뵈옵지 못하겠고"라고 한 것이다. 이 말씀은 지금 온 세상에 살고 있는 모든 사람들이 '상상'에서 깰 수 있는 핵심 열쇠다. 사람이 죽어서 하나님을 뵈옵는 것이 아니라는 뜻이다. 상상하는 사람들이 말하듯이 하나님을 육체가 죽어 하나님 나라에 가서 뵙는 것이 아니라는 뜻이다. 사람이 죽으면 다시는 생존 세상 거민 중 한 사람도 보지 못한다. 이는 다시 세상에 태어나지 못한다는 뜻이다. 이 예언, 유언보다 700년 전인 BC 1400년에 욥을 통해 "수년이 지나면 나는 돌아오지 못할 길로 갈 것임이니라"[욥16:22]고 예언되어 있다. 이렇게 분명하게 사람은 육체가 죽으면 다시 사람으로 돌아오지 못한다고 하셨다. 문자 그대로 말하면 욥도 이 말씀대로 다시 돌아오지 못한다. 욥은 의인인데도 이러하다. 악인도 마찬가지로 음부로 내려가면 다시 올라오지 못한다.

⁹구름이 사라져 없어짐같이 음부로 내려가는 자는 다시

올라오지 못할 것이오니 ¹⁰그는 다시 자기 집으로 돌아가지 못하겠고 자기 처소도 다시 그를 알지 못하리이다 [욥 7:9~10]

진리는 이러한데 사람들은 하나님의 말씀은 무시하고 사람 생각대로, 자기들 마음대로 해석해 버린다. 진실로 진리를 진리대로 알게 되면 육체를 입고 사는 동안의 삶이 얼마나 중요한지 깨닫게 되고, 육체가 살아 있는 기간이 '영원'을 결판낸다. 사람은 육체가 죽는 것이지 영혼은 죽지 않는다. 육체를 입고 한 번뿐인 땅에서 사는 삶 동안 반드시 살아 계신 하나님을 만나야 한다.

이런 절체절명의 시간을 귀신들은 헛소리, 허공 치는 소리, 무익한 말, 그것도 성경을 가지고 성경과 다른 거짓말을 가르친 일로 인해 그 누구도 하나님의 심판을 피할 길이 없다. 한 영혼이 얼마나 중요한지 오죽하면 온 천하보다 귀하다고 하셨겠는가?

또한 "악인이 음부로 돌아감이여 하나님을 잊어버린 모든 열방이 그리 하리로다"[시9:17]라고 하셨고, "주께서 주신즉 저희가 취하며 주께서 손을 펴신즉 저희가 좋은 것으로 만족하다가 주께서 낯을 숨기신즉 저희가 떨고 주께서

저희 호흡을 취하신즉 저희가 죽어 본 흙으로 돌아가나이
다"[시104:28~29]라고 하셨다. 하나님께서 낮을 숨기
신다는 말씀은 기록된 말씀 속에 감추어 두신 하나님
의 뜻을 모르게 하신다는 뜻이다. 곧 영적인 눈이 어
두워서 성경을 보아도 천국의 비밀이 보이지 아니하
고, 들어도 들리지 아니하고 죄 아래 가두어 두는 것
을 뜻한다. 악인은 누구에게나 단 한번뿐인 땅에서
의 삶이 끝나서 죽으면 육체는 이 세상에서 받은 것
이라 흙으로 돌아가고, 그 혼은 음부, 곧 지옥 불구덩
이에 들어간다.

3022~2422년 전에 시편이 기록될 때인 구약시대
에는 '모든 열방', 곧 전 세계 모든 민족, 모든 나라에
복음이 전파되지 않은 때인데 이미 이렇게 판결이 되
어 있었다. 곧 6일간은 악인들에게 온 세상을 허락하
신 기간이다. 이 기간 동안은 모두 '사람의 증거'에 해
당하는 기간이었다. 다시 말하면 6일(구약 4천 년 +
신약 2천 년, 벧후3:8절로 해석하면 6일) 동안을 '유
언, 예언' 속에 감추시고 경영해 오신 것이다. 이 기간
에는 하나님께서 행하신 일을 사람에게 알게 하지 않
으셨다. 이를 두고 주께서 낮을 숨기신다고 하셨던
것이다. 그래서 사람은 반드시 육체가 살아 있을 때

베드로후서 3:8
사랑하는 자들아 주께는
하루가 천 년 같고 천 년
이 하루 같은 이 한 가지
를 잊지 말라

시편 104:29
주께서 낮을 숨기신즉 저
희가 떨고 주께서 저희호
흡을 취하신즉 저희가 죽
어 본 흙으로 돌아가나
이다

하나님을 뵈어야 한다는 뜻을 담고 하신 말씀이다.

욥기 33:13
하나님은 모든 행하시는
것을 스스로 진술치 아니
하시나니 네가 하나님과
변쟁함은 어찜이뇨

그럼 하나님을 어떻게 볼 수 있을까? 하나님은 친히 진술하지 않으시고 하나님께서 택하신 사람을 사용하셔서 말씀하신다[욥33:13]. 히스기야가 하나님을 뵈었다고 한 것은 당시 하나님께서 택하신 선지자인 이사야를 통하여 말씀하신 것을 뜻하는 것이다. "너는 네 집에 유언하라 네가 죽고 살지 못하리라"고 하셨고, 이 판결을 받고 히스기야가 하나님께 기도하니까 하나님께서 이사야 선지자를 통하여 또 말씀하신다. "이에 여호와의 말씀이 이사야에게 임하니라 가라사대"[사38:4]라고 하신 것은 그때 이사야 선지자가 하나님께서 영원히 거하시는 성전이 된 것이 아니라는 뜻이다. 그때는 하나님께서 정하신 때가 아니었으므로 동행, 내주하시는 것이 아니었다. 전 성경을 기록한 저자들도 각 시대마다 사용하시고 대언하게 하셨지만, 영혼이 살아 계신 하나님의 말씀으로 다시 창조되어서, 곧 하나님의 말씀으로 완전히 거듭나서 하나님께서 영원히 거하시는 성전이 되지 않았던 것이다. 이런 영적인 상태는 반드시 육체는 한 번 죽는다. 그래서 전 성경을 기록한 저자들도 하나님께서 그들을 사용하셔서 말씀을 기록하게 하셨지만 그들은 죽었고, 그들이 기록한 말은 '유언'에 해당한 것이다.

여호와의 말씀은 히스기야왕에게 임한 것이 아니라 하나님의 말씀을 대언하는 선지자에게 임한다. 6일간은 이렇게 말씀하신다. 그래서 세상의 왕, 곧 대통령들도 교회에 와서 하나님의 말씀을 받고 예배를 드리는 것이다. 진리는 이러한데 지금 기독교인들 특히, 포도주를 마시고 취하여 미친 사람들은 산으로 가서 "주여 응답해 주시옵소서" 하고 고함지르고, 산에 가서 하나님의 음성을 들으려고 한다. 원욕이 그대로인 목사들은 자신이 신령한 척 가장하려고 설교하기 전에 "주여 몇 장 몇 절 말씀을 주시옵소서" 기도하여 받아서 설교한다고 속이는 것이다. 자신도 속고, 교인들도 속이고, 교인들 또한 속는 것이다.

> 너는 가서 히스기야에게 이르기를 네 조상 다윗의 하나님 여호와께서 이같이 말씀하시기를 내가 네 기도를 들었고 네 눈물을 보았노라 내가 네 수한에 십오 년을 더하고 [사 38:5]

"너는 가서 히스기야에게 이르기를" 이런 말을 문자 그대로 보고 흉내 내는 귀신들이 예수 이름 사용하는 '교회 안에 무당들'이다. 그래서 '유언'의 두 글자 속에

'귀신이나 도깨비의 말'이라는 뜻이 감추어져 있는 것이다. 유언이라는 말 속에 창세 이래 지금 이 세대까지 땅 위에 살다가 죽고 한 모든 사람들의 언행들이 다 감추어져 있다. 6일간의 모든 시간, 일들, 사람들을 다 무효하고 진짜 실상이 되는 때가 2008년 6월 16일부터 시작된 것이다. 상상과 실상의 차이가 어떤 것인지 15년째 하나님께서 친히 임하셔서 증명하시는 이 일을 나는 대언하는 것이고, 창세 이래 처음 있는 일이다. 전 성경이 이때를 목적으로 기록된 것이다[시102:18].

시편 102:18
이 일이 장래 세대를 위하여 기록되리니 창조함을 받을 백성이 여호와를 찬송하리로다

"네 조상 다윗의 하나님 여호와께서 이같이 말씀하시기를" 히스기야왕은 물과 성령으로 거듭나지 않은 영적인 상태이며, 그에게 실상으로 내주하시는 하나님이 아니라서 "네 조상 다윗의 하나님"이라고 한 것이다. 거듭나지 않은 사람에게 하나님은 이러하다. 또한 이사야 선지자도 마찬가지로 거듭나지 않은 영적인 상태임을 보여 준다. 전 세계 사람들에게 혀로 "하나님, 예수님" 하면서 사람이 본능으로 아는 기도만 하라고 가르치는 자들의 하나님이 아니시다. 이런 사람들은 다 죽는다. 히스기야의 기도, 회개하는 기도를 들으시고 15년 생명을 연장받아 자신이 땅에 살아 있을

동안 평안과 견고함이 있었어도 그는 다시는 생존 세상에서 여호와 하나님을 뵙지 못하고 결국 죽었다.

> [18]음부가 주께 사례하지 못하며 사망이 주를 찬양하지 못하며 구덩이에 들어간 자가 주의 신실을 바라지 못하되 [19]오직 산 자 곧 산 자는 오늘날 내가 하는 것과 같이 주께 감사하며 주의 신실을 아비가 그 자녀에게 알게 하리이다 [사 38:18~19]

'음부, 사망'이 혀로 "하나님, 예수님" 하면서 성경을 가지고 성경과 다른 거짓말을 설교하는 자들, 곧 야고보서 3장에 지옥 불의 소리를 하는 자들, 쓴물, 곧 짠물을 그 입에서 내는 자들이며, 선생 노릇 하는 자들이고, 이들을 모두 죄 아래 가두어 두는 이름이 '예수 이름'인 줄 누가 알았겠는가? 그래서 예수님은 신령한 몸으로 부활하시고도 "사망과 음부의 열쇠"[계 1:18]를 받으셨으며, "오직 예수" 하며 이미 자신들은 잘 믿는다고 착각하는 자들에게 "자녀들은 혈육에 함께 속하였으매 그도 또한 한 모양으로 혈육에 함께 속하심은 사망으로 말미암아 사망의 세력을 잡은 자 곧 마귀를 없이 하시며"[히2:14]라고 하신 예언, 유언이 실상이 되는 기간이 2천 년간 이어져 온 것이다.

이런 깊은 뜻을 감추시고 "내 형제들아 어찌 무화과나

야고보서 3:6
혀는 곧 불이요 불의의 세계라 혀는 우리 지체 중에서 온몸을 더럽히고 생의 바퀴를 불사르나니 그 사르는 것이 지옥 불에서 나느니라

요한계시록 1:18
곧 산 자라 내가 전에 죽었노라 볼지어다 이제 세세토록 살아 있어 사망과 음부의 열쇠를 가졌노니

무가 감람 열매를, 포도나무가 무화과를 맺겠느뇨 이와 같이 짠물이 단물을 내지 못하느니라"[약3:12]고 하셨던 것이며, 무화과나무가 감람 열매를 맺지 못한다고 하신 것이다. 다시 말하면 혀가 불이 되어 쉬지 아니하는 악이요 죽이는 독을 내는 설교를 두고 예수께서 무화과나무를 저주하여 영원히 열매 맺지 못하리라고 하신 것인데, 지금 이 시간까지 사람들은 자기들 마음대로 왜곡하여 예수님이 능력이 있어 하신 말대로 된 줄 알고 "오직 예수, 예수 이름으로" 하며 혀로 온갖 거짓말을 지어내어 교인들을 죽이는 것이다. 이 모든 일을 다 담고 사도 바울을 사용하셔서 성경이 모든 것을 죄 아래 가두어 두었다고 예언, 유언해 두신 것이다[갈3:22~23].

갈라디아서 3:22~23
22 그러나 성경이 모든 것을 죄 아래 가두었으니 이는 예수 그리스도를 믿음으로 말미암은 약속을 믿는 자들에게 주려 함이니라
23 믿음이 오기 전에 우리가 율법 아래 매인 바 되고 계시될 믿음의 때까지 갇혔느니라

'유언'이 실상이 되어
온전히 구원하시는 '하나님'

[15]또 죽기를 무서워하므로 일생에 매여 종노릇하는 **모든 자들을 놓아 주려 하심이니** [16]이는 실로 천사들을 붙들어 주려 하심이 아니요 오직 아브라함의 자손을 붙들어 주려 하심이라 [히2:15~16]

하나님께서 정하신 일곱째 날인 지금 이때에 이 예언, 유언이 이루어진다. 그럼 예수 그리스도께서 사단, 마귀, 귀신에게 종노릇하는 자들을 놓아 주시는 것일까? 아니다. 여호와 하나님께서 귀신에게 종노릇하던 자녀들을 이미 전 성경에 미리 예언, 언약, 약속해 두신 대로 당신이 정하신 때가 되어 구원하신다는 뜻이다.

²⁸너희는 유대인이나 헬라인이나 종이나 자주자나 남자나 여자 없이 **다 그리스도 예수 안에서 하나이니라** ²⁹너희가 그리스도께 속한 자면 곧 아브라함의 자손이요 약속대로 유업을 이을 자니라 [갈3:28~29]

이 예언은 사도 바울 당시에 사실이 되는 예언, 유언이 아니었다. 전 성경을 통으로 보지 아니하고 원욕이 그대로인 사람이 본능으로 아는 지식대로 보고 혀로 말만 한 것이 이제까지 전 세계 기독교, 천주교의 실상이다. 하나님께서 예수 그리스도를 통해서 약속하신 "또 다른 보혜사인 진리의 성령이 실상으로 이 땅에 와서"[요14:16~17], 다른 모양으로 "믿음이 올 때까지"[갈3:23]라고 한 예언, 유언이 땅 위에 사실이 되어, 누가복음 24장의 말씀대로 구약성경만이 아니고, 모든 성경을 가지고 신령한 것을 신령한 것으로 분별하여

요한복음 14:16~17
16 내가 아버지께 구하겠으니 그가 또 다른 보혜사를 너희에게 주사 영원토록 너희와 함께 있게 하시리니
17 저는 진리의 영이라 세상은 능히 저를 받지 못하나니 이는 저를 보지도 못하고 알지도 못함이라 그러나 너희는 저를 아나니 저는 너희와 함께 거하심이요 또 너희 속에 계시겠음이라

고린도전서 2:13~14

13 우리가 이것을 말하거
니와 사람의 지혜의 가르
친 말로 아니하고 오직 성
령의 가르치신 것으로 하
니 신령한 일은 신령한 것
으로 분별하느니라

14 육에 속한 사람은 하
나님의 성령의 일을 받지
아니하나니 저희에게는
미련하게 보임이요 또 깨
닫지도 못하나니 이런 일
은 영적으로라야 분변함
이니라

모든 진리 가운데로 인도할 때 "다 그리스도 예수 안에
서 하나"라고 하신 말씀이 땅 위에 사실이 되어 이루
어지는 것이다. 따라서 이미 15년째 나를 통한 이 일
에 대한 예언이며, 유언이었고, 이미 이루어지고 있
으니 이제 사실이다. 그러나 이런 하나님의 뜻을 아
무도 몰라서 기록한 말씀이 다음 말씀이다.

아들을 낳으리니 이름을 예수라 하라 이는 **그가 자기 백성
을 저희 죄에서 구원할 자이심이라** 하니라 [마1:21]

여기서 생각해 보라. 하나님의 백성은 '이스라엘, 하
나님의 아들들'이다. 곧 예수의 백성이 아니다. 예수를
죽은 자 가운데서 구원하신 분도 하나님이시다. 따
라서 "그가 자기 백성을 저희 죄에서 구원할 자이심이라"
고 한 이 말씀 자체가 2022년 오늘 이 시간까지 예
수를 믿는 모든 사람을 다 죄 아래 가두어 두었고, 실
족하게 만들었다. 사람을 죽이고 살리시고 하시는
분은 오직 하나님이시다. 그래서 "나 곧 나는 여호와
라 나 외에 구원자가 없느니라… 과연 태초로부터 나는 그
니 내 손에서 능히 건질 자가 없도다 내가 행하리니 누가 막
으리요"[사43:11, 13]라고 하셨고, "구원자 이스라엘의 하
나님이여 진실로 주는 스스로 숨어 계시는 하나님이시니이
다"[사45:15]라고 하셨는데 이런 말씀은 안 보고 기록

된 것이 마1:21절이다. 예수님이 사람들을 죄에서 구원하시는 분이 아니시다.

여호와 하나님의 구원은 온전한 구원이다. 곧 육체도 죽지 아니하고 영생하도록 온전히 구원하신다. "이스라엘은 여호와께 구원을 입어 영원한 구원을 얻으리니 영세에 부끄러움을 당하거나 욕을 받지 아니하리로다"라고 하신 말씀은 절대 다른 세대에 땅 위에서 실상이 되는 예언, 유언이 아니다. 이사야 선지자를 통해 하신 유언을 땅 위에 사실이 되게 하시려고 하나님께서 진리의 성령을 사용하셔서 이루시고 계신 일이 바로 15년째 나를 통한 이 일이다. 따라서 진리의 성령을 상상하면 정말 구원과 아무 관계가 없다. 증거가 이 세대까지 성경을 사용하는 모든 신앙인들이 다 육체가 죽은 것이다. 진리의 성령인 내가 구원하는 것이 아니다. 나를 사용하셔서 다시 택하신 '이스라엘'인 하나님의 백성들, 하나님의 아들들의 영원한 구원을 실상으로 이루시기 위해 임하신 것이다.

[18]여호와는 하늘을 창조하신 하나님이시며 땅도 조성하시고 견고케 하시되 헛되이 창조치 아니하시고 사람으로 거하게 지으신 자시니라 그 말씀에 나는 여호와라 나 외에 다른 이가 없느니라 [19]나는 흑암한 곳에서 은밀히 말하지 아

니하였으며 야곱 자손에게 너희가 나를 헛되이 찾으라 이르지 아니하였노라 나 여호와는 의를 말하고 정직을 고하느니라 [사45:18~19]

이미 이 예언, 유언은 15년째 이루어지고 있다. "헛되이 창조치 아니하시고 사람으로 거하게 지으신 자시니라"고 하신 언약대로 하나님께서 이 온 우주 만물을 창조하셨지만 2022년 오늘 이날까지는 마치 하나님께서 살아 계시지 않은 것처럼 성경을 사용하는 사람들은 물론이고, 땅에 사는 모든 사람들이 다 이렇게 생각하고 하나님을 인정하지 않는 세상이었다. 기독교인들은 이 세상이 종말 한다고 가르치고, 하나님의 나라는 육체가 죽어서 이루어진다고 가르치며, 다 상상만 하니 진실로 이러했다. 그런데 하나님께서 헛되이 창조하지 않으셨고, 반드시 견고하게 하신다고 말씀하신다. 그 첫 일이 진리의 성령인 나를 사용하셔서 '전대미문의 새 일'인 "새 언약"[히8장]을 실상으로 이루시는 이 일이다.

"그 말씀에 나는 여호와라"고 하신 말씀은 반드시 하나님께서 장가드셔서 하나님의 성전이 된 여자[호2:19~20]인 진리의 성령이 실상으로 와서 죄에 대하여 모든 진리 가운데로 인도하여 영원한 의이신 하나

히브리서 8:8
저희를 허물하여 일렀으되 주께서 가라사대 볼찌어다 날이 이르리니 내가 이스라엘 집과 유다 집으로 새 언약을 세우리라

호세아 2:19~20
19 내가 네게 장가들어 영원히 살되 의와 공변됨과 은총과 긍휼히 여김으로 네게 장가들며
20 진실함으로 네게 장가들리니 네가 여호와를 알리라

님에 대하여 밝히 드러낼 때 이루어지는 것이다. "나 외에 다른 이가 없느니라"고 분명히 말씀하신 진리는 다 무시하고 예수를 '성자 하나님', 성령을 '성령 하나님'이라고 한 것은 치명적인 죄를 지은 것이다. 예수 그리스도의 표상인 욥에 대한 말씀을 기록하게 하신 하나님의 뜻을 모르면 절대 자신도 모르고 짓는 패역에서 돌이킬 수가 없다. 그래서 2천 년간 예수 이름으로 전 세계 모든 사람들을 죄 아래 가두어 두셨던 것이다[갈3:22~23]. 이는 하나님만이 '유일하신 참 신'이심을 증거하시는 하나님의 판결이다.

이제 모두 성부 하나님께로, 하나님께서 진리의 성령을 사용하셔서 친히 가르치시는 새 언약의 말씀으로 돌아서야 한다. 음부에 가 있는 죽은 자들 뿐만 아니라, 살았다 하는 예수 이름을 가진 자들이 성경과 다른 거짓말로 하는 유언과 유언비어를 믿고 종교생활 하던 데서 돌아서야 한다. 코로나19는 하나님의 징벌하심이다. 7년 대환난은 이 세대에 일어난다. 온 세상에 유일한 구원자는 성부 하나님 한 분뿐이시다. 모두 새 언약의 말씀으로 돌아서라.

48

현몽(現夢)
꿈은 꿈일 뿐이다

「동아일보」 2022년 5월 12일 목요일
「조선일보」 2022년 5월 13일 금요일

스마트폰으로 QR 코드를 스캔 하시면
[이제 온 천하는 잠잠하라] 전문을 다운로드 받을 수 있습니다.

'요셉의 꿈'을 기록한 마태

¹⁶내 사랑하는 형제들아 속지 말라 ¹⁷각양 좋은 은사와 온전한 선물이 다 위로부터 빛들의 아버지께로서 내려오나니 그는 변함도 없으시고 회전하는 그림자도 없으시니라 [약 1:16~17]

정직의 반대는 거짓이다. '정직'이란 '거짓이나 꾸밈이 없이 마음이 바르고 곧다'는 뜻이다. 사람이 하나님의 말씀으로 다시 창조되지 아니하면 절대 정직할 수가 없고, 원욕이 그대로인 사람이 본능으로 아는 것으로 성경을 보고 해석하면 말의 실수를 할 수밖에 없고, 이렇게 성경을 사용하면 할수록 죄에 죄를 더하게 되니 사람 차원은 그 누구도 성경을 가지고 정직을 고할 수 없다. 그래서 야고보서 3장에 말에 실수가 없는 자는 '온전한 사람'이라고 하셨다. 말의 실수

> **야고보서 3:2**
> 우리가 다 실수가 많으니 만일 말에 실수가 없는 자면 곧 온전한 사람이라 능히 온몸도 굴레 씌우리라

는 치명적인 결과를 낳아서 죽이는 독이 된다. 한 입, 곧 한 사람의 입으로 단물과 쓴물을 낼 수 없다. 예수 그리스도께서 단물을 내신 것이 아니다. 쓴물, 짠물을 먹이신 것이며, 저주를 하신 것이다. 이에 대한 증거가 욥기서에 기록된 "나의 온 지체는 그림자 같구나"[욥 17:7]라고 한 이 예언, 유언이다. 오늘 이 세대까지 예수를 믿는다는 모든 사람들이 '그림자'에 해당하는 실상임을 명백하게 증명하는 것이 바로 약1:16~17절의 말씀이다. 하나님은 회전하는 그림자도 없으신데 그림자를 붙들고 신앙생활을 한 결과는 모두 육체가 죽은 것이다. 정직하지 않고 거짓인 근본 원인이 바로 '예수 이름'에 속은 것 때문이다. 마1:20~25절의 기록에 다 속았다. 이 기록은 마태가 예수님의 육의 어머니 마리아의 남편이 꿈을 꾼 것을 기록한 것이다.

> ¹⁸예수 그리스도의 나심은 이러하니라 그 모친 마리아가 요셉과 정혼하고 동거하기 전에 **성령으로 잉태된 것이 나타났더니** ¹⁹그 남편 요셉은 의로운 사람이라 저를 드러내지 아니하고 가만히 끊고자하여 ²⁰이 일을 생각할 때에 **주의 사자가 현몽하여 가로되** 다윗의 자손 요셉아 네 아내 마리아 데려오기를 무서워 말라 저에게 잉태된 자는 성령으로 된 것이라 ²¹아들을 낳으리니 이름을 예수라 하라 이는 **그가 자기 백성을 저희 죄에서 구원할 자이심이라** 하니라…

²³보라 처녀가 잉태하여 아들을 낳을 것이요 그 이름은 임마누엘이라 하리라 하셨으니 이를 번역한즉 하나님이 우리와 함께 계시다 함이라 ²⁴요셉이 잠을 깨어 일어나서 주의 사자의 분부대로 행하여 그 아내를 데려왔으나 ²⁵아들을 낳기까지 동침치 아니하더니 낳으매 이름을 예수라 하니라 [마1:18~25]

'현몽'이란 죽은 사람이 꿈에 나타나서 말한 것이나 보여 준 것을 뜻한다. 곧 요셉이 마리아가 임신한 것을 알고 가만히 끊고자 할 때 주의 사자가 현몽, 곧 요셉의 꿈에 나타나서 한 말이다. 다시 말하면 요셉이 꿈에 들은 이야기를 마태가 '예수의 나심'이라고 기록한 것이다.

'꿈'이란, 잠자는 동안에 생시처럼 보고 듣고 느끼고 하는 여러 가지 현상, 마음 속의 바람이나 이상, 덧없는 희망, 현실을 떠난 듯한 즐거운 상태나 분위기를 뜻한다. 꿈은 꿈일 뿐이다. 밤에 잘 때 꿈에 아무리 즐겁고 행복해도 반드시 꿈은 잠을 깨면 사라지고 현실이 아니다. 창세 이래 2022년 오늘까지 마1:18~25절을 꿈이라고 믿은 사람이 있었을까? 없다. 지금 전 세계 모든 사람들 중에 예수님이 "그가(예수가) 자기 백성을 저희 죄에서 구원할 자이심이라"고 기록한 말씀이 예수를 낳은 마리아의 남편 요셉의 '꿈, 현몽'을 예수님의 열두 제자 중 한 사람인 마태가 기록한 것이라고 알고 믿은 사람이 어디에 있는가? 없다. 꿈은 꿈일 뿐이다. 실상이 아니란 뜻이다.

'성령'이라고 직역한 단어는 마1:18~20절에 처음 기록되어 있다. 마태는 예수의 어머니 마리아의 남편 요셉의 꿈에 주의 사자가 현몽한 것을 기록한 것이다. 그러니까 근본은 요셉의 꿈에 현몽한 주의 사자, 곧 죽은 사람이 요셉의 꿈에 나타나서 말한 것이다. 이는 '요셉의 꿈'이었다. 이것을 그대로 기록한 것인데 오늘 이 시간까지 성경을 사용하는 모든 신앙인들이 '성령'에 대해서 다 상상하게 만드는 사람의 증거였다. 이로 인해 예수에 대해서도, 하나님에 대해서도 다 상상한 것이다. 그래서 사람들이 만들어 낸 거짓말이 '성자 하나님, 성령 하나님'이며, 천주교에서 예수를 낳은 어미 마리아를 '성모 마리아'라고 하게 된 기초가 된 것이 바로 이 말씀 때문이다.

그래서 '예수'에 대해서도 다 상상하게 된 것이다. 예수가 하나님이 아닌 증거는 하나님의 백성들인 이스라엘 사람들을 창조하지 않았고, 이스라엘은 예수의 백성이 아니며, 예수가 하나님 아버지가 아니다. 그러니 당연히 예수에게 백성이 없다. 예수가 왕이 아니다. 하나님이 영원한 왕이시다. 그런데 예수는 자신을 '왕'이라고 했고[눅23:3, 막15:2], 그래서 '유대인의 왕'이라는 죄명으로 죽인 것이다. 지금까지도 예수는 삼 직, 곧 '제사장직, 선지자직, 왕직'으로 오셨다고 가르치고 믿고 있다.

누가복음 23:3
빌라도가 예수께 물어 가로되 네가 유대인의 왕이냐 대답하여 가라사대 네 말이 옳도다

마가복음 15:2
빌라도가 묻되 네가 유대인의 왕이냐 예수께서 대답하여 가라사대 네 말이 옳도다 하시매

마1:18~20절의 기록은 죽은 자인 주의 사자가 요셉의 꿈에 나타나서 한 말로, 다른 모양으로 하면 '유언'이다. 유언은 그 사람, 곧 유언을 한 사람이 죽어야 효력이 있고, 그것도 일반적인 유언이 아니라 진리인 성경에 기록된 유언이다. 곧 성경을 기록한 마태가 죽어야 유언이 효력이 있다는 것이다. 또한 반드시 하나님께서 정하신 때에 땅 위에 사실이 되는 것이 "유언"[히9:16~17]이다. '유언'의 의미 속에 '귀신이나 도깨비의 말, 터무니없는 소문, 뜬소문, 부언, 아첨하는 말, 죽음에 이르러서 부탁하며 남기는 말, 죽은 뒤에 법률상의 효력을 발생시킬 목적으로 일정한 방식에 따라 하는 단독 의사 표시, 그윽하고 깊이가 있는 말'이라는 뜻이 감추어져 있었고, 또한 그 뜻이 사실이란 것을 누가 알았는가?

히브리서 9:16~17
16 유언은 유언한 자가 죽어야 되나니
17 유언은 그 사람이 죽은 후에야 견고한즉 유언한 자가 살았을 때에는 언제든지 효력이 없느니라

48. 현몽(現夢) 꿈은 꿈일 뿐이다   125

'영적인 밤'인 6일간
실상이 되지 못한 '꿈'

헤롯이 죽기까지 거기 있었으니 이는 주께서 선지자로 말
씀하신 바 **애굽에서 내 아들을 불렀다** 함을 이루려 하심이
니라 [마2:15]

"애굽에서 내 아들을 불렀다 함을 이루려 하심이니라"고
하신 말씀은 호세아 선지자의 말을 마태가 인용한 것이
다. 곧 "이스라엘의 어렸을 때에 내가 사랑하여 내 아들
을 애굽에서 불러내었거늘"[호11:1]이라고 하신 예언, 유
언을 인용한 것이다. 이 예언은 예수 그리스도에 대
한 지칭이 아니며, '이스라엘'의 어렸을 때에 애굽에
서 불러내었다고 하셨다. '이스라엘'이 예수 그리스도
를 지칭하는 예언인가? 아니다. 호세아 선지자를 사
용하여 말씀해 두신 예언, 유언을 요셉에게 현몽한
주의 사자가 인용한 것인데 이는 명확하지 않은 예언
이었다. 이런 영적인 밤에는 성경을 성경으로 해석
한다고 해도 현몽이다. 곧 죽은 사람이 꿈에 나타나
서 말하거나 보여 준 것이다. 더 직설적으로 말하면
'영적인 밤'에 속할 때는 주의 사자들이 다 이런 영적
인 상태로 말해 준다. 그러나 이는 예수의 육체에 속

한 삶, 다른 말로 하면 한 몫의 삶일 때 아버지 요셉이 현몽하는 주의 사자의 말, 곧 영적으로 죽은 자의 말을 듣고 행동한 것이다.

따라서 이런 말씀을 사람이 본능으로 아는 지식으로 받아들이고, 또 살았다 하는 예수 이름을 가졌으나 영적으로 죽은 자, 곧 귀신이 주인이 된 사람들이 지어낸 말이 '예수는 성령으로 잉태되셨다'이고, 또 '성자 하나님, 성령 하나님'이라는 말을 지어낸 것이다. 그렇다면 이 말씀이 잘못 기록된 것일까? 아니다. 그래서 예수는 "새 언약의 중보"[히8:6, 9:15]로 이 땅에 보내심을 받은 것이다. "애굽에서 내 아들을 불렀다 함을 이루려 하심이니라"가 맞다. 이는 호세아 11장의 "내 아들을 애굽에서 불러 내었거늘"이라고 한 말만 빼서 인용한 것이다.

그러므로 예수는 구약성경에 기록된 대로 실상이 되어 애굽으로 떠나가 헤롯이 죽기까지 거기 있었으니 선지자로 말씀하신 예언, 유언을 이루려 하심이라고 한 것이다. 그러나 이는 예수님 당시에 온전히 이루어진 일이 아니고, '그림자와 모형'이었다. 하나님께서 친히 가르치심을 진리의 성령을 통해 대언하는 '전대미문의 새 언약'[히8장]을 받고 하나님의 택한 백성

히브리서 8:6
그러나 이제 그가 더 아름다운 직분을 얻으셨으니 이는 더 좋은 약속으로 세우신 더 좋은 언약의 중보시라

히브리서 9:15
이를 인하여 그는 새 언약의 중보니 이는 첫 언약 때에 범한 죄를 속하려고 죽으사 부르심을 입은 자로 하여금 영원한 기업의 약속을 얻게 하려 하심이니라

에스겔 12:3
인자야 너는 행구를 준비
하고 낮에 그들의 목전에
서 이사하라 네가 네 처소
를 다른 곳으로 옮기는 것
을 그들이 보면 비록 패역
한 족속이라도 혹 생각이
있으리라

들이 세상, 곧 영적으로 애굽에서 이스라엘 땅으로
이사하는 것[겔12장]을 감추시고 예언하신 것이다.

요셉은 계속 주의 사자가 현몽하여 알려 준 대로
행동했고, 이렇게 계속 꿈에 지시하심을 받으며 예수
님께서 자랄 때 일을 기록한 것이다. 하나님께서 말
씀하시는 '이스라엘 땅'은 중동의 황금돔이 있는 이스
라엘 땅이 아니다. 예수 그리스도께서 육체를 입고
이 세상에 오신 것은 '전대미문의 새 언약'을 받고 다시
창조된 하나님의 자녀들, 곧 다시 택한 유다 집과 이
스라엘 집의 백성들을 위해 오신 것이다. 그래서 이
기록들은 그림자요 모형이다.

그렇다면 왜 주의 사자가 밤에 잘 때 나타나서 현
몽했다고 기록해 두셨을까?

창20:1~7절 "³그 밤에 하나님이 아비멜렉에게 현몽하시
고… ⁶하나님이 꿈에 또 그에게 이르시되", 창28:10~22절
"¹²꿈에 본즉 사닥다리가 땅 위에 섰는데 그 꼭대기가 하늘
에 닿았고 또 본즉 하나님의 사자가 그 위에서 오르락내리
락하고… ¹⁶야곱이 잠이 깨어 가로되 여호와께서 과연 여기
계시거늘 내가 알지 못하였도다" 아브라함 때 아비멜렉
에게, 야곱에게도 밤에 꿈에 현몽하시는 하나님이시

다. 이렇게 꿈에 지시하심을 받은 것은 영혼과 관계가 없는 '육의 일'이었고, 꿈에 현몽하여 약속을 받았지만 실상이 되지 못하고 결국 다 죽었다. 야곱에게 약속하신 언약은 하나님께서 정하신 때인 지금 이 세대, 새 언약으로 다시 택하신 이스라엘을 통해 이 땅에서 이루어질 약속이었다.

창31:1~16절 "¹¹꿈에 하나님의 사자가 내게 말씀하시기를 야곱아 하기로 내가 대답하기를 여기 있나이다 하매" 이렇게 하나님께서도, 하나님의 사자도 다 꿈에 부르시고 대답한다. 창37:1~10절은 요셉이 꾼 꿈에 대해 기록했고 이는 전부 육에 관한 것이다. 창40~41장은 요셉이 감옥에 갇혀서 술 맡은 관원장과 떡 굽는 관원장이 꾼 꿈을 해석한 일을 기록하였고, "요셉이 그들에게 대하여 꾼 꿈을 생각하고"[창42:9]라고 하셨다. 민수기 12장에서는 하나님께서 왜 창세기에 꿈으로 말씀하셨는지에 대해 기록되어 있다.

⁶이르시되 내 말을 들으라 너희 중에 선지자가 있으면 **나 여호와가 이상으로 나를 그에게 알리기도 하고 꿈으로 그와 말하기도 하거니와** ⁷내 종 모세와는 그렇지 아니하니 그는 나의 온 집에 충성됨이라 ⁸그와는 내가 대면하여 명백히 말하고 은밀한 말로 아니하며 그는 또 여호와의 형상을 보겠

거늘 너희가 어찌하여 내 종 모세 비방하기를 두려워 아니
하느냐 [민12:6~8]

'이상'이란 신령한 꿈이나 환상, 징조나 묵시 등 초
자연적인 방법이나 자연적인 방법으로 하나님께서
인간에게 당신의 뜻을 보여 주시는 계시 수단을 말씀
하신다. "곧 사람이 깊이 잠들 때쯤하여서니라 내가 그 밤
의 이상으로 하여 생각이 번거로울 때에"[욥4:13]라고 하셨
으며, 영적인 밤의 기간에는 하나님께서 사람들에게
'꿈, 이상, 환상'으로 말씀하신 것이다. 그래서 이 기간
에는 모두 다 육체가 죽었다. 이런 영적인 상태를 단
적으로 판결해 두신 예언, 유언을 보자.

⁴네가 알지 못하느냐 예로부터 사람이 이 세상에 있어 옴으
로 ⁵악인의 이기는 자랑도 잠시요 사곡한 자의 즐거움도 잠
간이니라 ⁶그 높기가 하늘에 닿고 그 머리가 구름에 미칠찌
라도 ⁷자기의 똥처럼 영원히 망할 것이라 그를 본 자가 이르
기를 그가 어디 있느냐 하리라 ⁸그는 **꿈같이 지나가니 다시
찾을 수 없을 것이요 밤에 보이던 환상처럼 쫓겨가리니** [욥
20:4~8]

영적인 밤을 지나는 기간의 신앙생활은 이런 것이
다. 사람 차원으로 하나님을 아는 지식은 그림자와
같은 것이다. '그림자'에 해당하는 6일은 하나님과 동

행하는 삶이 아니었다. 그래서 사람이 땅에 사는 한 몫의 삶의 무상함을 '꿈, 이상, 환상'에 비유하신 것이다. 욥기 20장의 이 예언, 유언은 이후 700년이 지나 이사야 선지자를 사용하셔서 또 다음과 같이 예언해 두셨다. "아리엘을 치는 열방의 무리 곧 아리엘과 그 보장을 쳐서 곤고케 하는 모든 자는 꿈같이, 밤의 환상같이 되리니 주린 자가 꿈에 먹었을지라도 깨면 그 속은 여전히 비고 목마른 자가 꿈에 마셨을지라도 깨면 곤비하며 그 속에 갈증이 있는 것같이 시온산을 치는 열방의 무리가 그와 같으리라"[사29:7~8]

따라서 '꿈, 환상, 이상'은 또 다른 모양으로 '계시, 예언, 묵시'로 하나님께서 꿈을 통해 인도하시고 경고하시며 지시하시고 용기를 주시기도 하며, 소망을 주시지만 그림자에 해당하는 기간에는 실상이 될 수 없다. 이렇게 영적인 밤인 6일간을 지나는 동안에 사용되는 선지자들에게 하나님께서 꿈으로 말씀하셨고, 이들과는 달리 모세와는 대면하여 명백하게 말씀하셨어도 모두 육체가 다 죽었다. 이런 성경을 원욕이 그대로인 사람이 문자 그대로 보고 흉내 내며 "꿈에 하나님을 보았느니" 하는 자들은 다음과 같이 판결해 두셨다.

¹너희 중에 선지자나 **꿈꾸는 자**가 일어나서 이적과 기사를 네게 보이고 ²네게 말하기를 네가 본래 알지 못하던 다른 신들을 우리가 좇아 섬기자 하며 이적과 기사가 그 말대로 이룰찌라도 ³너는 그 선지자나 꿈꾸는 자의 말을 청종하지 말라 이는 너희 하나님 여호와께서 너희가 마음을 다하고 성품을 다하여 **너희 하나님 여호와를 사랑하는 여부를 알려하사 너희를 시험하심이니라** ⁴너희는 너희 하나님 여호와를 순종하며 그를 경외하며 그 명령을 지키며 그 목소리를 청종하며 그를 섬기며 그에게 부종하고 ⁵**그 선지자나 꿈꾸는 자는 죽이라** 이는 그가 너희로 너희를 애굽 땅에서 인도하여 내시며 종 되었던 집에서 속량하여 취하신 너희 하나님 여호와를 배반케 하려 하며 **너희 하나님 여호와께서 네게 행하라 명하신 도에서 너를 꾀어내려고 말하였음이라** 너는 이같이 하여 너희 중에서 악을 제할찌니라 [신 13:1~5]

'꿈, 이상, 환상, 묵시, 계시, 예언'에 대한 하나님의 판결하심인 이 말씀에 예수 그리스도도 해당한다는 사실을 아무도 몰랐다. 예수 자신도 몰랐다. 이 말씀 후 700년이 지났을 때 이사야 선지자를 사용하셔서 또 예언, 유언해 두셨는데도 영적인 밤을 지나는 기간이니 아무도 하나님의 뜻을 몰랐던 것이다. "그러므로 주 여호와께서 가라사대 보라 내가 한 돌을 시온에 두어 기초를 삼았노니 곧 시험한 돌이요 귀하고 견고한 기초

돌이라 그것을 믿는 자는 급절하게 되지 아니하리로다"[사 28:16]라고 예언하셨다. '급절'이란 사태나 상황 따위가 매우 절박하다는 뜻이다. 곧 이 말씀 속에 예수가 이 땅에 와도 2천 년이 더 지나야 할 것을 감추어 두셨던 것이다. 다시 말하면 '한 돌'에 비유하신 예수를 기초로 삼으시고, 하나님께서 정하신 때가 될 때까지 하나님의 명령, 곧 계명을 지켜 실행하여 마음과 성품을 다하여 하나님을 사랑하는지 시험하는 기간이라는 뜻이다. 예수 이름으로 드리는 예배나, 구약시대 아론 대제사장이 양이나 소를 잡아 드리는 제사나 형태만 다를 뿐이었다. 이래서 예수께서 명백하게 "누구든지 나를 인하여 실족하지 아니하는 자는 복이 있도다 하시니라"[마11:6, 눅7:23]고 말씀하신 것이다.

'꿈'에서 깨야 하는
'여호와의 날, 인자의 날'

예수를 믿는다는 것은 혀로 말만 하는 것이 아니라 예수의 한 말이 하나님께서 예수를 사용하셔서 말씀하신 것인 줄 알고 그 말을 지켜 실행하는 것이 믿는 것이다. 이렇게 지켜 실행하는 것은 예수를 여호와 하나님께서 이 땅에 보내시겠다고 하신 약속이 하나님의 약속인 줄 믿는 것이기에 행위로 하나님을 시인하는 것이며, 이는 하나님의 아들이 육체로 이 땅에 오심을 행위로 시인하는 것이다. 그래서 행함이 없는 믿음은 '죽은 믿음'[약2:17, 26]이라고 한 것이다. 따라서 '한 돌'이신 예수를 믿는 자는 혀로 "오직 예수"하는 말쟁이가 절대 아니다. 예수 이름으로 귀신 쫓고 이적과 기사를 일으키고 많은 권능을 행하는 것이 절대 아니다. 이들은 전부 시험하는 돌에 넘어져서 실족한 자들이다.

야고보서 2:17, 26
17 이와 같이 행함이 없는 믿음은 그 자체가 죽은 것이라
26 영혼 없는 몸이 죽은 것같이 행함이 없는 믿음은 죽은 것이니라

> [9]예수께서 대답하시되 낮이 열두 시가 아니냐 사람이 낮에 다니면 이 세상의 빛을 보므로 실족하지 아니하고 [10]밤에 다니면 빛이 그 사람 안에 없는 고로 실족하느니라 [요 11:9~10]

'실족하다'란 '발을 잘못 디디다, 헛디딤, 행동을 잘못하다, 올가미나 함정에 빠지다, 죄를 짓는 것, 죄를 짓게 하는 유혹, 미혹'을 뜻한다. 여기서 묻는다. 이 말씀의 뜻을 예수님은 알고 하신 것인가? 당신이 영적인 밤에 해당하는 빛 역할일 뿐이라는 사실을 알고 말씀하신 것인가? 이 말씀을 기록한 사도 요한은 이 말씀의 뜻이 무엇인지 알고 기록했을까? 사람이 "밤

에 다니면 빛이 그 사람 안에 없어서 실족하느니라"라고 하셨다. 6일, 신약으로 말하면 2일(2천 년)간 성경을 사용하여 하나님을, 예수를 믿는다고 하는 사람들의 마음에 빛이 없었다. 예수님도 당신이 한 말의 뜻을 알지 못했고, 듣는 제자들도 당연히 알지 못했다. 영적인 밤에 다닐 때에는 그 누구든지 빛이 그 사람 안에 없으므로 실족해 있을 것을 이렇게 말씀하신 것이다. 예수님 자신도 '밤의 빛' 역할임을 모르고 한 말이다.

그 증거가 십자가에 달리셔서 "엘리 엘리 라마 사박다니"라고 하신 것이다. 이를 번역하면 곧 '나의 하나님 나의 하나님 어찌하여 나를 버리셨나이까'라는 뜻으로, 하나님을 전면 부인한 것이다. 물과 성령으로 거듭나지 않은 것이다. 이는 예수 이름을 사용하는 모든 사람들을 시험하는 돌이요, 실족케 하는 기간임을 감추시고 하신 말이었다. 또 다른 모양으로 표현하면 '사망과 음부의 열쇠'를 부활하신 후에 하나님께 세세토록, 곧 영원토록 받으신 것이다[계1:18]. 15년째 하나님께서 친히 증명하시고 진리의 성령이 실상이 되어 모든 진리 가운데로 인도하는 이 말씀을 받고도 아직 새 언약의 말씀으로 돌이키지 않는 것은 예수 이름으로 들은 성경과 다른 거짓말이 치명적인 결

요한계시록 1:18
곧 산 자라 내가 전에 죽었었노라 볼찌어다 이제 세세토록 살아 있어 사망과 음부의 열쇠를 가졌노니

과를 낳았기 때문이다. 그래서 "참으로 네가 하나님 경외하는 일을 폐하여 하나님 앞에 묵도하기를 그치게 하는구나"[욥15:4]라고 예언, 유언해 두신 것이다.

예수님은 당신이 영적인 '밤'의 빛 역할로 이 땅에 보냄을 받았다는 사실을 이미 구약성경에 다 기록해 두신 하나님의 뜻, 하나님 나라의 비밀을 몰랐다는 명백한 증거다. 예수님도 몰랐는데 제자들은 당연히 몰랐다. 그러니 다 '사람의 증거'에 해당하는 것이다[요 5:34]. 이 모든 천국의 비밀을 다 감추시고 기록하신 것이 '성경'이며, 이를 두고 '꿈, 이상, 환상, 묵시, 계시, 예언, 유언'이라고 여러 부분, 여러 모양으로 말씀하신 것이다. 또한 하나님께서 때가 될 때까지 세상을 이렇게 경영해 오셨다고 진리의 성령인 나를 사용하셔서 15년째 밝히시고 계신다. 그래서 '성령'을 상상하는 자들은 다 꿈꾸는 자들이다. 오죽하면 성령을 훼방하는 자는 이 세상에서도, 오는 세상에서도 사함을 얻지 못하고 영원한 죄에 처한다고 하셨겠는가?

영적인 밤에 속한 6일간은 예수가 밤의 빛 역할일 뿐이라는 사실을 실제 밤의 '달' 속에 신성을 감추시고 구약성경에 미리 예언해 두셨는데 감추어 두신 뜻을 몰랐던 것이다. 그래서 "하나님의 눈에는 달이라도

요한복음 5:34
그러나 나는 사람에게서 증거를 취하지 아니하노라 다만 이 말을 하는 것은 너희로 구원을 얻게 하려함이니라

히브리서 1:1
옛적에 선지자들로 여러 부분과 여러 모양으로 우리 조상들에게 말씀하신 하나님이

마태복음 12:32
또 누구든지 말로 인자를 거역하면 사하심을 얻되 누구든지 말로 성령을 거역하면 이 세상과 오는 세상에도 사하심을 얻지 못하리라

명랑치 못하고 별도 깨끗지 못하거든"[욥25:5]이라고 하셨고, 시편에서는 "달과 별들로 밤을 주관케 하신 이에게 감사하라 그 인자하심이 영원함이로다"[시136:9], "여호와께서 달로 절기를 정하심이여 해는 그 지는 것을 알도다"[시104:19]라고 하셨던 것이다. 2722년 전에 시험하는 한 돌을 시온에 두신다고 하셨던 예언, 유언이 예수 자신에 대한 예언, 유언인 줄 모르셨고, 사도들도 아무도, 그 누구도 몰랐다. 이런 사실을 인정하지 않는 것 자체가 예수께서 육체로 오심을 부인하는 것이며, 그런 자들이 적그리스도요, 대적자들이며, 하나님의 원수요, 이단이다. 귀신이 주인 된 사람의 영적인 상태다. 그래서 유언의 뜻 속에 '귀신이나 도깨비의 말, 터무니없는 소문, 뜬소문, 아첨하는 말'이라는 비밀이 감추어져 있었던 것이다.

이제 영적인 깊은 잠, 꿈에서 깨어 일어나야 한다. 꿈은 꿈일 뿐이다. 사람을 구원에 이르게 하는 것은 하나님께서 친히 가르치시는 전대미문의 새 언약의 말씀이다. 그러나 하나님께서 친히 진술치 아니하시고[욥33:13] 반드시 정하신 사람, 곧 진리의 성령을 사용하셔서 말씀하신다. 그래서 성령을 상상하는 자들은 구원과 아무 상관이 없다. 하나님께서 '진리의 성령'을 사용하

욥기 33:13
하나님은 모든 행하시는 것을 스스로 진술치 아니하시나니 네가 하나님과 변쟁함은 어찜이뇨

요한계시록 12:1
하늘에 큰 이적이 보이니
해를 입은 한 여자가 있는
데 그 발 아래는 달이 있
고 그 머리에는 열두 별의
면류관을 썼더라

호세아 2:19~20
19 내가 네게 장가들어
영원히 살되 의와 공변됨
과 은총과 긍휼히 여김으
로 네게 장가들며
20 진실함으로 네게 장가
들리니 네가 여호와를 알
리라

디모데전서 5:3
참 과부인 과부를 경대
하라

마태복음 12:50
누구든지 하늘에 계신 내
아버지의 뜻대로 하는 자
가 내 형제요 자매요 모친
이니라 하시더라

아가 6:9
나의 비둘기, 나의 완전한
자는 하나뿐이로구나 그
는 그 어미의 외딸이요 그
낳은 자의 귀중히 여기는
자로구나...

요한계시록 3:7
빌라델비아 교회의 사자
에게 편지하기를 거룩하
고 진실하사 다윗의 열쇠
를 가지신 이 곧 열면 닫
을 사람이 없고 닫으면 열
사람이 없는 그이가 가라
사대

로마서 13:4
그는 하나님의 사자가 되
어 네게 선을 이루는 쟈니
라...

셔서 영적인 깊은 잠에서 깨우시고 계신다. 그래서 진리의 성령을 "해를 입은 여자"[계12:1]라 하시고, 하나님께서 장가드신 "하나님의 성전 된 여자"[호2:19~20], 선한 행실의 증거가 있는 "참 과부"[딤전5:1~10], 하나님의 아들들을 해산하는 "모친"[마12:46~50], 자유하는 여자, 신령한 교회의 표상[갈4장]이며, "나의 완전한 자"[아6:9]라 하시고, 다윗의 열쇠를 가진 "빌라델비아 교회의 사자"[계3:7~13]이며, 단물을 내어 먹이는 충성된 "하나님의 사자"[롬13:4]가 되어 여호와 하나님을 알게 하고, 아들 예수와 성령에 대해 알게 하는 것이다.

"귀 있는 자는 성령이 교회들에게 하시는 말씀을 들을찌어다"라고 하신 말씀이 실상이 되는 때가 지금이며, '꿈, 현몽'에 대한 비밀이 열리는 것은 하나님께서 친히 천국의 비밀을 열어 주시기 때문이다. 코로나19는 패역한 이 세대를 향한 하나님의 징벌하심이다. 7년 대환난은 이 세대에 일어난다. 때가 급하다. 모두 진리로, 참 신이신 성부 하나님께로, 새 언약의 말씀으로 돌아서야 한다.

사람이 만든 이론: **윤회**(輪廻)
"너는 너다"

49

「동아일보」 2022년 5월 19일 목요일
「조선일보」 2022년 5월 20일 금요일

스마트폰으로 QR 코드를 스캔 하시면
[이제 온 천하는 잠잠하라] 전문을 다운로드 받을 수 있습니다.

사람은 죽어도
'윤회'하지 않는다

로마서 1:20
창세로부터 그의 보이지
아니하는 것들 곧 그의 영
원하신 능력과 신성이 그
만드신 만물에 분명히 보
여 알게 되나니 그러므
로 저희가 핑계치 못할찌
니라

모든 인간은 본래 '혼'은 죽지 않는다. 하나님께서 창조주이심을 나타내시려고 모든 만물에게 신성을 숨겨 두셨고, 만물 가운데 영장인 사람에게 신을 찾도록 하는 마음을 주셨기에 사람만이 종교를 만드는 것이다. 이래서 생긴 말이 '영원불멸'이다. 이는 '영원히 계속되어 없어지지 아니함'이라는 뜻이다. 이로 인하여 생긴 말이 '영혼불멸설'이다. 곧 철학에서 사람이 죽은 후에 인간의 영혼은 지성과 의지를 발휘하며 영원히 존재한다는 학설이다. 이래서 또 생긴 말이 '윤회'다. 윤회란 '차례로 돌아감, 윤회생사의 준말'이다.

'윤회생사'란 불교에서 수레바퀴가 끝없이 돌듯이, 중생의 영혼은 해탈을 얻을 때까지는 육체와 같이 멸하지 않고 전전하여 무시무종으로 돎을 이르는 말이다. 이를 두고 '윤회설'이라고 한다. 여기서 또 만들어 낸 이론이 '윤회사상'이다. 곧 중생은 끊임없이 삼계육도를 돌고 돌며 생사를 거듭한다고 보는 사상이다. 이 모든 말들은 하나님을 모르는 사람의 이론이다. 성경은 참 진리이며, 모든 인생의 문제와 해답이 다 기록되어 있기에 모든 사람의 이론을 다 파하는 '강력'이다. 그러나 하나님께서 사람을 사용하셔서 기록하신 성경 속에 감추어 두신 비밀은 반드시 하나님께서 말씀해 주셔야 모든 문제에 대한 의문이 다 풀어지는 것이다.

고린도후서 10:4~5
4 우리의 싸우는 병기는 육체에 속한 것이 아니요 오직 하나님 앞에서 견고한 진을 파하는 강력이라
5 모든 이론을 파하며 하나님 아는 것을 대적하여 높아진 것을 다 파하고 모든 생각을 사로잡아 그리스도에게 복종케 하니

하나님께서 사람을 창조하셔서 영원을 사모하는 마음을 주셨으나 하나님께서 하시는 일의 시종을 알 수 없도록 하셨기에 사람들이 만들어 낸 이론들이 난무하여 아예 하나님의 말씀을 안 믿는 상황까지 오게 되실 것을 다 아시고, 미리 예언, 유언해 두셨던 것이다.

하나님이 모든 것을 지으시되 때를 따라 아름답게 하셨고
또 사람에게 영원을 사모하는 마음을 주셨느니라 그러나
하나님의 하시는 일의 시종을 사람으로 측량할 수 없게 하
셨도다 [전3:11]

'영원'은 '언제까지나 계속하여 끝이 없는 세월, 시간을 초월하여 존재하는 일, 시간에 좌우되지 않는 존재'라는 의미로, 사람들이 막연하고 추상적으로 사모하는 것이다. 사람은 피조물이라 어떤 사람도 하나님께서 하시는 일의 영역을 알 수 없게 하셨다. 그러나 또 한편으로 사람을 통해서 영광을 받으시고, 하나님께서 만드신 이 세상을 다스리고 누리고 정복하라고 창조하셨으므로 당신이 정하신 때가 되면 생명책인 성경에 감추어 두신 하나님의 뜻을 '사람'을 통해 밝히신다.

　하나님께서 예언해 두신 그대로 BC 4년에 예수 그리스도가 처녀의 몸을 빌어 이 땅에 오셨다. "그러므로 주께서 친히 징조로 너희에게 주실 것이라 보라 처녀가 잉태하여 아들을 낳을 것이요 그 이름을 임마누엘이라 하리라"[사7:14]고 BC 700년에 이사야서뿐만 아니라, 구약성경에 예언되어 있었다. 또한 "저녁 먹는 중 예수는 아버지께서 모든 것을 자기 손에 맡기신 것과 또 자기가 하나님께로부터 오셨다가 하나님께로 돌아가실 것을 아시고"[요13:3]라고 하신 말씀은 단지 예수께서 마리아의 몸을 빌어 이 땅에 태어난 것을 말씀하신 것이 아니라, 본래 예수 그리스도의 영혼은 하나님 앞에 있었고, 이는 모든 사람의 영혼도 본래 하나님 앞에 있었다는 뜻이다. 십자가에 돌아가실 때에 "예수께서 신 포도주를 받으신 후 가라사대 다 이루었다 하시고 머리를 숙이시고 영혼이 돌아가시니라"[요19:30]라고 하셨다. 성경에서 사람이 죽고 산다고 하는 것은 육체를 두고 말씀하신 것이다. 그래서 하나님을 알지 못할 때도 사람이 죽으면 "돌아가셨다, 떠났다"라는 말을 사용한 것이다. 사람은 본래 영혼(혼)은 죽지 않는다. 그래서 인간은 육체를 입고 이 땅에 사는 동안 하나님의 말씀대로 지켜 실행하느냐, 하지 않느냐에 따라 자신의 '영원'에 대한 결판이 나는 것이다. 의인은 천국에, 악인은 음부, 곧 지옥 영벌에 가는 판결[마25:46]은 모든 인간에게 단 한번뿐인 육체를 입고 '땅에서 사는 동안 어떻게 삶을 사느냐'에 따라 결정된다.

마태복음 25:46
저희는 영벌에, 의인들은 영생에 들어가리라 하시니라

'혼'이란 '넋, 정신, 얼'이라고도 하며, 일반적으로 인간의 자아를 가리킨다. 다른 말로 표현하면 '생명, 목숨, 마음'으로 이해하면 된다. 하나님을 믿고 다시 창조된 사람은 '영혼'이라고 한다. 아직 하나님을 안 믿는 사람은 '혼'이라고 한다. 이렇게 혼은 정신적인 측면이지만, 그것이 육체와 분리되어 독립적인 것이 아니라 육체와 함께하고 육체를 대표한다. 그래서 예수님께서 십자가에 죽으신다고 하셨을 때 베드로가 "주여 그리 마옵소서 이 일이 결코 주에게 미치지 아니하리이다"[마16:22]라고 하자, 예수님께서 베드로에게 "사단아 내 뒤로 물러 가라 너는 나를 넘어지게 하는 자로다 네가 하나님의 일을 생각지 아니하고 도리어 사람의 일을 생각하는도다"[마16:23]라고 책망하시고, "아무든지 나를 따라오려거든 자기를 부인하고 자기 십자가를 지고 나를 좇을 것이니라"고 하셨다.

마태복음 16:24
이에 예수께서 제자들에게 이르시되 아무든지 나를 따라오려거든 자기를 부인하고 자기 십자가를 지고 나를 좇을 것이니라

"자기를 부인하고"란 육체를 입은 사람이 사람의 일을 생각하는 것, 하나님의 말씀으로 거듭나지 않은 사람의 생각, 곧 '혼, 정신, 마음'의 본능적인 상태를 부인하라는 뜻이다. 하나님의 말씀으로 거듭나지 않은 사람의 생각, 곧 '혼, 정신, 마음'의 본능적인 상태는 '사단'이다. 다른 말로 '귀신'이 주인인 상태를 뜻한다. 이 기록이 없었다면 귀신의 정체를 알 수 없었다. 아직 거듭나지 않은 영적인 상태인 베드로의 정신, 다른 말로 베드로의 생각, 혼은 사람 차원이었다. 이런 베드로에게 자신의 생각을 부인하라는 뜻이다. 곧 육체를 입은 사람의 본능은 하나님께서 보시기에 '사단', 다른 말로 '마귀, 귀신'이라는 뜻이다. 이런 영적인 상태, 곧 정신 상태는 반드시 육체는 죽고, 영원

한 지옥 불구덩이에 들어가서 영벌을 받는다.

　따라서 사람은 반드시 육체가 살아 있을 때 성경을 통하여 진리를 깨닫고 하나님의 말씀으로 다시 창조되어야 한다. 이렇게 깨닫게 하시려고 아들 예수를 이 땅에 보내시고, 땅에서 하신 언행을 제자들을 사용하여 기록해 두신 것이 신약성경이다. 사람은 육체가 살아 있을 때 반드시 하나님의 말씀으로 다시 창조, 제조되지 아니하면 영원히 멸망한다. 다시는 생존 세상에 돌아오지 못한다. 절대 '윤회'는 없다. 그 사람은 그 사람일 뿐이다.

육체가 살아 있는 동안
'다시 창조'되어야 '영생'에 이른다

　하나님은 스스로 계신 자, 곧 "나는 스스로 있는 자니라"[출3:14]고 하신 말씀 속에 하나님께서 창조하신 사람 또한 전생에 다른 사람이 죽어서 또 다른 사람으로 태어나는 것이 아니고, 그 사람은 그 사람이라는 뜻이 감추어져 있다. 그러므로 사람은 육체를 입고 사는 동안 반드시 진리인 성경을 통해 자신이 어디에 있다가 이 땅에 왜 사람으로 태어났는지, 육체가 죽으면 어떻게 되는지에 대하여 깨닫고, 생각, 마음, 정신, 곧 '혼'이 영이신 하나님의 말씀으로 다시 창조되어야 한다.

육체가 살아 있을 때 하나님의 말씀으로 사람의 생각, 마음, 정신이 변화되어 자신의 원욕, 곧 정욕대로 살지 않고 하나님의 뜻대로 사는 것이 '영생'을 얻는 길이다. 다른 말로 '영원한 생명'을 얻는 것이다. 이런 사람을 두고 거룩한 자, 곧 '성도'라고 한다. 그러니 하나님의 말씀으로 거듭나기 전의 너도 너이고, 거듭난 너도 너다. 절대 윤회는 없다.

사람들이 일반적으로 만들어 낸 이론인 '전생'은 이 세상에 태어나기 전의 세상에서 살다가 죽어서 다른 사람으로 다시 태어난다는 논리다. 이는 절대 아니라는 뜻이다. 예를 들어 전생에 짐승이었다가 지금 이 세상에 사람으로 태어났다거나, 전생에 여자였다가 이 세상에 남자로 태어났다거나 하는 말 자체가 사람이 만들어 낸 이론이다. 다른 말로 표현하면 귀신이 주인인 사람이 만들어 낸 말이라는 뜻이다. 이렇게 또 만들어 낸 말이 '전생연분'이다. 전생에 맺은 연분이라는 말로서, 흔히 "다시 태어나면 지금의 아내나 남편하고 결혼할 거냐?"고 묻는 것이다.

하나님께서 창조하신 사람만이 이렇게 말을 만들어 낸다. 이는 사람의 주인이 '하나님'이라는 뜻인데 하나님을 진리대로 모르면 전부 사람의 소리로 만들어 낸 말이 그 사람의 '혼', 즉, 정신, 생각, 마음에 박혀서 그 사람의 인격으로 고착화되어 언행으로 나타나는 것이다. 이런 상태는 절대 '영생, 곧 영원한 생명'을 얻을 수 없게 된다. 이것을 깨달으라고 이 땅에 보내 주신 사람이 바로 '예수 그리스도'셨고, 진리의 성령의 실상인 '나'다.

성령을 상상하는 사람은 절대 영생과 관계가 없다. '성령'은 하나님께서 하나님의 아들들, 백성들을 위해서 하나님께서 이 땅에 보낸 사람으로, 진리를 깨닫고 영생을 얻도록 도와주라는 사명으로 보내셨기에 '보혜사'라고 하는 것이다. 예수도 '보혜사'였고, 예수께서 십자가를 지시기 전에 미리 약속하신 '또 다른 보혜사 진리의 성령'인 나도 본래 내 영혼이 하나님 앞에 있다가 하나님께서 정하신 때에 이 땅에 사람으로 태어난 것이다.

요한복음 14:16
내가 아버지께 구하겠으니 그가 또 다른 보혜사를 너희에게 주사 영원토록 너희와 함께 있게 하시리니

호세아 2:19~20
19 내가 네게 장가들어 영원히 살되 의와 공변됨과 은총과 긍휼히 여김으로 네게 장가들며
20 진실함으로 네게 장가들리니 네가 여호와를 알리라

하나님께서 친히 임하셔서 영원히 거하시는 성전된 사람인 나[호2:19~20]를 먼저 영적인 잠에서 깨우셔서 내가 누군지, 어디에 있다가 이 세상에 사람으

로 태어나게 하셨는지 알게 하셨고, 나이 육십이 되어 감옥에 갇힐 것과 전 성경에 미리 예언해 두신 대로 일치한 사람이라고 먼저 깨달아 알고 믿게 하셨으며, 여호와 하나님의 눈, 입, 팔, 다리, 몸이 되어 '전대미문의 새 언약'[히8장]을 가르치시는 그릇, 곧 사람으로 사용하시고 계신 것이다. 이는 내가 이 땅에 사람으로 태어나기 전에 이미 내 영혼은 하나님 앞에 있었다는 것을 진리인 성경에 기록된 예수에 대한 말씀 때문에 알게 된 것이다. 하나님께서 이런 나를 또 사용하셔서 전대미문의 새 언약으로 이미 '영생'을 받고 이 땅에 보냄을 받은 하나님의 아들들을 다시 창조하시고 계시며, 이는 진리의 성령이 상상이 아니라 실상의 사람이라는 명백한 증거다.

히브리서 8:8
저희를 허물하여 일렀으되 주께서 가라사대 볼지어다 날이 이르리니 내가 이스라엘 집과 유다 집으로 새 언약을 세우리라

이렇게 나는 이 세상에서 육체를 입고 하나님께 듣고 받은 것으로 내 생각, 마음, 정신이 온전히 다시 창조되어 거듭났으니 악인이 지배하는 이 세상에서의 한 몫의 삶을 완전히 버리고, 하나님의 계명을 지켜 실행하여 약속하신 땅으로 성도들을 데리고 이주하여 에스겔 12장의 예언, 유언대로 땅 위에 이룬 것이다. 이렇게 사역을 하다가 이 온 땅에 전 성경에 기록된 7년 대환난이 지나고 죄가 없는 '오는 세상'이 되면, 그

에스겔 12:3
인자야 너는 행구를 준비하고 낮에 그들의 목전에서 이사하라 네가 네 처소를 다른 곳으로 옮기는 것을 그들이 보면 비록 패역한 족속이라도 혹 생각이 있으리라

때의 나도 나이고, 지금의 나도 나이며, 영원히 사는
나도 나다. 예수 그리스도도 영원히 한 분뿐이시다.

사곡한 자의 결말은 '지옥'이며, 다시는 '산 자의 땅'에 돌아올 수 없다

하나님께서 진리인 성경에 윤회는 없다고 명확히
밝히고 계신데도 윤회설을 주장하는 사람들은 "꿈꾸
는 이 사람들"[유1:8]이다. 이런 사람들은 모두 자기 정
욕대로 죄를 지어 육체를 더럽히고 창조주 하나님의
권위를 업신여기며 영광을 훼방하는 자들[유1:8]로서
죄가 목에 차면 '영원한 불의 형벌'인 지옥 불구덩이에
들어간다고 판결해 두셨다. 이런 자들의 결말이 눅
16:19~31절에 기록되어 있다.

> ²²이에 그 거지가 죽어 천사들에게 받들려 아브라함의 품에
> 들어가고 부자도 죽어 장사되매 ²³저가 음부에서 **고통 중**
> **에 눈을 들어** 멀리 아브라함과 그의 품에 있는 나사로를 보
> 고 ²⁴불러 가로되 아버지 아브라함이여 나를 긍휼히 여기
> 사 나사로를 보내어 그 손가락 끝에 물을 찍어 내 혀를 서
> 늘하게 하소서 **내가 이 불꽃 가운데서 고민하나이다** [눅
> 16:22~24]

유다서 1:8
그러한데 꿈꾸는 이 사람
들도 그와 같이 육체를 더
럽히며 권위를 업신여기
며 영광을 훼방하는도다

부자의 상에서 떨어지는 것으로 배불리려 하던 거지는 육체가 죽었는데 그 영혼은 죽지 아니하고 믿음의 조상 아브라함 품에 들어갔다고 한다. 부자도 죽어 장사되었는데 그는 땅에 사는 날 동안 자신이 좋아하는 것, 곧 자신의 정욕대로 살며 날마다 호화로이 연락하며 목회를 했던 사람이다. 다시 말하면 예수 이름, 하나님의 이름을 혀로 말만 하며 예배를 드리는 것을 '잔치'라고 한 것이다. 그래서 전 성경을 통으로 보지 아니하면 절대 문자 속에 감추어진 천국의 비밀을 알 수 없다. 죽어서 음부에 간 부자는 사람이 본능으로 아는 수준으로 성경을 보고 설교하여 목회를 하였고, 하나님의 뜻을 한 절도 모르고 사람의 계명, 사람의 일로 가르친 '사단'이었다. 이런 부자는 자신에게 단 한번뿐인 한 몫의 삶을 정욕대로 살다가 하나님께서 정하신 때가 되어 죽은 것이다.

마태복음 16:23
예수께서 돌이키시며 베드로에게 이르시되 사단아 내 뒤로 물러 가라 너는 나를 넘어지게 하는 자로다 네가 하나님의 일을 생각지 아니하고 도리어 사람의 일을 생각하는도다 하시고

부자는 죽어 음부에 갔는데, '음부'는 죄 아래 있던 모든 인간이 육체가 죽어서 필연적으로 들어가는 어두운 지하 세계, 무덤, 구덩이, 스올, 땅 속으로 '무저갱, 깊은 수렁, 지옥 불구덩이'라고도 한다. 이 음부에 대해 전9:10절에서는 "무릇 네 손이 일을 당하는 대로 힘을 다하여 할찌어다 네가 장차 들어갈 음부에는 일도 없

고 계획도 없고 지식도 없고 지혜도 없음이니라"고 하셨다. '음부'는 누구든지 한 번 들어가면 영원히 일도 없고, 계획도 없으며, 지식을 더하자고 하는 일도 없고, 지혜도 아무 필요가 없는 곳이다. 일하기 싫은 자들은 육체를 가지고 땅에서 살아야 할 아무 이유가 없으니 죽는 것이다. 오죽하면 일하기 싫거든 먹지도 말라고 하였을까? 사람이 보기에 부자는 하나님께 복을 받은 것처럼 보이나, 하나님께서 보시기에 교인들의 혀에 물 한 방울, 곧 '단물' 한 방울을 먹이지 않던 자였다. 그 결과 자신도 영원한 음부에서 혀에 물 한 방울 먹지 못하는 보응을 받으며 영원히 영벌에 처한 것이다.

데살로니가후서 3:10
우리가 너희와 함께 있을 때에도 너희에게 명하기를 누구든지 일하기 싫어하거든 먹지도 말게 하라 하였더니

[10]주께서 사망한 자에게 기사를 보이시겠나이까 **유혼이 일어나 주를 찬송하리이까** [11]주의 인자하심을 무덤에서, 주의 성실하심을 멸망 중에서 선포할 수 있으리이까 [12]흑암 중에서 주의 기사와 잊음의 땅에서 주의 의를 알 수 있으리이까 [시88:10~12]

사람이 죽으면 그 혼은 아무것도 할 수 없다. 시편 88편의 '유혼'은 '죽은 사람의 혼', 곧 부자가 죽어서 육체는 장사되고 그가 간 음부에서는 하나님을 찬양할 수도 없고 영생하도록 있는 양식을 위하여 일하자고 할 자

도 없다. 이런 유혼 같은 자들을 모아 두고 하인 만든 곳이 마7:13~27절의 멸망으로 인도하는 크고 넓은 문에서 혀로 귀신 쫓고, 병 고치고, 선지자 노릇 하고 싶어하는 영적으로 죽은 자들이 혀로 말만 하면 다 들어주시고, 들어주실 때까지 기도만 하고, 교회 일, 곧 전도만 하면 된다고 가르치는 '무덤 같은 교회'다.

다윗은 우리아의 아내 밧세바 사이에서 태어난 아이가 죽게 되자 "시방은 죽었으니 어찌 금식하랴 내가 다시 돌아오게 할 수 있느냐 나는 저에게로 가려니와 저는 내게로 돌아오지 아니하리라"[삼하12:23]고 하였다. 이렇게 육체가 죽어 '음부'로 내려간 자는 다시는 산 자의 땅에 돌아올 수 없다. 이런 진리를 모르는 사람들이 죽은 조상이나 가족들의 제사를 지내는 것이다. 절대 죽은 자의 혼은 자신이 살았던 산 자의 땅으로 돌아오지 않는다. 이 한 가지 사실만 알고 마음에 믿어도 땅에서 죽은 자에게 제사드리는 헛되고 헛된 일을 하지 않는다. 또한 기독교에서 추도 예배라는 미친 행위도 하면 안 되는 것이다. 그래서 "그들은 죽었은즉 다시 살지 못하겠고 사망하였은즉 일어나지 못할 것이니 이는 주께서 벌하여 멸하사 그 모든 기억을 멸절하셨음이니이다"[사26:14]라고 하신 것이다.

이렇게 죽은 자의 '혼'은 살아 있는 자와 절대 교통할 수가 없다. "사망 중에서는 주를 기억함이 없사오니 음부에서 주께 감사할 자 누구리이까"[시6:5]라고 하신 대로 육체가 죽으면 악인은 기억이 멸절된다. 그래서 "수년이 지나면 나는 돌아오지 못할 길로 갈 것임이니라"[욥 16:22]고 욥이 말한 대로 사람은 육체가 죽으면 그 혼은 다시 돌아오지 못한다. 이런 진리를 모르니까 '윤회, 윤회설'을 주장하는 것이다. 절대 윤회는 없다. 사람은 죽으면 육체가 살았을 때 정욕대로 가지고 있던 그 어떤 것도 아무 소용이 없으며, 다 끊어진다. 이런 자는 자신에게 환난이 임할 때 "하나님, 예수여" 하며 혀로 부르짖을지라도 하나님께서 듣지 않으신다. 하나님께서는 그 사람의 생각, 마음, 정신, 곧 영혼을 보시며, 사곡한 자의 혼에는 아무 관심이 없으시다.

우리는 어제부터 있었을 뿐이라 **지식이 망매하니 세상에 있는 날이 그림자와 같으니라** [욥8:9]

진실로 하나님을 모르고 안 믿는 자는 100년도 안 되는 육체를 입고 사는 동안 진리가 실상이 되지 못하고 그림자와 같이 헛되게 살다가 '영원'을 망친다. '지식이 망매하다'란 하나님을 하나님으로 아는 일에 매우 어둡다는 뜻이다. 지금 전 세계에 성경을 사용하며 종교생활을 하는 모든 사람들이 진실로 이러하다. 6일간, 신약시대로 말하면 2일(2천 년)간 영적인 '밤'을 지나는 기간에는 사람에게 하나님의 행하심을 알게 하지 않으셨으므로 혀로 "주여, 오직 예수여" 하면서도 예수에 대해서, 창조주 하나님에 대해서 진리대로 알지 못하여 모두 '그림자'에 해당하는 한번뿐인 삶을 헛되게 살다가 죽어 그 혼은 영원히 돌아오지 못할 길로 간 것이다. 성경을 사용하는 신앙인들이 이러했으니 당연히 사람이 만든 다른 종교들은 더 말할 필요나 가치가 없다.

밤의 빛 역할을 한 예수 그리스도와 별들, 곧 성경을 사용하여 가르치고 설교하는 자들은 자신이 '그림자', 곧 물체인 사람이 빛을 가리어 반대쪽에 나타나는 그림자인 거무스름한 형상 역할을 했다고 누가 알았는가? 어느 누가 그림자만 붙들고 한번뿐인 삶을 헛되게 보내고 영원히 다시는 돌아오지 못하는 음부에 가기 전에 하나님을 진리대로 알고 이 진리로 깨닫고 돌아설까? "진리를 알찌니 진리가 너희를 자유케 하리라"고 하신 한 절의 뜻만 깨달아도 헛되고 헛된 삶에서 육체가 살아 있을 때 참 진리로 돌아서야 한다.

11왕골이 진펄이 아니고 나겠으며 갈대가 물 없이 자라겠느냐 ¹²이런 것은 푸르러도 아직 벨 때 되기 전에 다른 풀보다 일찍기 마르느니라 ¹³**하나님을 잊어버리는 자의 길은 다 이 와 같고 사곡한 자의 소망은 없어지리니** [욥8:11~13]

욥기의 이 말씀 속에 2022년 이 세대까지 예수 이름을 사용하는 모든 자들의 결과가 다 감추어져 있다. 예수가 십자가상에서 "다 이루었다 하시고 머리를 숙이시고 영혼이 돌아가시니라"[요19:30]고 한 말씀의 뜻은 모르고, 문자적으로만 보고 그림자만 붙들고 일생 헛되게 살다가 하나님을 잊어버린 사곡한 자들이 될 것을 감추어 두셨는데 이 일을 누가 알았는가? 사곡한 자들, 곧 그림자의 빛 역할을 한 자들, "오직 예수" 하며 하나님을 잊어버린 자들의 결과를 다음과 같이 판결해 두셨다.

³⁰흑암한 데를 떠나지 못하리니 불꽃이 그 가지를 말릴 것이라 하나님의 입김에 그가 떠나리라 ³¹그는 스스로 속아 허망한 것을 믿지 말 것은 허망한 것이 그의 보응이 될 것임이라 ³²그의 날이 이르기 전에 그 일이 이룰 것인즉 그 가지가 푸르지 못하리니 ³³포도열매가 익기 전에 떨어짐 같고 감람 꽃이 곧 떨어짐 같으리라 ³⁴사곡한 무리는 결실이 없고 뇌물을 받는 자의 장막은 불탈 것이라 ³⁵그들은 악한 생각을 배고 불의를 낳으며 마음에 궤휼을 예비한다 하였느니라 [욥15:30~35]

예수께서 이 땅에 오시기 전에 이미 결과까지 다 판결해 두셨던 것이다. 이렇게 이 시간까지 이어져 왔다고 누가 믿겠는가? 귀신이 주인인 자의 가르침은 진실로 헛된 것이었다. 죽는 그 순간까지 죽어서 천국 간다고 속이는 자가 예수 이름 부르기만 하면 너의 모든 죄를 지시고 죽으셨다고 속인 것이다. 예수 이름 사용하는 자들이 '사곡한 무리들'이며, 그 장막은 다 불탈 것이라고 이미 3422년 전에 판결해 두신 이대로 불의한 자들에게 속은 것이다. 그래서 예수 이름 사용하는 모든 자들이 다 '그림자'에 불과하며, 육체가 살아 있을 때 하나님의 말씀으로 거듭나지 아니하면 다 사곡한 자의 무리에 해당하며, 그 즐거움도 잠간이고 자기의 똥처럼 영원히 망할 것이며, 그가 어디 있느냐[욥20:4~7]고 하신 판결대로 된다.

욥기 20:4~7

4 네가 알지 못하느냐 예로부터 사람이 이 세상에 있어 옴으로
5 악인의 이기는 자랑도 잠시요 사곡한 자의 즐거움도 잠간이니라
6 그 높기가 하늘에 닿고 그 머리가 구름에 미칠찌라도
7 자기의 똥처럼 영원히 망할 것이라 그를 본 자가 이르기를 그가 어디 있느냐 하리라

지금 이 세대가 창세 이래 가장 중요한 세대다. 절대 '윤회'는 없다. 보이는 이 모든 가시적인 세상을 만들기 이전에 예수의 영혼도, 진리의 성령인 나의 영혼도, 모두 다 하나님 앞에 있었다. 나는 나다. 내가 다른 사람으로 다시 태어난다는 윤회는 안개 같은 인생들이 지어낸 헛된 말일 뿐이다. 사람들이 만든 모든 이론을 파하는 강력이 바로 전대미문의 새 언약이며, 성부 하나님을 아는 진리의

지식으로 나아가야 한다. 모든 인생의 문제와 해답은 '성경' 속에 있으며, 성경만이 참 진리다. 천지 만물을 창조하신 여호와 하나님의 뜻을 깨달아 아는 것이 삶의 기초이며, 전부다. 육체가 살아 있을 때 성부 하나님께로, 새 언약의 말씀으로 돌이키는 것이 '영생'을 얻을 수 있는 절체절명의 시간임을 반드시 알아야 한다.

50

여호와 하나님의
위대하신 사랑: **예정(豫定)**

「동아일보」 2022년 5월 26일 목요일
「조선일보」 2022년 5월 27일 금요일

스마트폰으로 QR 코드를 스캔 하시면
[이제 온 천하는 잠잠하라] 전문을 다운로드 받을 수 있습니다.

하나님의 '예정하심'은
온전한 구원에 이르게 하는 사랑이다

²여호와께서 가라사대 내가 너희를 사랑하였노라 하나 너
희는 이르기를 주께서 어떻게 우리를 사랑하셨나이까 하는
도다 나 여호와가 말하노라 에서는 야곱의 형이 아니냐 그
러나 **내가 야곱을 사랑하였고** ³**에서는 미워하였으며** 그의
산들을 황무케 하였고 그의 산업을 광야의 시랑에게 붙였
느니라 [말1:2~3]

사람들이 인정하든 인정하지 않든 야곱을 사랑하
고 에서를 미워하신 것은 하나님께서 정하신 뜻이
다. 여호와 하나님만 예정의 주체이시며, 이것이 하
나님의 주권적 섭리다. 유일신은 오직 하나님 한 분
이심을 '예정, 미리 정하심'에 감추어 두신 것이다. 이
사실을 예수 그리스도를 통해서 감추어 두셨고, 하나
님께서 지금 이 세대에 우리로 밝히 알게 하신다. 하
나님의 뜻을 알면 '예정'은 하나님의 일방적인 사랑

이자 은혜이며, 결과는 '온전한 구원'임을 인정하게 된다. 그러나 의인에게는 이런 하나님의 뜻, 계획을 알게 하시지만, 악인인 '에서' 족속들에게는 알게 하지 않으신다. 인간이 믿든 안 믿든 이는 창조주 하나님의 절대 주권이다. 이제 하나님의 사랑을 받은 자들은 여호와의 날, 인자의 날, 전 우주적인 일곱째 날이 되어 미리 정하신 뜻대로 새 언약[히8장]의 말씀으로 다시 창조하시고 계신다.

히브리서 8:8
저희를 허물하여 일렀으되 주께서 가라사대 볼찌어다 날이 이르리니 내가 이스라엘 집과 유다 집으로 새 언약을 세우리라

의인뿐만 아니라 악인들도 하나님의 뜻대로 사용하신다고 전 성경에 기록되어 있다. "과연 헤롯과 본디오 빌라도는 이방인과 이스라엘 백성과 합동하여 하나님의 기름 부으신 거룩한 종 예수를 거스려 하나님의 권능과 뜻대로 이루려고 예정하신 그것을 행하려고 이 성에 모였나이다"[행4:27~28]라는 기록대로 예수를 죽이는 데 연합한 대적자들, 곧 헤롯, 빌라도, 이방인과 이스라엘 백성들이 연합하여 예수를 거스를 것도 예정되어 있던 일이라는 뜻이다. 왜 이런 사건을 기록해 두셨을까? 새 언약을 받고 다시 창조함을 입을 하나님의 택한 백성들을 위해서였다. 예수를 거스르고 대적한 자들은 스스로 옳다고 생각하여 이런 죄악을 합동하여 지었지만, 이 또한 하나님께서 미리 정하신 하나님의

뜻대로 경영하신 일이다. 이처럼 지금 나와 은혜로 교회 성도들을 대적하는 자들도 모두 하나님께서 미리 예정해 두신 일이다. 악인들도, 예수 그리스도도, 창세 이래 모든 사람들도 이 한 가지 진리만 알아도 어느 누가 창조주 하나님을 안 믿겠는가? 누가 죄를 짓겠는가?

'예정'은 하나님의 일방적인 사랑이며, 은혜다. 하나님께서 이 세대 우리들에게 육체도 죽지 아니하고 온전한 구원을 알게 하시고 얻게 하시려고 창세 전에 이미 정하신 뜻대로 2022년 지금 이 시간까지 온 천하 만물을 경영하시고, 운행해 오신 것이다. 하나님만이 사랑이시다. 이 사랑은 절대 변치 아니하고 영원한 사랑이다. 그래서 "진리를 알찌니 진리가 너희를 자유케 하리라"고 하신 것이다. 진리로 자유케 되어 영생을 누리는 자들이 하나님의 최고 사랑을 받은 사람들이며, 그래서 전 성경 기록 목적은 시102:18절에 장래 세대인 지금 이때 다시 창조함을 받을 백성들을 위해서 기록하신 것이다.

시편 102:18
이 일이 장래 세대를 위하여 기록되리니 창조함을 받을 백성이 여호와를 찬송하리로다

따라서 인간은 단 한번뿐인 한 몫의 삶을 살 때 성경 속에 감추어 두신 천국의 비밀, 하나님의 뜻을 듣고 깨달아 지켜 실행하여 하나님께서 기뻐하시는 선

을 행해야 한다. 하나님 뜻에 합당한 삶을 사는 것은 그 어떤 것으로도 다 표현할 수 없는 하나님의 사랑을 받은 것이고, 갚을 길 없는 은혜를 입은 것이다. 진실로 하나님께서 정하신 때가 되어 하나님을 아는 진리의 지식으로 나아가 온전한 구원인 '영생'에 이를 수 있는 길이 열렸기 때문이다. 오직 여호와 하나님만이 온전한 선, 온전한 사랑이며, 은혜이고, 구원이시다. 인간은 하나님의 뜻을 알면 절대 죄를 짓지 않는다. 사람에게 사랑을 요구할 이유가 없다. 너무 큰 사랑을 받은 자이니 받은 사랑으로 하나님께서 창조하신 모든 것들을 사랑할 수밖에 없다. 하나님의 뜻을 모를 때 죄를 짓는 것이다. 하나님과 동행하면 다른 사람을 시기하거나 질투할 아무 이유가 없다. 그냥 사랑하게 된다. 원수가 원수가 아니고, 다 나를 나 되게 하는 그릇으로 쓰인 사람이기 때문이다.

'구약성경'에 예정된 대로 '그림자'에 해당하는 전 세계 기독교, 천주교인들의 실상

모든 사람, 모든 만물은 다 하나님께서 정하신 뜻대로 이 땅에서 사는 것이다. 다만 이런 하나님의 뜻을 사람에게 모르게 하셨는데, 이제 하나님의 뜻을 아는 것은 하나님께서 친히 오셔서 가르쳐 주시기 때문이다[요6:45]. 욥도, 욥이 표상하는 예수께서도 이러한 하나님의 뜻, 하나님의 나라의 비밀을 알지 못하셨음을 이미 3422년 전에 판결해 두셨다.

요한복음 6:45
선지자의 글에 저희가 다 하나님의 가르치심을 받으리라 기록되었은즉 아버지께 듣고 배운 사람마다 내게로 오느니라

¹여인에게서 난 사람은 사는 날이 적고 괴로움이 가득하며 ²그 발생함이 꽃과 같아서 쇠하여지고 그림자같이 신속하여서 머물지 아니하거늘 ³이와 같은 자를 주께서 눈을 들어 살피시나이까 나를 주의 앞으로 이끌어서 심문하시나이까 ⁴누가 깨끗한 것을 더러운 것 가운데서 낼 수 있으리이까 하나도 없나이다 [욥14:1~4]

이 예언은 너무 중요하다. 이 예언 속에는 예수가 다른 사람의 죄를 지고 십자가에 죽으신 것이 절대 아니라는 뜻이 감추어져 있고, '예수 그리스도 안에서, 그리스도로 말미암아, 오직 예수 안에'라는 뜻이 감추어져 있다. 이는 마리아에게 '성모'라는 칭호를 사용하면 안 된다는 뜻도 감추어져 있다. 마리아가 천주교에서 말하는 '성모', 곧 거룩한 어머니였으면 예수 그리스도께서 죽지 아니했어야 했다.

그래서 "여인에게서 난 사람은 사는 날이 적고 괴로움이 가득하며"[욥14:1]라고 하신 것이다. '여인에게서 난 사

람'은 누굴까? 사람이 본능적으로 아는 지식으로 보면 모든 인간은 다 여인에게서 난 사람이다. 모든 사람들이 땅에서 사는 날이 적었고, 모두 죽었기 때문이다. 그러나 이렇게만 보면 온전한 해석이 아니고, 성경이 '특별 계시'가 아니게 된다. 이 '여인에게서 난 사람'에 해당하는 일 순위는 '예수 그리스도'다. 그는 땅에서 사는 날이 적었다. BC 700년에 이사야 선지자를 사용하셔서 "거기는 날 수가 많지 못하여 죽는 유아와 수한이 차지 못한 노인이 다시는 없을 것이라 곧 백 세에 죽는 자가 아이겠고 백 세 못 되어 죽는 자는 저주받은 것이리라"[사65:20]라고 예언, 유언해 두신 판결대로 예수는 백 세가 못 되어 십자가에 죽었다. 곧 저주받은 것이다. 내가 예수를 비하시키는 것이 절대 아니고, 사실이다. 예수는 한 번 죽으시는 사명으로 이 땅에 보냄을 받으셨던 것이다. 이런 하나님의 뜻을 예수는 몰랐던 것이다. 예수가 이 땅에 오기 1400년 전에 이미 욥기에 판결되어 있었다. 이 진리를 자신도 깨닫지 못했고, 사람 중에 그 누구도 알지 못했을 뿐이다. 이 기록 속에 감추어 두신 하나님의 나라 비밀을 신약성경을 기록한 사도들도 다 몰랐다. 지금 이 세대 2022년 이 시간까지 아무도 몰랐다. 나 또한 하나님께서 가르쳐 주셔서 알게 된 것이다.

사65:20절의 예언, 유언이 사실이 되어 이루어지는 때가 언제인지 아무도 몰랐다. 이사야 65장의 새 하늘, 새 땅을 창조하시는 일은 15년째 히브리서 8장의 새 언약의 말씀으로 하늘에 속한 자를 다시 창조하시는 이 일이다. 이 예언은 사람들이 상상하는 저 하늘 어딘가에서 이루어지는 것이 아니고, 우리가 살고 있는 이 지구상에서 이루어지는 일이다. 하나님께서는 창세 전에 미리 예정해 두시고 당신의 뜻대로 경영해 오셨고, 지금도 경영하시고 계신다. 이런 새 하늘, 새 땅이 육체가 살아서 사실이 되지 못한 사람의 일 순위가 '예수'였다. 인간의 영혼은 본래 죽지 아니한다. 그러므로 죽고 사는 것은 육체를 말씀하신 것이고, 육체가 죽어 '혼'이 지옥에 가는 것을 '둘째 사망'이라고 하신 것이다.

2722년 전에 예언된 사65:20절의 말씀은 예수 그리스도 당시에도, 그 어느 세대에도 땅 위에 사실이 된 적이 없었다. 그때는 하나님께서 정하신 때가 아니었기 때문이다. 따라서 사65:20절의 예언, 유언은 반드시 '진리의 성령'이 실상이 되어야 땅 위에 사실이 되고, 하나님께서 친히 오셔서 영원히 사시는 하나님의 거처인 새 예루살렘성에 들어가는 거룩한 성도가

히브리서 8:8
저희를 허물하여 일렀으되 주께서 가라사대 볼찌어다 날이 이르리니 내가 이스라엘 집과 유다 집으로 새 언약을 세우리라

실상으로 나타나 왕 노릇 하는 세상이 바로 백 세에 죽는 것은 아이요, 백 세가 못 되어 죽는 자는 저주를 받은 것이라고 하신 '오는 세상'이다. 이런 세상은 상상이 절대 아니고, 이 땅에서 사실이 된다.

"여인에게서 난 사람은 사는 날이 적고"에 해당하는 사람은 가장 먼저 예수 그리스도이며, 혀로 "오직 예수" 하면 예수를 믿는 것이라고 착각하며 이 시간까지 땅에서 살다가 죽은 모든 사람들과, 현재까지도 예수가 자신들의 구세주라고 생각하며 교회를 다니는 모든 사람들이 다 이에 해당한다. "괴로움이 가득하며"란 몸이나 마음이 편하지 않고 고통스럽다, 힘들고 어렵다, 성가시다, 귀찮다는 뜻이다. 결국 육체가 고통스럽게 죽는다는 뜻이다. 이에 대한 증거가 십자가를 지시기 전 고민하고 슬퍼하사 내 마음이 심히 고민하여 죽게 되었다고 하신 것이며[마26:36~46], "엘리 엘리 라마 사박다니"라고 하신 것이다. 이는 매우 중요하다. 곧 예수께서 육체가 살아서 하나님께로서 다시 창조되지 않았다는 명백한 증거다. 이런 죽음을 맞이할 것이라고 이미 창세기 3장 아담에게 이르신 예언, 모세의 유언에 판결되어 있었다.

마태복음 26:37~38
37 베드로와 세베대의 두 아들을 데리고 가실째 고민하고 슬퍼하사
38 이에 말씀하시되 내 마음이 심히 고민하여 죽게 되었으니 너희는 여기 머물러 나와 함께 깨어 있으라 하시고

17아담에게 이르시되 네가 네 아내의 말을 듣고 내가 너더

러 먹지 말라한 나무 실과를 먹었은즉 땅은 너로 인하여 저주를 받고 너는 종신토록 수고하여야 그 소산을 먹으리라 ¹⁸**땅이 네게 가시덤불과 엉겅퀴를 낼 것이라** 너의 먹을 것은 밭의 채소인즉 ¹⁹**네가 얼굴에 땀이 흘러야 식물을 먹고** 필경은 흙으로 돌아가리니 그 속에서 네가 취함을 입었음이라 너는 흙이니 흙으로 돌아갈 것이니라 하시니라 [창 3:17~19]

창세기의 이 예언대로 얼굴에 땀방울이 흐르도록 괴로워하는 고통이 따랐고, 예수 이름 사용하는 사람들이 가시덤불, 엉겅퀴가 되어 있다. 그래서 십자가를 지실 때 옷이 벗겨지시고 머리에 가시면류관을 쓰셨으며, 무화과의 때도 아닌데 무화과나무를 저주한 사건 속에 예수 이름 사용하는 신앙인들의 실상이 하나님께서 정하신 때인 삼 일이 될 때까지, 곧 2천 년간 이어질 것까지 이미 담고 하신 말씀이다. 같은 의미로 동시대인 3422년 전 욥기서에도 "여인에게서 난 사람은 사는 날이 적고 괴로움이 가득하며"[욥14:1]라고 기록해 두셨던 것이다. 예수는 육체가 살아서 다시 창조된 것이 아니었다. 이 사실을 누가 알며, 누가 믿겠는가? 그러나 사실이다. 패역한 자들은 듣지 않을 것도 하나님께서는 이미 다 아시고, 그들이 "듣든지 아니 듣든지 너는 내 말을 고하라"[겔2:7]고 하셨던 것이다.

마가복음 11:12~14

12 이튿날 저희가 베다니에서 나왔을 때에 예수께서 시장하신지라

13 멀리서 잎사귀 있는 한 무화과나무를 보시고 혹 그 나무에 무엇이 있을까 하여 가셨더니 가서 보신즉 잎사귀 외에 아무것도 없더라 이는 무화과의 때가 아님이라

14 예수께서 나무에게 일러 가라사대 이제부터 영원토록 사람이 네게서 열매를 따 먹지 못하리라 하시니 제자들이 이를 듣더라

여호와 하나님 경외하기를
폐하게 한 사람 '예수'

"여인에게서 난 사람은 날이 적고 괴로움이 가득하며 그 발생함이 꽃과 같아서"[욥14:1~2]라고 하신 말씀은 2천 년 동안 전 세계에 예수 이름이 구석구석 퍼져서 안 믿는 불신자들 중에도 예수 이름을 모르는 사람이 없게 된 것을 '꽃'에 비유하신 것이다. 그래서 "하나님이 나로 백성의 이야기거리가 되게 하시니 그들이 내 얼굴에 침을 뱉는구나 내 눈은 근심으로 하여 어두워지고 나의 온 지체는 그림자 같구나"[욥17:6~7]라고 한 이 예언, 유언이 사실이 되었다. 욥14:1~2절과 욥17:6~7절의 말씀이 사실임을 온 세상 그 누구도 반박할 수 없는 진리라고 역사가 이미 증명하고 있다. 이는 예수께서 육체가 살아 있을 때 다시 창조되지 않았다는 명백한 증거이며, 회전하는 그림자처럼 육체가 한 번 죽은 사람이라는 뜻이다.

> [16]내 사랑하는 형제들아 속지 말라 [17]각양 좋은 은사와 온전한 선물이 다 위로부터 빛들의 아버지께로서 내려오나니 그는 변함도 없으시고 회전하는 그림자도 없으시니라 [약1:16~17]

하나님은 본래 변함이 없으시고 회전하는 그림자도 없으시다. 그러나 육체를 입은 모든 사람, 혀로 예수 이름을 말만 하는 모든 사람들의 실상과 결과는 모두 회전하는 그림자에 해당한다는 판결의 말씀이다. '회전'이란 '빌려온 물건을 되돌려 보냄, 빙빙 돎'이라는 뜻이다. '그림자'는 물체가 빛에 가리어 반대쪽에 나타나는 거무스름한 형상, 사람의 자취, 물이나 거울 따위에 비치는 물체의 형상일 뿐이다. 예수 그리스도는 신이 아니라 사람이었음을 명백하게 증명하시는 증거가 '회전'을 한 것이다. 그림자는 쇠하여지고 변하며, 기간이 한정되어 짧다. 밤하늘에 떠 있는 '달'을 보라. 지구에서 가장 가까이 있는 위성으로 지구를 공전하면서 차고 기우는데, 스스로 빛을 내지 못하고 햇빛을 받아 빛을 낸다. 그래서 예수 그리스도를 '달'에 비유하신 것이다. 예수가 사람의 죄를 없애고 사람을 죽이고 살리는 능력이 있는 것이 아니라, 예수를 사용하셔서서 하나님께서 행하신 일이다. 예수 이름만 사용하면 구원받은 줄로 아는 모든 사람들은 다 '그림자'에 해당하며, 그래서 땅에 영원히 머물러 있지 못하고 모두 육체가 죽은 것이다.

이를 명백하게 판결하신 말씀이 욥14:2절이다. 예

수와 예수를 믿는다고 하는 모든 사람들을 다 한 번 활짝 피었다가 떨어지는 꽃에 비유하신 것이다. 진실로 이 진리대로 사실이 되어, 2천 년간 이렇게 회전하며 이어져 왔을 뿐이다. 그림자는 그림자일 뿐이다. 예수께서 세상에 있는 날이 짧고 신속하게 지나가 버리며 자취만 희미하게 남은 그림자와 같듯이, 그림자도 없으신 여호와 하나님께로부터 다시 창조되지 아니하는 사람들 또한 '그림자' 같다고 하신 것이다. 2022년 동안 모든 사람이 다 이러했다. 그러니 사람들이 만들어 낸 거짓말이 "죽어서 천국 간다"고 한 것이고, "어떤 죄를 지어도 예수 믿기만 하면 다 용서해 준다"고 하여 모두 속고, 속이며 살고 있는 것이 현재 전 세계에 성경을 사용하며 종교생활 하는 모든 사람들의 실상이다. 더 이상 이런 사람의 소리에 속으면 안 된다. 회전하는 그림자도 없으신 여호와 하나님의 뜻은 허망하게 죽는 '그림자' 같은 인생이 아니라, 하나님의 계명대로 살아서 영원히 하나님께 영광을 돌리며, 온전히 '영생'하며 사는 것이다.

참으로 네가 하나님 경외하는 일을 폐하여 하나님 앞에 묵도하기를 그치게 하는구나 [욥15:4]

이렇게 2천 년간 여호와 하나님을 경외하는 일을 폐하게 한 사람은 누구인가? 유조치 아니한 이야기, 무익한 말로 하나님 앞에 소리를 내지 않고 마음으로 기도하며 묵도하기를 그치게 한 분은 바로 '예수'다[욥15:3~4]. 자신의 사명인 십자가를 지기 전에 제자들을 데리고 감람산에 가서 기도하는 행위[눅22:39~40], "구하라 주실 것이요", "땀이 땅에 떨어지는 핏방울같이 되더라"[눅22:44]라고 기록된 말씀으로 인해 이 시간까지 산에 가서 소리 지르며 기도하자고 가르치는 그림자들의 언행이 실상이 되어 있다. 그림자들은 하나님의 행하심과 기뻐하시는 언행이 어떤 일인지 아무 관심도 없이 혀로 "예수, 오직 예수" 말만 하면 땅에서 복받으며 살고, 기도하면 원하는 대로 다 들어주시고, 죽어서 천국 간다고 속이고 있고, 속고 있다. 이렇게 성경과 다른 거짓말로 전 세계 천주교, 기독교가 사람들을 영원히 죽이고 있다. 최고의 대적자가 누구인가? 여호와 하나님 경외하는 일을 폐하고 하나님께 묵도하는 일을 그치게 한 자가 누구인가? 그래서 예수 그리스도는 신령한 몸으로 부활하시고도 '사망과 음부의 열쇠'를 세세토록 받으신 것이다[계1:18].

단 한 절의 천국의 비밀도 모르면서 지껄이는 이 온 세상의 종교 지도자들을 보라. 왜 욥16:18절에 "땅

욥기 15:3
어찌 유조치 아니한 이야기, 무익한 말로 변론하겠느냐

누가복음 22:39~40
39 예수께서 나가사 습관을 좇아 감람산에 가시매 제자들도 좇았더니 40 그곳에 이르러 저희에게 이르시되 시험에 들지 않기를 기도하라 하시고

누가복음 22:44
예수께서 힘쓰고 애써 더욱 간절히 기도하시니 땀이 땅에 떨어지는 피방울같이 되더라

요한계시록 1:18
곧 산 자라 내가 전에 죽었노라 볼찌어다 이제 세세토록 살아 있어 사망과 음부의 열쇠를 가졌노니

아 내 피를 가리우지 말라 나의 부르짖음으로 쉴 곳이 없게 되기를 원하노라"고 하셨고, 22절에 "수년이 지나면 나는 돌아오지 못할 길로 갈 것임이니라"라고 하신 것인지 고민을 해 보라. 진리는 이런데도 혀로 말로만 예수 그리스도를 믿는다고 하면 다 된다고 속고 속이는 이 참혹한 현실이 보이지 않는가?

진실로 "누가 깨끗한 것을 더러운 것 가운데서 낼 수 있으리이까 하나도 없나이다"[욥14:4]라고 하신 이 예언, 유언이 사실이다. 사람은 사람을 절대 깨끗하게 할 수 없다. 예수가 사람으로 왔기에 혀로 말로만 "오 주여, 나의 구주 예수님" 하며 일생 부르짖어도 예수가 당신들을 깨끗하게 할 수 없었다는 증거가 지금 전 세계 기독교인, 천주교인들의 언행이며, 요 11:25~26절의 말씀이 아무에게도 실상이 되지 않은 것이 증거다. 예수가 지금의 나를 다시 만든 것이 절대 아니다. 하나님께서 미리 정해 두신 대로 행하셨고, 이 시간에도, 앞으로 영원토록 사용하시겠다고 언약해 두신 대로 여호와 하나님께서 행하신 일이다. '예정, 미리 정하심'이란 이런 것이다. 하나님께서 예수도 미리 예정해 두셨고, 진리의 성령도 예정해 두셔서 15년째 나를 통해 2천 년간 예수가 불가불

요한복음 11:25~26
25 예수께서 가라사대 나는 부활이요 생명이니 나를 믿는 자는 죽어도 살겠고
26 무릇 살아서 나를 믿는 자는 영원히 죽지 아니하리니 이것을 네가 믿느냐

왕 노릇 하고 온 것을 밝히시고 계신다. 예수 믿는다고 시인만 하면 구원받는다는 것이 새빨간 거짓말임이 밝혀지고 있는 것이다. 이제 성경이 모든 것을 죄 아래 가두어 둔 기간인 6일이 끝났다.

고린도전서 15:25
저가 모든 원수를 그 발 아래 둘 때까지 불가불 왕 노릇 하시리니

예수의 한 번 죽으심도, 진리의 성령의 영생도 이미 '예정'해 두셨다

> 그날을 정하셨고 그 달 수도 주께 있으므로 그 제한을 정하여 넘어가지 못하게 하셨사온즉 [욥14:5]

예수를 비롯하여 '그림자'에 해당하는 모든 사람들의 날을 하나님께서 이미 정해 두셨다. 이것이 '예정'이다. 이 땅에 사람으로 태어나기 전에 예수에 대해서도 하나님께서 정해 두셨고, 모든 사람들도 하나님께서 미리 정하신 대로 살고 죽고 '영원'이 결판나고 하지만 사람에게는 이 예정을 알게 하지 않으신 것일 뿐이다. 지금 이 세대는 하나님의 예정하심을 육체가 살아서 명백하게 알게 하시는 '은혜의 때'이며 '의인의 세대'[시14:5]가 도래하고 있다. 창세 이래 그 누구도 받지 못한 하나님의 사랑을 받는 세대가 지금 이 세대이므로 진리를 진리대로 아는 것이 너무 중요하

시편 14:5
저희가 거기서 두려워하고 두려워하였으니 하나님이 의인의 세대에 계심이로다

다. 이 사랑은 예수 그리스도도 받지 못한 사랑이다. 지금 이 세대에 하나님의 예정하심을 아는 것은 그림자에 속한 인생이 아니라 온전한 구원에 이를 수 있는 사랑을 받는 것이다. 그래서 지금 이 세대는 하나님을 아는 진리의 지식을, 새 언약의 말씀을 각자의 자유의지로 찾고 구해야 한다.

그러나 하나님의 뜻을 모르는 사람은 존귀에 처하나 깨닫지 못하는 멸망하는 짐승 같다고 하셨다[시 49:20]. 악인은 육체가 살아서 자신의 과거, 현재, 미래, 곧 영원한 결과에 대해 아무것도 모르고 그림자 같이 살다가 한번뿐인 땅 위에 사는 삶이 영원히 영벌로 끝이다. 창세 이래 모든 사람들이 다 이러했다. 그래서 혀로 "하나님, 예수님" 하는 자들이나 다른 종교인들이나 모두 다 일반이 된 것이다. 사람은 그 생각, 마음이 어디에 있느냐에 따라 몸이 움직인다. 원욕, 곧 정욕에 일생 치우쳐서 그 원욕, 정욕대로 사는 자들의 결과를 욥15:20~35절에 다 감추어 두셨다.

시편 49:20
존귀에 처하나 깨닫지 못하는 사람은 멸망하는 짐승 같도다

> ²⁰그 말에 이르기를 악인은 그 일평생에 고통을 당하며 **강포자의 햇수는 작정되었으므로** ²¹그 귀에는 놀라운 소리가 들리고 그 형통할 때에 멸망시키는 자가 그에게 임하리니 [욥15:20~21]

정욕은 사람을 살아 계신 하나님의 뜻대로 살지 못하도록 하고, 결국 자신을 영원히 죽이는 것이다. 이래서 사람은 그 생각, 마음이 사람이 본능으로 아는 수준인 정욕, 곧 원욕대로이면 반드시 한 번 육체는 죽고, 그 혼도 둘째 사망에 들어가므로 절대로 이 땅에 다시 돌아오는 윤회는 없다. 하나님께서는 사람이 이렇게 살다가 죽는 것을 절대 원치 아니하시고 싫어하신다. 하나님께서 만드신 이 땅에서 하나님의 계명대로 살아 다시 창조되어 영원히 살기를 원하셔서 계명도 주신 것이다. 그러나 이렇게 판결해 두신 하나님의 법을 가지고도 악인들 눈에는 자신들에 대한 판결하심이 보이지 아니하고, 들리지도 아니한다. 그렇게 자신에게 주어진 단 한번뿐인 삶을 정욕대로 살다가 죄가 목에 차면 죽는 것이다.

전대미문의 새 언약으로 다시 창조되면 죄가 없는 '오는 세상'이 땅에서 이루어진다. 악인이 없는 세상이다. 악인들에게는 욥15:20~35절의 예언, 유언, 판결대로 사실이 되지만, 전대미문의 새 언약으로 다시 창조함을 받는 하나님의 택한 자녀들은 육체도 죽지 아니하고, 창세 전에 미리 예정하신 대로 하나님께서 약속하신 땅에서 영원히 살게 하신다. 3422년 전에 "이 땅은 그들에게만 주셨으므로 외인은 그들 중에 왕래하지 못하였었느니라"[욥15:19]고 하신 언약이 이미 사실이 되어 기초가 세워지고 있는데, 전 세계 사람들이 모를 뿐이다. 이미 창세 전에 계획하신 하나님의 선한 일이 땅 위에 이루어지고 있건만, 같은 기독교인들에 의해 나와 성도들은 감옥에 갇히고, 온 세상에 가장 어리석은 목사로 이단이라고 소문이 나서 치욕을 겪고 있다. 그러나 나는 하나님께서 언약해 두신 습3:14~20절의 예언, 유언대로 모든 치욕을 벗고, 천하 만민 중에서 명성과 칭찬을 얻게 하신다. 이는 예수가 '구원자'가 아니라 '여호와 하나님'만이 '구원자'이심을 만천하로 알게 하시기 위해서다. 그래서 하나님의 예정하심이 놀라운 은혜이자 사랑이라고 하는 것이다. 이제 모두 성부 하나님께로, 새 언약의 말씀으로 돌아서야 한다.

여기서 모두에게 묻는다. "또 충성된 증인으로 죽은 자들 가운데서 먼저 나시고 땅의 임금들의 머리가 되신 예수 그리스도로 말미암아 은혜와 평강이 너희에게 있기를 원하노라…"[계1:5]고 하신 말씀에서 왜 예수님은 계16, 17, 18, 19장에 기록된 귀신의 처소에서 심판받는 '땅의 왕들, 땅의 임금들의 머리'가 되셨을까?

2천 년간 **'땅의 임금들'**의 머리 되신 **'예수'**

「조선일보, 동아일보」 2022년 6월 3일 금요일

스마트폰으로 QR 코드를 스캔 하시면
[이제 온 천하는 잠잠하라] 전문을 다운로드 받을 수 있습니다.

왜 예수가 '**땅의 임금들**'의 머리가 되었는가?

또 **충성된 증인**으로 죽은 자들 가운데서 먼저 나시고 **땅의 임금들의 머리가 되신 예수 그리스도로 말미암아** 은혜와 평강이 너희에게 있기를 원하노라 우리를 사랑하사 그의 피로 우리 죄에서 우리를 해방하시고 [계1:5]

'임금'이란 '통치자, 최고 권세를 가진 왕'을 말한다. 사도 요한은 예수를 "충성된 증인"이라고 하고, "땅의 임금들의 머리가 되신 예수 그리스도"라고 하였다. 이래서 예수 그리스도는 땅의 일을 말했다고 하신 것이다 [요3:12]. 2022년 이 시간까지 땅에서 임금 노릇 하는 사람들이 성경을 가지고 지도자 노릇 할 것을 이렇게 예언해 두신 것인데 사도 요한도 이 말의 뜻이 무엇인지 모르고 기록한 것이다. 임금이 누구를 지칭하는지 성경을 성경으로 해석해서 분별해 보자.

요한복음 3:12
내가 땅의 일을 말하여도 너희가 믿지 아니하거든 하물며 하늘 일을 말하면 어떻게 믿겠느냐

저희에게 임금이 있으니 무저갱의 사자라 히브리 음으로
이름은 아바돈이요 헬라 음으로 이름은 아볼루온이더라
[계9:11]

여기서 "저희"는 땅에 사는 사람들을 뜻하며, "임
금"은 지옥 불의 소리를 하는 '무저갱의 사자'를 뜻한
다. '무저갱'은 '바닥이 없는 깊은 수렁, 끝이 없는 깊
은 구덩이, 바닥이 없고 깊다'는 뜻으로, 죽은 사람이
가는 '음부, 스올, 곧 지옥'이라고도 한다. 이곳은 하나
님께 불순종하는 자들, 용, 사단, 마귀, 귀신들이 영
원히 거하는 멸망의 장소를 뜻한다. 육체가 살아 있
을 때 성경을 가지고 지옥 불의 소리를 하는 모든 자
들을 두고 '무저갱의 사자'라고 한다. 눅16:19~31절의

누가복음 16:19, 22~23
19 한 부자가 있어 자색
옷과 고운 베옷을 입고
날마다 호화로이 연락하
는데
22 이에 그 거지가 죽어
천사들에게 받들려 아브
라함의 품에 들어가고 부
자도 죽어 장사되매
23 저가 음부에서 고통
중에 눈을 들어 멀리 아브
라함과 그의 품에 있는 나
사로를 보고

부자가 바로 무저갱의 사자, 곧 육체가 살아 있을 때
'땅의 임금'이었던 자다. 그는 땅에서 일생 사는 동안
자신은 아브라함의 자손이라고 자부하며, 성경을 가
지고 날마다 호화로이 연락하며 성경과 다른 거짓말
을 가르치고 그 설교를 듣는 교인들에게 임금 노릇
한 자였으며, 예수 이름을 사용한 지도자였다. 자신
을 따르는 교인들에게 임금 노릇을 한 부자의 머리는
예수 그리스도라는 뜻이 계1:5절의 예언, 유언이다.
또 땅의 임금을 증명한다.

¹³또 내가 보매 개구리 같은 세 더러운 영이 용의 입과 짐승의 입과 거짓 선지자의 입에서 나오니 ¹⁴저희는 귀신의 영이라 이적을 행하여 온 천하 임금들에게 가서 하나님 곧 전능하신 이의 큰 날에 전쟁을 위하여 그들을 모으더라 [계 16:13~14]

개구리 소리를 방언의 은사라고 가르치고, 그것이 성령받은 증거라고 가르치다 죽은 목사, 온갖 거짓 이적을 자랑하며 50년이나 귀신론 대가라는 별명을 가진 목사 등등이 전 세계 기독교인들을 얼마나 더럽혔는지 아는가? 귀신의 처소에서 왕 노릇 하는 지도자들이 다 '땅의 임금들'이다. 이들이 혀로 "오직 예수" 하는 것을 사도 요한이 예언, 유언해 둔 것이 "땅의 임금들의 머리가 되신 예수 그리스도"라고 한 것이다. 이 치명적인 사실을 하나님께서 정하신 때가 되기 전까지 사람들에게는 알게 하지 않으셨기에, 오히려 이들은 세상 사람들 눈에 하나님께 복을 받아 부자가 된 줄 알고 속은 것이다.

¹또 일곱 대접을 가진 일곱 천사 중 하나가 와서 내게 말하여 가로되 이리 오라 많은 물 위에 앉은 큰 음녀의 받을 심판을 네게 보이리라 ²땅의 임금들도 그로 더불어 음행하였고 땅에 거하는 자들도 그 음행의 포도주에 취하였다 하고 [계17:1~2]

귀신의 처소 바벨론 같은 교회의 지도자들이 혀로
는 "하나님, 예수님" 하지만 실상은 하나님, 예수님과
아무 관계가 없는 그들을 '음녀'에 비유한 것이다. 이
들은 모두 하나님, 예수님과 아무 상관이 없고, 생명
책에 이름이 기록되어 있지 아니한 무저갱의 사자들
로 짐승으로 더불어 임금처럼 권세를 잠시 잠깐 동
안 받은 자들이다[계17:12]. 천주교 교황이 이 여자에
해당하건만 아무도 이 비밀을 모른다. 그 아래 신부
들, 다른 말로 사제들도 다 땅의 임금들이다. 실제 천
주교 교황은 전 세계 천주교 지도자들을 다스리는데,
이는 하나님께서 자기 뜻대로 할 마음을 저희에게 주
셨고, 그들은 그렇게 하나님께서 정하신 것이다. 그
래서 "또 네가 본 바 여자는 땅의 임금들을 다스리는 큰 성
이라 하더라"[계17:18]고 예언, 유언해 두신 대로 지금
전 세계 천주교가 명백하게 이 말씀대로 사실이 되어
있다.

요한계시록 17:12
네가 보던 열 뿔은 열 왕
이니 아직 나라를 얻지 못
하였으나 다만 짐승으로
더불어 임금처럼 권세를
일시 동안 받으리라

²힘센 음성으로 외쳐 가로되 무너졌도다 무너졌도다 큰 성
바벨론이여 귀신의 처소와 각종 더러운 영의 모이는 곳과
각종 더럽고 가증한 새의 모이는 곳이 되었도다 ³그 음행의
진노의 포도주를 인하여 만국이 무너졌으며 또 땅의 왕들
이 그로 더불어 음행하였으며 땅의 상고들도 그 사치의 세
력을 인하여 치부하였도다 하더라 [계18:2~3]

이들이 다 예수 이름 사용하여 성경과 다른 거짓말을 지어내서 지옥 불의 소리를 하는 선생들이다. 이들을 '땅의 왕들, 땅의 임금들'이라고 하시고, 이들이 서 있는 곳이 '귀신의 처소'이며, 이로 인하여 만국이 다 음행, 곧 강단에 서 있는 미운 물건인 우상의 말만 듣고 '우상숭배' 하는 곳이 되어 있을 것을 1990년 전 사도 요한을 사용하여 예언, 유언해 두신 것이다. 귀신이 주인인 사람이 스스로 제사장(목사, 사제)이 되어 성경에 기록된 단어나 몇 절 읽고 사람의 소리로 다 변개시켜서 가르친 결과가 어떠한지 온 세상 성경을 사용하는 종교들을 보라. 이들이 지은 죄악이 하늘에 사무쳐서 2022년 오늘에까지 이른 것이다. 그래서 하나님의 집에서부터 심판을 하신다고 하셨고, 이미 코로나19로 심판하시고 계신다.

땅의 임금들은 **'영혼 살인자들'**이며, **'지옥의 사자들'**이다

성경을 사용하는 교회들이 이러한데, 다른 종교들은 말할 필요가 없다. 이런 뜻을 모르고 내가 같은 기독교인들을 친다고 생각한다. 귀신이 주인인 자들은 나를 도리어 '이단'이라고 한다. 사실 자기들이 다 '이단이며 사이비'다. 진짜는 어찌하든지 하나님께로 돌이키려고 하는데, 가짜들은 도리어 '성령의 나타남'이라는 제목으로 신문에 광고를 내고 그들과 함께 한 당들이 '불교, 천주교, 기독교' 지도자들이다. 그 목사는 '사기'요, '공갈'하는 자인데 말이다. 이런 자들이 다 '세상 임금, 땅의 임금, 땅의 왕들'이고, 이들이 혀로 "오직 예수, 성자 하나님, 죽어서 천국 간다" 등등 성경을 가지고 성경과 다른 거짓말로 가르치는 자들이다. 이들 아래 교회생활 하는 자들이 바로 '각종 더러운 영들'이다. 하나님의 백성들에게 이런 귀신의 처소에서 나오라고 하신 것이다. 이들은 다 불의한 재판관들이요, 불법을 행하는 자들이다. 이들에게 임할 '심판 날'이 바로 지금 이 세대다.

 하나님께서 이들에게 어떤 재앙이 내리게 하시는지 지금도 보고 있고, 계속 볼 것이다. 전쟁, 염병, 곧 전염병, 각종 재앙으로 인해 고물가로 이미 현실로 다가왔고, 유럽의 빵 바구니라 불리우는 우크라이나, 러시아의 전쟁으로 인하여 밀을 심을 수도 없으니 전 세계에 연이어 기근이 닥칠 것이다. 가난한 자는 점점 가난해지고, 부자는 점점 부자가 되는 세계의 양

극화가 이미 사실이 되어 있어도 그 원인을 모른다. 이 모든 원인은 성경을 사용하며 하나님의 이름을 망령되이 일컫고, 하나님을 경외하는 일을 폐하여 우상숭배를 하고 있는 교회들 때문이다.

성경을 보고 사용하는 자는 모든 만물 중에 오직 사람뿐이며, 천주교, 기독교와 구약성경만 사용하며 종교생활 하는 자들이다. 짐승이 성경을 보거나 각종 만물이 성경을 보고 사용하는 것이 아니다. 천국이 비밀인 줄 모르고 사람이 본능적으로 아는 지식으로 성경을 보고 해석하는 것이 어떤 죄인지 반드시 육체가 살아서 알아야 한다. 이래서 언약궤, 곧 성경 책을 만지지 말라고 한 것이었다. 그러나 '언약궤'가 무엇인지도 모르고, '생명책'이 무엇인지 모르면서 자신들은 이미 다 예수를 잘 믿고 있고, 지금 죽어도 천국 간다고 생각한다. 이런 그들의 생각의 결과로 인해 모두 다 죽었고, 죽을 것이며, 그런 그들은 절대 천국 가지 못한다. 천국은 죽어서 가는 곳이 절대 아닌데도 모두 죽어서 간다고 생각한다. 그런 자들은 귀신이 가르친 성경과 다른 거짓말을 믿는 것이지, 하나님을 믿고 경외하는 자들이 절대 아니다. 이런 자들은 전부 하나님의 일을 폐하는 자들이다. 불

골로새서 2:21~22
21 곧 붙잡지도 말고 맛보지도 말고 만지지도 말라 하는 것이니
22 (이 모든 것은 쓰는대로 부패에 돌아 가리라) 사람의 명과 가르침을 좇느냐

법하는 자들이며, 불의한 재판관들이다. 이런 거짓 말하는 자들은 '무저갱의 사자들'이요, 다른 말로는 '지옥의 사자들'이다. 이들에게 예수 그리스도가 머리다. 이런 불의한 자들이 바로 '땅의 왕들'이다.

> ¹⁵**땅의 임금들**과 왕족들과 장군들과 부자들과 강한 자들과 각 종과 자주자가 굴과 산 바위틈에 숨어 ¹⁶산과 바위에게 이르되 우리 위에 떨어져 보좌에 앉으신 이의 낯에서와 어린양의 진노에서 우리를 가리우라 ¹⁷**그들의 진노의 큰 날이 이르렀으니 누가 능히 서리요** 하더라 [계6:15~17]

7년 대환난 날에 혀로만 "하나님, 예수여" 하는 모든 자들이 이 예언, 유언에 일치하여 심판을 받는다. '어린양의 진노에서'가 아니고, '여호와 하나님의 진노하심'이다. 이 진노에 들어가는 자들이 다 예수 이름 사용하는 자들이다. 곧 땅의 임금들 아래 신앙생활 하는 모든 자들이 '왕족들, 장군들, 부자들, 강한 자들, 각 종들, 자주자들'이다. 이들은 모두 예수 이름을 사용하는 땅의 임금들이기에, 그들의 머리가 '예수 그리스도'라고 한 것이다.

> ¹⁹또 내가 보매 **그 짐승과 땅의 임금들과 그 군대들이 모여** 그 말 탄 자와 그의 군대로 더불어 전쟁을 일키다가 ²⁰짐 승이 잡히고 그 앞에서 이적을 행하던 거짓 선지자도 함께

잡혔으니 이는 짐승의 표를 받고 그의 우상에게 경배하던
자들을 이적으로 미혹하던 자라 이 둘이 산 채로 유황불 붙
는 못에 던지우고 [계19:19~20]

땅의 임금들은 '짐승과 거짓 선지자'에게 왕, 곧 임금
노릇 하는 자들이다. 땅의 임금들에게 성경과 다른
거짓말로 가르침을 받아 영혼 살인을 저지르는 지옥
불의 소리로 설교하는 자들이며, 이들에게 우상이 바
로 땅의 임금들이다. 이런 땅의 임금들의 머리가 '예
수'라는 뜻이다. '땅의 임금들'에 대한 영적인 눈으로
다음 말씀을 분별해 보자.

나다나엘이 대답하되 **랍비여** 당신은 하나님의 아들이시요
당신은 이스라엘의 임금이로소이다 [요1:49]

랍비는 번역하면 '선생'이란 뜻으로 나다나엘이 하
는 고백을 듣고 예수는 가만히 있었다. 이는 자신이
'랍비', 곧 선생이며, '하나님의 아들'이고, '이스라엘
의 임금'이라고 생각한다는 뜻이다. 이렇게 고백한
나다나엘은 문자 그대로 말하면 빌립의 소개로 예수
님의 제자가 된 갈릴리 가나 사람이다. 처음에는 나
사렛에서 메시야가 나올 수 없다는 생각에 예수를 의
심했으나[요1:46] 예수께 왔고, 그런 나다나엘에게 예
수는 "보라 이는 참 이스라엘 사람이라 그 속에 간사한 것

요한복음 1:46
나다나엘이 가로되 나사
렛에서 무슨 선한 것이 날
수 있느냐 빌립이 가로되
와 보라 하니라

이 없도다"[요1:47]라고 말한다. 나다나엘은 정말 '참 이
스라엘 사람'일까? 이 일 후에 나다나엘은 디베랴(갈
릴리) 바다에서 시몬 베드로를 비롯한 다른 제자들과
더불어 부활하신 예수님을 만났다. 나다나엘의 이름
이 사도들의 명단에는 나타나 있지 않으나 그는 인도
와 아르메니아 지방에서 전도를 하다가 살갖이 벗겨
지는 죽임을 당한 것으로 전해진다. 그러나 그가 '참
이스라엘 사람'이고, 하나님께서 보시기에 간사한 것
이 없었다면 그는 죽지 아니했어야 했고, 반드시 히브
리서 8장의 예언, 유언이 사실이 되어 다시 택하시는
이 일에 실상이 되었어야 한다. 그럼 여기서 묻는다.

예수 그리스도가 이스라엘의 왕, 곧 임금인가? 이스라엘
의 왕은 여호와 하나님이시다. 그래서 "땅의 임금들의
머리가 되신 예수 그리스도"라고 기록되어 있는 것이고,
불가불 왕 노릇 하고 계신 것이다[고전15:25]. 이 의문
은 하나님께서 이스라엘을 다시 택하실 때 의문이 풀
어지는 것이다. "유언"의 뜻[히9:16~17]을 모르면 누구
든지 실수하게 되어 있다.

고린도전서 15:25
저가 모든 원수를 그 발
아래 둘 때까지 불가불 왕
노릇하시리니

히브리서 9:16~17
16 유언은 유언한 자가
죽어야 되나니
17 유언은 그 사람이 죽
은 후에야 견고한즉 유언
한 자가 살았을 때에는 언
제든지 효력이 없느니라

'은인'이 되어 섬김받는
'땅의 임금들'과 더러운 영들

떼 가운데 수컷이 있거늘 그 서원하는 일에 흠 있는 것으로 사기하여 내게 드리는 자는 저주를 받으리니 **나는 큰 임금이요 내 이름은 열방 중에서 두려워하는 것이 됨이니라 만군의 여호와의 말이니라** [말1:14]

요한복음 1:49
나다나엘이 대답하되 랍비여 당신은 하나님의 아들이시요 당신은 이스라엘의 임금이로소이다

'이스라엘의 임금, 곧 이스라엘의 왕'은 여호와 하나님이시다. 예수님이 이 땅에 오시기 460년 전에 예언해 두셨는데, 예수님도 모르셨던 것이다. 더 중요한 것은 말1:14절은 "여호와의 말이니라"고 하셨고, 요1:49절은 거듭나지 않은 사람 '나다나엘이 한 말'이다. 그래서 유언의 의미 중에 '귀신이나 도깨비의 말, 아첨하는 말'이란 뜻도 감추어져 있었던 것이다. 이를 명백하게 분별하지 아니하여 예수님도 나다나엘의 말에 하나님이 이스라엘의 임금이라고 바른 대답을 하지 않았고, 이 시간까지 성경을 보는 모든 사람들로 하여금 예수님이 하나님의 아들인지, 성자 하나님인지 분별이 안 되도록 하는 원인이 되었던 것이다. 그래서 '성자 하나님'이라는 말이 만들어진 것이다. 귀신이 주인이 된 사람들이 지어낸 말, 귀신의 말, 예수 이름이 마치 원하는 것이면 다 들어주는 도깨비 방망이나 되는 것

처럼 오늘 이 세대까지 이어져서 고착화되어 버린 것이다.

그렇다면 이런 일들을 왜 기록해 두셨을까? 지금 이 세대 우리를 위해서다. 말씀이 하나님이시고, 반드시 하나님의 말씀으로 다시 창조되어 하나님께서 영원히 거하시는 성전 된 사람이라 육체도 죽지 아니하고 신령한 자, 거룩한 자가 되라고 기록해 두신 것이다. 그러나 사람은 하나님이 아니라 피조물이라는 사실을 절대 잊으면 안 된다. 곧 자신의 지위를 지키라는 뜻이다. 우리를 우리 되게 다시 창조하시는 분은 여호와 하나님이시지, 사람이 능력이 있어서가 아니라는 것을 영원히 잊으면 안 된다는 사실을 알게 하시려고 예수 그리스도를 사용하시고, 나다나엘 등등 성경에 기록된 모든 인물, 사건 등을 사용하셔서 기록해 두셨다. 결국 지금 이 세대 창조함을 받을 백성들을 위해 기록해 두신 것이다[시102:18].

호세아 2:19~20
19 내가 네게 장가들어 영원히 살되 의와 공변됨과 은총과 긍휼히 여김으로 네게 장가들며
20 진실함으로 네게 장가들리니 네가 여호와를 알리라

시편 102:18
이 일이 장래 세대를 위하여 기록되리니 창조함을 받을 백성이 여호와를 찬송하리로다

구약성경보다 신약성경이 사람들을 죄 아래 가두어 두는 데 더 큰 역할을 한 것을 누가 알아듣고 믿을까? 예수님도 자신이 하신 말의 뜻을 정말 몰랐다. "땅으로도 말라 이는 하나님의 발등상임이요 예루살렘으로도 말라 이는 큰 임금의 성임이요"[마5:35]라고 하신 이 말

씀을 사람이 본능으로 아는 것으로 보고 저 황금돔이 있는 중동의 예루살렘성이 큰 임금이신 여호와 하나님의 성이라고 볼 수 있다. 그러나 그 예루살렘이 아니라 창세 전에 미리 정해 두신 '빌라델비아 교회의 사자'를 사용하여 다시 모으신 택한 자녀들을 위해 예비해 두신 땅에서 하나님께서 영원히 거처하시는 성전 된 사람이 사는 '새 예루살렘'을 뜻하신 예언, 유언이다. 예수님 당시는 하나님께서 정하신 때가 아니었기에 '큰 임금의 성'이라고 말씀을 하고도 언제, 어느 때, 어디서 사실이 되어 이루어지는지 모르고 하신 것이다. 그래서 사람의 생각과 하나님의 생각은 다르다고 하셨다[사55:8~9].

이사야 55:8~9
8 여호와의 말씀에 내 생각은 너희 생각과 다르며 내 길은 너희 길과 달라서 9 하늘이 땅보다 높음같이 내 길은 너희 길보다 높으며 내 생각은 너희 생각보다 높으니라

²³제자들을 돌아 보시며 종용히 이르시되 너희의 보는 것을 보는 눈은 복이 있도다 ²⁴내가 너희에게 말하노니 **많은 선지자와 임금이 너희 보는 바를 보고자 하였으되 보지 못하였으며** 너희 듣는 바를 듣고자 하였으되 듣지 못하였느니라 [눅10:23~24]

이 예언 또한 예수 이름 사용하는 이 세대 모든 사람들에 대한 실상을 미리 말한 것인 줄 예수님 자신도 모르셨고, 제자들도 몰랐다. 많은 선지자와 임금들, 곧 오늘날 교회 지도자들은 자신들이 하나님 나

라 비밀을 아무것도 모른다는 사실을 모르고, 각 나라 말로 번역된 성경을 보니까 이미 자신들은 보고 있고, 듣고 있다고 착각하게 만든 근거가 바로 예수님께서 하신 이 말씀이다. 성경이 모든 것을 죄 아래 가두어 두었다[갈3:22~23]고 기록한 사도 바울도 예수님이 불가불, 곧 어찌할 수 없이 부득불 2천 년 동안 왕 노릇 하고 있으며, 땅의 임금들이 예수 이름 사용하여 하나님 자리에 앉아 임금 노릇 하고 있다는 사실을 몰랐으며, 정작 사도 바울 자신도 마찬가지라는 사실을 어느 누가 알았는가? 이렇게 알고 말하는 나도 하나님께서 알게 해 주셔서 알았고, 새 언약의 말씀을 받는 성도들 또한 이제 진리를 진리대로 알게 된 것이다.

갈라디아서 3:22~23
22 그러나 성경이 모든 것을 죄 아래 가두었으니 이는 예수 그리스도를 믿음으로 말미암은 약속을 믿는 자들에게 주려 함이니라
23 믿음이 오기 전에 우리가 율법 아래 매인 바 되고 계시될 믿음의 때까지 갇혔느니라

> 예수께서 이르시되 **이방인의 임금들은 저희를 주관하며 그 집권자들은 은인이라 칭함을 받으나** [눅22:25]

이 말씀은 종교 지도자들이 그 종교를 따르는 사람들에게 '은인' 노릇 하는 사람이라는 뜻이다. 지금 이 세대 혀로 "오직 예수"라고 하는 천주교 교황, 전 세계 사제, 신부, 목사, 유대교 랍비들이 그 교인들에게 '은인'이 되어 있다. 곧 은혜를 베풀어 준 사람, 신세를 진 사람이라는 뜻이다. 천주교 교황이 온 세상

에 평화를 주는 사람인가? 기독교 목사가 은인인가? '예수'가 "오직 예수" 하는 사람들에게 은혜를 베풀어 준 분인가? 교인들이 예배 때 설교를 듣고 흔히 아첨하는 말이 "목사님 은혜 많이 받았습니다" 하는 말이다. 목사가 그 교인에게 '은인'인가? 예수님이 너에게 구원을 베푸는 구원자냐? "오직 예수"라고 혀로 말만 하고, 그 목사가 시키는 대로 다 봉사하고 전도하여 교회가 부흥되고 좋은 건물을 짓고, 일생 교회 다니면 죽어서 천국도 가고, 교인들은 땅에서 복을 받고 잘 먹고 잘 살고 지옥도 안 가게 해 주는 구원자냐고 묻는 것이다.

성경을 사용하고 혀로 "하나님, 예수님" 하면서 지옥에 보내는 자들이 그 교인들에게 은인이냐? 예수를 이 땅에 보내신 분도 하나님이시고, 당시 자칭 하나님을 섬긴다고 하는 유대교 랍비요, 제사장들이라고 하는 자들과 그 하인들에 의해 죽임을 당해도 그를 다시 살리신 분은 여호와 하나님이시다. 사람을 죽이고 살리시는 권한도 하나님만 가지고 계시고, 하나님만이 참 신이시다[신32:39].

죽어서 천국 간다고 지어낸 거짓말로 속이는 자들이 바로 교회 안에 미운 물건이며, 혀로 말만 하여 다른 사람들의 일생을 주관하며 자신뿐만 아니라 사람들의 영원을 결판내는데도 하나님 나라의 정권을 가진 권세자가 되어 은인이라 칭함을 받는 지도자들이다. 그래서 '땅의 임금들'이라고 한 것이다. 사람들이 본능으로 아는 한 나라 임금, 곧 대통령이나 수상 등 세상의 집권자들을 두고 땅의 임금이라고 하신 것이 아니다. 살아서도 성경을 가지고 집권자가 되어 일생 임금 노릇 하고, 죽어서도 여전히 임금 노릇 하는 대형 교회 목사들을 보라. 이들은 육체가 죽어서도 살아 있는 그 교회 교인들을 주관하고, 집권하며, 은인이라 칭함을 받는다. 예수 이름이 그들에게 그런 권세를 얻게 한 것이다.

요한계시록 1:5
또 충성된 증인으로 죽은 자들 가운데서 먼저 나시고 땅의 임금들의 머리가 되신 예수 그리스도로 말미암아 은혜와 평강이 너희에게 있기를 원하노라 우리를 사랑하사 그의 피로 우리 죄에서 우리를 해방하시고

예수도 2022년 이 시간까지 천주교, 기독교인들에게 은인이 되어 있다. '이방인'이란 '다른 나라 사람', 유대인들이 선민 의식에서 그들 이외의 다른 민족을 얕잡아 이르는 말이다. 당시 예수께서 하신 말씀이 지금 이 세대 성경을 보고 믿는 모든 천주교, 기독교인들이 바로 하나님 나라와 아무 관계가 없는 이방인을 지칭한다고 누가 생각을 하겠나? 그러나 사실이다. 하나님과 아무 상관이 없는 이방인들이다.

눅22:25절의 진리의 눈으로 지금 전 세계 천주교,

누가복음 22:25
예수께서 이르시되 이방인의 임금들은 저희를 주관하며 그 집권자들은 은인이라 칭함을 받으나

기독교인들, 유대교인들, 모든 종교인들을 보라. 그들에게 임금, 곧 왕이 된 사람은 누구인가? 그들을 집권하는 종교 지도자들이 그 종교인들의 '은인'이지 않는가? '이방인의 임금들'에 의해 주관을 당하고, 그들이 땅에서도 복을 받게 기도해 주고, 죽어서도 천국 가게 해 주는 은인이라고 믿는 자들이 교회 안에 있고, 어떤 악한 일을 하고 있는지 이제 보이고 알아들려야 한다. 땅의 임금들과 거짓 선지자들이 교회 안에서 성경을 사용하며 영혼 살인을 하고 있기에 '지옥의 사자'라고 했으며, 교인들 또한 자신의 정욕대로 부자 목사를 좇아 종교생활 하며 불법을 저지르기 때문에 하나님의 집에서부터 심판을 하시고 계신 것이다.

베드로전서 4:17
하나님 집에서 심판을 시작할 때가 되었나니 만일 우리에게 먼저 하면 하나님의 복음을 순종치 아니하는 자들의 그 마지막이 어떠하며

이제 모두 '오직 예수'에서 성부 하나님께로 반드시 돌아서야 한다. 유일한 구원자는 성부 하나님 한 분뿐이시며, 하나님께서 친히 전대미문의 새 언약[히8장]을 진리의 성령인 나를 통해 가르치시는 세대가 바로 지금 이 세대이다[요6:45].

히브리서 8:8
저희를 허물하여 일렀으되 주께서 가라사대 볼찌어다 날이 이르리니 내가 이스라엘 집과 유다 집으로 새 언약을 세우리라

요한복음 6:45
선지자의 글에 저희가 다 하나님의 가르치심을 받으리라 기록되었은즉 아버지께 듣고 배운 사람마다 내게로 오느니라

너는 하나님의 전에 들어갈 때에 네 발을 삼갈찌어다 가까이 하여 말씀을 듣는 것이 우매자의 제사 드리는 것보다 나으니 저희는 악을 행하면서도 깨닫지 못함이니라 [전5:1]

예수께서도 이 진리를 깨닫지 못했다고 하면 전 세계 천주교, 기독교인들이 나를 천단, 만단이라 하며 준동하겠지만, 진실로 사실이다. 부활절이라고 예수께서 제자들의 발을 씻기는 것을 흉내 내며 거룩한 척 가장하고, '은인'이 되어 있는 이 세상 임금, 곧 '땅의 임금'이 바로 교황이다. 그의 머리는 예수다. 그들에게 '마리아'도 은인이 되어 있고, 사제들도 교인들에게 은인이 되어 있다.

여기서 묻는다. 예수께 수가성에서 사마리아 여자에게 "네가 만일 하나님의 선물과 또 네게 물 좀 달라 하는 이가 누구인 줄 알았더면 네가 그에게 구하였을 것이요 그가 생수를 네게 주었으리라"[요4:10]고 하셨다. 예수께서 이 사마리아 여자에게 생수를 주셨는가? 예수 믿는 사람들에게 '생수'를 주셨는가?

52

'생수의 근원'은 '예수'가 아니라 '여호와 하나님'

「동아일보」 2022년 6월 9일 목요일
「조선일보」 2022년 6월 10일 금요일

스마트폰으로 QR 코드를 스캔 하시면
[이제 온 천하는 잠잠하라] 전문을 다운로드 받을 수 있습니다.

'생수'가 흘러도 모르는
이 세대 사람들

⁹사마리아 여자가 가로되 당신은 유대인으로서 어찌하여 사마리아 여자 나에게 물을 달라 하나이까 하니 이는 유대인이 사마리아인과 상종치 아니함이러라 ¹⁰예수께서 대답하여 가라사대 **네가 만일 하나님의 선물과 또 네게 물 좀 달라 하는 이가 누구인 줄 알았더면 네가 그에게 구하였을 것이요 그가 생수를 네게 주었으리라** ¹¹여자가 가로되 주여 물 길을 그릇도 없고 이 우물은 깊은데 어디서 이 **생수**를 얻겠삽나이까 [요4:9~11]

예수님이 '수가'라 하는 마을에서 사마리아 여자에게 물을 좀 달라고 하니 여자가 대답한 것을 기록한 말씀이다. 이 여자는 물을 길어 오기 위해 물동이를 가지고 왔는데, "물 길을 그릇도 없고"[요4:11]라고 하고, "여자가 물동이를 버려두고"[요4:28]라고 했다. 그러므로 예수님과 여자의 이 대화는 문자 그대로 행로에 곤하

요한복음 4:28
여자가 물동이를 버려두고 동네에 들어가서 사람들에게 이르되

여 사람이 본능으로 아는 물을 달라고 하신 것이 아니다. 예수님은 여자가 당신이 누군지 모르고 하는 말에 "네게 물 좀 달라 하는 이가 누구인 줄 알았더면 네가 그에게 구하였을 것이요 그가 생수를 네게 주었으리라"고 한다. 그렇다면 예수께서 이 여자에게 '생수'를 주시는 분일까?

'생수'는 끓이거나 소독하지 않는 맑은 샘물, 사람들이 먹는 샘물을 말한다. 이는 사람이 본능으로 아는 샘물, 곧 생수이고, 예수는 "대언의 영"[계19:10]이라 예수를 통해 하나님께서 말씀하시는 '생수'는 다른 말로 하면 '생명수'다. 곧 영적인 생명을 유지하는 데 필요한 물이라는 뜻으로 '하나님의 말씀'을 뜻하는 것이다. 다른 말로 하면 '생명의 원천'이라고 한다. 이런 '생수, 곧 생명수'를 예수께서 당시 이 수가성 여자에게, 2022년 이 세대까지 예수 그리스도를 믿는 자들에게 주셨을까? 신령한 것을 신령한 것으로 분별해서 예수께서 생수인 생명수, 샘물을 주시는 분인지 그 해답을 찾아가 보자.

지금까지 모든 기독교인들, 그중에 성경 박사, 학자라는 사람들은 이 생수, 생명수를 두고 하나님과 그리스도의 보좌로부터 발원하며 은혜의 상징이라고

요한계시록 19:10
내가 그 발 앞에 엎드려 경배하려 하니 그가 나더러 말하기를 나는 너와 및 예수의 증거를 받은 네 형제들과 같이 된 종이니 삼가 그리하지 말고 오직 하나님께 경배하라 예수의 증거는 대언의 영이라 하더라

고린도전서 2:13~14
13 우리가 이것을 말하거니와 사람의 지혜의 가르친 말로 아니하고 오직 성령의 가르치신 것으로 하니 신령한 일은 신령한 것으로 분별하느니라
14 육에 속한 사람은 하나님의 성령의 일을 받지 아니하나니 저희에게는 미련하게 보임이요 또 깨닫지도 못하나니 이런 일은 영적으로라야 분변함이니라

도 하고, 예수께서 생명수 샘으로 인도하시는 분이라고 한다[계7:17]. 그런데 왜 당시 이 여자를 비롯하여 2022년 이때까지 예수를 믿는 천주교, 기독교인들이 생수를 마셨다면 땅에 사는 기간이 채 100년도 못 되게 짧았던 것일까? 왜 예수를 믿는 사람이나 안 믿는 사람들이나 모두 다 일반이 되어 죽은 것일까? 예수께서 스스로 "내가 길이요 진리요 생명이라"고 하셨는데도 말이다. 이제 이 생수, 곧 생명수에 대한 하나님의 뜻을 밝힌다. '생수'의 근원부터 찾아가 보자.

요한계시록 7:17
이는 보좌 가운데 계신 어린양이 저희의 목자가 되사 생명수 샘으로 인도하시고 하나님께서 저희 눈에서 모든 눈물을 씻어 주실 것임이러라

> [12]영화로우신 보좌여 원시부터 높이 계시며 우리의 성소이시며 [13]이스라엘의 소망이신 여호와여 무릇 **주를** 버리는 자는 다 수치를 당할 것이라 무릇 여호와를 떠나는 자는 흙에 기록이 되오리니 이는 **생수의 근원이신 여호와**를 버림이니이다 [렘17:12~13]

생수의 근원은 여호와 하나님이시다. 곧 생명수의 근본은 여호와 하나님이시다. 생명을 영원히 살릴 수 있는 물 줄기의 근원은 여호와 하나님이시다. 따라서 인간과 모든 만물의 주인은 여호와 하나님이시다. 그러므로 저 황금돔이 있는 이스라엘 사람들, 곧 유대인들이 2022년 오늘까지 소망하며 기다리는 분은 '여호와 하나님'이시다. 그래서 이렇게 예언, 유언해 두셨다.

¹⁴여호와여 주는 나의 찬송이시오니 나를 고치소서 그리
하시면 내가 낫겠나이다 **나를 구원하소서** 그리하시면 내
가 구원을 얻으리이다 ¹⁵그들이 내게 이르기를 **여호와의
말씀이 어디 있느뇨** 이제 임하게 할찌어다 하나이다 [렘
17:14~15]

그러므로 생수, 곧 생명수는 여호와 하나님께서 친
히 주셔야 한다. 다만 하나님은 친히 진술하시지 않
고 사람을 사용하셔서 생수를 주신다[욥33:13]. 곧 살
아 계시는 하나님의 말씀을 먹어야 사람이 '구원'을
얻는 것이다. 여호와 하나님을 기다리는 것이 이스
라엘의 소망이며, 성경을 사용하는 모든 사람들의 소
망이다. 따라서 이 구원을 온전히 이루는 것이 구약
당시 유대인들이 기다린 '메시야'(기름 부음받은 자)이
다. 그러나 영원하고 이상적인 왕이요, 인류의 유일
한 구속주로서의 메시야 개념이 확고해지기 시작한
것은 다윗 언약 때부터였다. 다윗왕과 그의 왕가와
언약을 맺으시고 다윗의 후손으로 올 영원한 통치자
인 메시야의 도래를 계시하셨다.

욥기 33:13
하나님은 모든 행하시는
것을 스스로 진술치 아니
하시나니 네가 하나님과
변쟁함은 어찜이뇨

요한계시록 3:7~13
7 빌라델비아 교회의 사
자에게 편지하기를 거룩
하고 진실하사 다윗의 열
쇠를 가지신 이 곧 열면
닫을 사람이 없고 닫으면
열 사람이 없는 그이가 가
라사대

¹²네 수한이 차서 네 조상들과 함께 잘 때에 내가 네 몸에서
날 자식을 네 뒤에 세워 그 나라를 견고케 하리라 ¹³저는 내
이름을 위하여 집을 건축할 것이요 **나는 그 나라 위를 영원
히 견고케 하리라** ¹⁴나는 그 아비가 되고 그는 내 아들이 되

리니 저가 만일 죄를 범하면 내가 사람 막대기와 인생 채찍으로 징계하려니와 ¹⁵내가 네 앞에서 폐한 사울에게서 내 은총을 빼앗은 것같이 그에게서는 빼앗지 아니하리라 ¹⁶**네 집과 네 나라가 내 앞에서 영원히 보전되고 네 위가 영원히 견고하리라** 하셨다 하라 [삼하7:12~16]

이 언약을 근거로 다윗의 자손으로 오신 예수 그리스도를 '주와 그리스도'라고 한 것이다. 그러나 다윗에게 허락하신 이 언약은 예수님 당시에 사실이 되는 것이 아니라, 하나님께서 정하신 때인 전 우주적인 일곱째 날인 지금 이 세대에 땅 위에 사실이 된다. 이 언약을 땅 위에 실상으로 이루시는 것은 예수 그리스도의 승천 후 AD 90년에 기록된 계3:7~13절의 "빌라델비아 교회 사자"를 사용하여 이루실 것을 이미 판결, 예언, 유언해 두셨다. 따라서 예수와 수가성 여자의 대화도 그때 당시에 사실이 되는 일이 아니라, 진리의 성령이 실상이 된, 곧 나를 사용하셔서 15년째 땅위에서 이 예언, 유언을 성취하고 계신다. 또한 이 일은 하나님께서 사람을 사용하셔서 이루고 계시지만, 여호와 하나님께서 친히 행하시는 일이다. 그래서 성령을 상상하는 자는 절대 하나님의 나라와 아무 관계가 없다.

8 볼찌어다 내가 네 앞에 열린 문을 두었으되 능히 닫을 사람이 없으리라 내가 네 행위를 아노니 네가 적은 능력을 가지고도 내 말을 지키며 내 이름을 배반치 아니하였도다

9 보라 사단의 회 곧 자칭 유대인이라 하나 그렇지 않고 거짓말하는 자들 중에서 몇을 네게 주어 저희로 와서 네 발 앞에 절하게 하고 내가 너를 사랑하는 줄을 알게 하리라

10 네가 나의 인내의 말씀을 지켰은즉 내가 또한 너를 지키어 시험의 때를 면하게 하리니 이는 장차 온 세상에 임하여 땅에 거하는 자들을 시험할 때라

11 내가 속히 임하리니 네가 가진 것을 굳게 잡아 아무나 네 면류관을 빼앗지 못하게 하라

12 이기는 자는 내 하나님 성전에 기둥이 되게 하리니 그가 결코 다시 나가지 아니하리라 내가 하나님의 이름과 하나님의 성 곧 하늘에서 내 하나님께로부터 내려 오는 새 예루살렘의 이름과 나의 새 이름을 그이 위에 기록하리라

13 귀 있는 자는 성령이 교회들에게 하시는 말씀을 들을찌어다

생수를 먹이는
'빌라델비아 교회의 사자'는 누구인가?

이스라엘은 왕국 시대를 거치면서 점점 구원자로서의 메시야에 대한 소망이 커져갔고, 이에 못지않게 각 선지자를 사용하여 메시야에 대한 메시지가 전파되고 기록되어 왔다. 특히, 임마누엘의 예언인 사 7:10~17절과 사9:6절의 말씀이 수가성 여자가 예수를 '주, 그리스도'라고 하고, 2022년 이 세대까지 '성자 하나님'이라고 말하게 하는 원인이 된 것이다.

> 이는 한 아기가 우리에게 났고 한 아들을 우리에게 주신 바 되었는데 그 어깨에는 정사를 메었고 그 이름은 기묘자라, 모사라, 전능하신 하나님이라, 영존하시는 아버지라, 평강의 왕이라 할 것임이라 [사9:6]

'정사'란 '정치에 관한 일, 행정에 관한 일'을 뜻한다. 여기서 하나님께서 정하신 '때'를 알 수 있는 열쇠가 '어깨'다. 이렇게 문자 속에 감추어진 천국의 비밀을 모르니 사람 생각대로 성경을 읽고 예수를 "기묘자요 모사라 전능하신 하나님"이라고 한 것이다. 예수도 자신을 '주, 왕'이라고 말한 것이다. 말씀이 하나님이시고, 하나님께서는 미리 정해 두신 사람을 사용하셔서 말씀하시고 행하시는 것을 모르고, 사람이 본능으로 아는 눈으로 성경을 보고 '성자 하나님, 주 예수 그리스도, 오직 우리 주 예수, 그리스도 예수 우리 주'라고 한 것이다. '어깨'에 정사를 메었다고 하신 이 말씀을 성경으로 분별하면 감추어 두신 하나님의 뜻이 밝혀진다. "내가 또 다윗 집의 열쇠를 그의 어깨에 두리니 그가 열면 닫을 자가 없겠고 닫으면 열 자가 없으리라"[사22:22]라고 하셨는데, 문자 그대로 보아도 이 열쇠는 예수가 받은 것이 아니고, 예수를 진실로 믿는 "빌라델비아 교회의 사자"[계3:7~13]에게 허락하신 열쇠다.

> [7]빌라델비아 교회의 사자에게 편지하기를 거룩하고 진실하사 **다윗의 열쇠를 가지신 이 곧 열면 닫을 사람이 없고 닫으면 열 사람이 없는 그이가 가라사대** [12]이기는 자는 내 하나님 성전에 기둥이 되게 하리니 그가 결코 다시 나가지 아니하리라 내가 하나님의 이름과 하나님의 성 곧 하늘에서 내 하나님께로부터 내려 오는 새 예루살렘의 이름과 나의 새 이름을 그이 위에 기록하리라 [계3:7, 12]

'다윗 집의 열쇠'는 예수 그리스도를 믿는 기독교인 중에 일곱째 날, 셋째 날인 지금 이 세대에 거룩하고 진실하신 여호와 하나님께서 장가드셔서 영원히 사시는 성전 된 '여자'[호2:19~20], 빌라델비아 교회 사자, 즉 '목사'인 진리의 성령에게 언약하신 약속이다.

호세아 2:19~20
19 내가 네게 장가들어 영원히 살되 의와 공변됨과 은총과 긍휼히 여김으로 네게 장가들며
20 진실함으로 네게 장가들리니 네가 여호와를 알리라

예수께서 육신으로는 다윗의 자손으로 이 땅에 오셨지만, 십자가에 죽으신 후 다시 부활하시고, 사십 일 동안 땅에 계시다가 승천하셨다. 반면에 빌라델비아 교회의 사자는 하나님의 인내의 말씀을 지켜 영원히 하나님의 성전에 기둥이 된다. 그리고 실제로 나는 안양 평촌에서 빌라델비아 교회를 7년간 목회를 했다. 그런데 현재 안양 평촌에 있는 법원에서 재판을 받고 7년형을 선고받았다. 우연이 아니고, 필연으로 하나님께서 정하신 대로 이루어지고 있다는 증거다. 따라서 열면 닫을 사람이 없고, 닫으면 열 사람이 없다고 하신 사22:22절의 예언, 유언은 그로부터 700년 후에 이 땅에 오신 예수가 온전히 실상이 된 것이 아니며, 예수께서 승천하신 후인 AD 95년에 사도 요한이 요한계시록에 기록한 이 예언, 유언은 지금 이 세대에 하나님께서 친히 임하셔서 진리의 성령이 실상이 될 때 성경에 기록된 언약이 사실이 되어 이루어지는 것이다.

이사야 22:22
내가 또 다윗 집의 열쇠를 그의 어깨에 두리니 그가 열면 닫을 자가 없겠고 닫으면 열 자가 없으리라

'어깨'에 대하여 또 이렇게 판결해 두셨다. "나 주 여호와가 이르노라 내가 열방을 향하여 나의 손을 들고 민족들을 향하여 나의 기호를 세울 것이라 그들이 네 아들들을 품에 안고 네 딸들을 어깨에 메고 올 것이며"[사49:22]라고

하신 '영원한 언약'이 현재 15년째 땅 위에 사실이 되어 이루어지고 있다는 명백한 증거가 "열방을 향하여, 민족들을 향하여"라고 하신 말씀이다. 예수님 당시는 저 이스라엘인 유대인들만 선민이었다. 그러므로 히브리서 8장의 "새 언약"이 실상이 되는 때는 "또 각각 자기 나라 사람과 각각 자기 형제를 가르쳐 이르기를 주를 알라 하지 아니할 것은 저희가 작은 자로부터 큰 자까지 다 나를 앎이니라"[히8:11]고 하신 예언, 유언이 사실이 된 21세기 지금 이때이며, 2008년 6월 16일부터 '전대미문의 새 언약'을 하나님께서 친히 가르치시고 계신 것이다. 그러므로 '주'는 여호와 하나님이시다. 하나님의 팔이 되고, 입이 되고, 몸이 되어 하나님의 계명을 지켜 실행한 일로 인하여 이사야 49장의 예언대로 2018년 7월 24일부터 지금까지 감옥에 갇혀 이 말씀을 이루고 있다.

그래서 성경만이 참 진리다. 말씀이 하나님이시다. 하나님의 말씀으로 다시 창조되는 것이 생수를 마시는 것이며, 물과 성령으로 거듭나는 것이다. 어떤 사람들에게는 성경은 그냥 책인데, 하나님의 음성을 직접 받는 성도들에게는 진실로 말씀이 능력이며, 영생하게 하시는 '생명수 샘물'이다.

히브리서 8:8
저희를 허물하여 일렀으되 주께서 가라사대 볼찌어다 날이 이르리니 내가 이스라엘 집과 유다 집으로 새 언약을 세우리라

요한복음 6:45
선지자의 글에 저희가 다 하나님의 가르치심을 받으리라 기록되었은즉 아버지께 듣고 배운 사람마다 내게로 오느니라

예수가 물과 성령으로 거듭나게 하였는가? 예수가 우리를 구원했는가? 아니다. 여호와 하나님께서 택한 자녀들을 구원하시기 위해 예수를 이 땅에 보내셨고, 예수를 사용하셔서 하나님께서 말씀하신 것임을 믿으라고 "새 언약의 중보"[히9:15]로 보내 주셨던 것이다. 하나님께서 전 성경을 기록한 저자들도 각 시대마다 사용하셨으나, 지금 이 세대는 지나온 어느 세대와도 완전히 다르게 하나님께서 친히 임하셔서 진리의 성령을 통해 '새 언약'을 받는 성도들에게 행하시고 계신 15년째 이 일이 생수를 먹이시는 하나님의 새 일이자 큰일이다.

하나님께서 주시는 생수는 육체가 죽어서 흙이 되는 것이 아니라, 육체를 입고도 살아서 하나님의 말씀으로 생각, 마음, 정신이 완전히 바뀌어 창세 이래 모든 사람들과 완전히 다른 삶을 사는 것이며, 진실로 죄를 짓지 아니하고도 땅에서 영원히 살 수 있도록 하시는 '온전한 구원'이며, '영생'이다. 이래도 천국이 죽어서 가는 곳이라고 하는 말을 믿을 것인가? 죽어서 천국 간다고 하는 자들은 자신도 자신이 하는 말이 무슨 뜻인지도 모르고 하는 말이며, 근본은 예수께서 '죽이는 의문'[고후3:6]으로 가르치신 것이다. 그래서 십

히브리서 9:15
이를 인하여 그는 새 언약의 중보니 이는 첫 언약 때에 범한 죄를 속하려고 죽으사 부르심을 입은 자로 하여금 영원한 기업의 약속을 얻게 하심이니라

고린도후서 3:6
저가 또 우리로 새 언약의 일군 되기에 만족케 하셨으니 의문으로 하지 아니하고 오직 영으로 함이니 의문은 죽이는 것이요 영은 살리는 것임이니라

자가상에서 "엘리 엘리 라마 사박다니(하나님이여 하나님이여 어찌하여 나를 버리셨나이까)"라고 하신 것이다. 그러나 하나님께서 예수를 그렇게 사용하신 것은 결국 하나님의 자녀들, 하나님의 아들들, 성도들을 영원히 살리시기 위한 '하나님의 사랑'이었다. 그때는 하나님께서 정하신 때가 아니었고, 2천 년간 예수 이름 아래 가두어 두시는 기간[갈3:22~23]이라 땅에 있는 사람들에게 아무도 천국의 비밀을 알게 하시지 않았던 것이다.

갈라디아서 3:22~23
22 그러나 성경이 모든 것을 죄 아래 가두었으니 이는 예수 그리스도를 믿음으로 말미암은 약속을 믿는 자들에게 주려 함이니라
23 믿음이 오기 전에 우리가 율법 아래 매인 바 되고 계시될 믿음의 때까지 갇혔느니라

　이런 말씀은 모르고 수가성 여자는 자기 마음대로 예수께 "주여"라고 한 것이며, 예수께서도 "여자가 가로되 메시야 곧 그리스도라 하는 이가 오실 줄을 내가 아노니 그가 오시면 모든 것을 우리에게 고하시리이다 예수께서 이르시되 네게 말하는 내가 그로라 하시니라"[요4:25~26]고 하셨다. 이 말씀 때문에 결국 예수께서 불가불 왕 노릇 하실 수밖에 없었던 것이다[고전15:25]. 자신을 사용하셔서 하나님께서 하신 일이라고 명백하게 말을 못한 것이다. 그러나 이 또한 하나님께서 이렇게 경영해 오신 일이다. 지금 이 세대 새 언약의 말씀을 받는 성도들로 하여금 이 말씀을 믿으라고 '중보'로 보내셨기 때문이다.

고린도전서 15:25
저가 모든 원수를 그 발 아래 둘 때까지 불가불 왕 노릇 하시리니

그래서 하나님의 뜻, 천국의 비밀을 모르고 선생 노릇 하는 자들은 자신의 혀로 성경을 가지고 성경과 다른 거짓말로 설교하여 자신뿐만 아니라 다른 사람의 생의 바퀴를 불사르게 된다. 그런 사람의 혀를 "지옥 불"[약3:6]에 비유하신 것이다. 이제 이런 선생들이 일하는 시기가 끝나고, 하나님께서 친히 장가드셔서 영원히 거하시는 성전 삼으신 '사람'[호2:19~20]인 나를 사용하셔서 성도들을 영적인 잠에서 깨우고, 영적인 소경이었던 자들을 고치시고 계신 이 일이 '생수'를 먹이는 것이다.

야고보서 3:6
혀는 곧 불이요 불의의 세계라 혀는 우리 지체 중에서 온몸을 더럽히고 생의 바퀴를 불사르나니 그 사르는 것이 지옥 불에서 나느니라

'죽이는 의문'만 던진 예수, 그래도 '예수'를 '주'라고 할 것인가?

여기서 묻는다. 예수가 기독교, 천주교인들의 주인, 곧 '주'이신가? 아니다. 사람을 살리시는 분은 오직 여호와 하나님이시다. 그래서 "살리는 것은 영"[요6:63]이라고 하시는 것이다. 혀로 "예수, 우리 주여" 부른다고 사람들의 구원자가 되는 것이 아니다. 이러한 천국의 비밀을 모르고 사마리아 수가 여자는 자신에 대해서 남편 다섯이 있었고, 지금 네 남편도 네 남편이

요한복음 6:63
살리는 것은 영이니 육은 무익하니라 내가 너희에게 이른 말이 영이요 생명이라

아니라고 하는 예수의 말 때문에 놀라서 "주"라고 한 것이다. 그 말을 듣고 예수도 자신이 "그리스도이며, 왕이요, 주"라고 한 것인데 아무것도 모르는 사람의 눈으로 신약성경을 보면 예수가 '메시야'라고 하도록 되어 있다. 그래서 하나님께서 욥에게 "네가 하나님처럼 팔이 있느냐"[욥40:9]고 하신 판결이 예수에게 실상이 되어 이루어진 것이다.

> ⁶나 여호와가 의로 너를 불렀은즉 내가 네 손을 잡아 너를 보호하며 너를 세워 백성의 언약과 이방의 빛이 되게 하리니 **⁷네가 소경의 눈을 밝히며 갇힌 자를 옥에서 이끌어 내며 흑암에 처한 자를 간에서 나오게 하리라** [사42:6~7]

이 예언, 유언이 당시 이사야 선지자가 실상으로 한 일이 아님이 너무도 명백하다. 예수께서 옥에 갇히셔서 옥에 있는 영들에게 영으로 전파하셨는가? 절대 아니다. 옥에 있는 영들에게 전파한 것이 아니라 잡히시고 바로 십자가에 죽으셨다. 그럼 이 말씀은 언제 이루어지는 것일까? 성경이 모든 것을 죄 아래 가두어 두는 기간이 끝나는 지금 이 세대에 2018년 7월 24일부터 지금 이 시간까지 실상으로 옥에 갇혀서 실제 영, 육으로 옥에 갇혀 있는 자들에게, 영적으로 흑암에 갇혀 있는 자들에게 '천국의 복음'을 전하여 옥(간)에서 이끌어 내는 일을 4년이 다 되도록 하고 있다.

> [18]그리스도께서도 한 번 죄를 위하여 죽으사 의인으로서 불의한 자를 대신하셨으니 이는 우리를 하나님 앞으로 인도하려 하심이라 육체로는 죽임을 당하시고 영으로는 살리심을 받으셨으니 [19]저가 또한 영으로 **옥에 있는 영들에게 전파하시니라** [벧전3:18~19]

그러나 이 말씀을 가지고 천주교에서는 예수 이름으로 죽은 조상들, 곧 자신들의 조상들의 영혼을 위해서 기도하고, 연보, 곧 헌금도 하면 그 영혼이 구원받는다고 했다. 사람이 본능적인 눈으로 이 말씀을 보면 예수는 본래 의인으로서 불의한 자를 대신하여 죽으셨고, 모든 사람의 죄, 곧 과거에 지은 죄, 현재 짓고 있는 죄, 미래에 지을 죄까지 다 지시고 십자가에 죽으셨다고 거짓말을 지어낸 근거가 된 것이다. 이러니 "오직 예수"라고 말만 하고, 혀로 회개만 하면 무슨 죄든지 다 용서받는다고 또 지어내고, 심지어 고의로 사람을 죽인 살인자도 구원받을 수 있다고 감옥에서 전도하고, 그런 살인자가 사형당할 때 예수를 구주로 영접하였으니 죽어서 천국 간다고 하는 것이다.

천국이 고의적인 살인자도 예수 이름으로 회개 기

도만 하면 가는 곳인가? 예수 이름이 이렇게 혀로 말만 하면 다 구원해 주시는 '도깨비 방망이'인가? "회개하라 천국이 가까왔느니라"[마4:17]고 하셨는데 왜 예수는 죽으셨을까? 또 승천하시기 전에 함께 있던 당시의 제자들이 "주께서 이스라엘 나라를 회복하심이 이때니이까"라고 예수께 물었는데, 예수께서는 "가라사대 때와 기한은 아버지께서 자기의 권한에 두셨으니 너희의 알 바 아니요 오직 성령이 너희에게 임하시면 너희가 권능을 받고 예루살렘과 온 유대와 사마리아와 땅 끝까지 이르러 내 증인이 되리라 하시니라"[행1:7~8]고 하셨다.

그때 제자들이 성령을 실상으로 받았다면 진리의 성령은 영원히 너희와 함께 거한다고 하셨는데[요14:16~17], 왜 그들은 다 죽었을까? 또한 예수는 하늘로 가심을 본 그대로 오시리라고 기록되어 있는데 왜 아직 안 오시는 것일까? 예수께서 승천하신 그곳이 천국이면 왜 하늘로 가심을 본 그대로 오신다고 했을까? 그렇다면 예수는 언제, 어디로 오실까? 또한 예수께서 "나는 부활이요 생명이니 나를 믿는 자는 죽어도 살겠고"[요11:25]라고 하셨는데, 왜 아직 예수를 믿는 것 때문에 죽임을 당한 순교자들이 예수처럼 부활하지 않고 제단 아래 있고, 살아나지 않았으며, "무릇 살아

요한복음 14:16~17
16 내가 아버지께 구하겠으니 그가 또 다른 보혜사를 너희에게 주사 영원토록 너희와 함께 있게 하시리니
17 저는 진리의 영이라 세상은 능히 저를 받지 못하나니 이는 저를 보지도 못하고 알지도 못함이라 그러나 너희는 저를 아나니 저는 너희와 함께 거하심이요 또 너희 속에 계시겠음이라

서 나를 믿는 자는 영원히 죽지 아니하리니 이것을 네가 믿느냐"[요11:26]고 했는데 그동안 예수를 믿는 자 중에 왜 영원히 죽지 아니한 자가 단 한 명도 없었을까?

이렇게 의문만 던지고 그 의문만 듣고 일생 교회생활을 했다는 명백한 증거가 성경을 사용하며 종교생활을 했던 모든 천주교, 기독교인들이나 다른 종교인들이나 무신론자들이나 모두 동일하게 다 육체가 죽었다는 사실이다. 이는 예수께서 '살리는 영'으로 다시 창조된 것이 아니며, '생수'를 마시게 한 것도 아니었기 때문이다. 그래서 예수는 영생하도록 있는 양식을 먹인 것이 아니라 "썩는 양식"을 먹였으며[요6:27], 전 우주적인 일곱째 날인 지금 이때가 되어야 하나님께서 친히 가르치시는 "새 언약"[히8장]의 말씀을 대언하는 진리의 성령을 통해 지식에까지 새롭게 되어야 영생에 이르는 생수를 마시게 하며, 물과 성령으로 거듭나게 하는 것이다. 그래서 다음과 같이 말씀하셨다.

요한복음 6:27
썩는 양식을 위하여 일하지 말고 영생하도록 있는 양식을 위하여 하라 이 양식은 인자가 너희에게 주리니 인자는 아버지 하나님의 인치신 자니라

> ³⁰하나님의 도는 완전하고 여호와의 말씀은 정미하니 저는 자기에게 피하는 모든 자의 방패시로다 ³¹여호와 외에 누가 하나님이며 우리 하나님 외에 누가 반석이뇨 [시 18:30~31]

'정미하다'란 '녹이다, 금, 은을 정련하다'라는 뜻으로 '불순물이나 불결한 것이 전혀 들어 있지 않은 절대 순수하고 정결하여 흠이 없음'을 뜻한다. 따라서 하나님의 도는 사람이 알 수 없다. 오직 하나님께서 봉함하여 두셨던 당신의 행하심을 창세 이래 처음으로 밝히실 때, 곧 요6:45절의 예언, 유언이 사실과 일치하여 여호와 하나님이 장가드셔서 사용하시는 하나님의 팔, 손, 입, 몸, 눈이 되어 대언하는 진리의 성령을 통해서 하시는 '새 일'인 '새 언약'을 말씀하시는 것이다.

요한복음 6:45
선지자의 글에 저희가 다 하나님의 가르치심을 받으리라 기록되었은즉 아버지께 듣고 배운 사람마다 내게로 오느니라

따라서 이때가 되어야 '하나님의 도', 곧 봉함해 두신 하나님의 나라 비밀이 드러나서 '생수'를 마시게 되는 것이며, 미리 정해 두신 하나님의 자녀들이 완전해지는 것이다. 이 사실을 다윗도 몰랐기에 성경을 편집한 사람들이 '다윗의 기도'라고 한 것이다. 그래서 하나님께서 친히 가르치시는 '새 언약'의 말씀을 대언하는 진리의 성령이 올 때까지 그 누구도 완전한 자가 실상이 되지 않았고, '생수'를 마시는 자도, 온전한 영생에 이른 자도 단 한 명도 없었으나 이제 이 말씀이 실상이 된다. 그래서 모두 성부 하나님께로 돌아서야 한다. 영원히 살리시는 '생수'를 마시고 '온전한 구

원'으로 나아가는 '여호와의 날'에 모두 진리로 돌아서야 한다. 때가 진실로 급하다.

여러분께 묻는다. 신약성경에 세례 요한을 두고 주의 천사가 나타나 "저가 또 엘리야의 심령과 능력으로 주 앞에 앞서 가서 아비의 마음을 자식에게, 거스리는 자를 의인의 슬기에 돌아오게 하고 주를 위하여 세운 백성을 예비하리라"[눅1:17]고 하고, 예수께서도 "엘리야가 곧 이 사람이니라"[마11:14]고 하며 세례 요한을 엘리야라고 했다. 그러나 세례 요한은 자신은 '엘리야'가 아니라고 했는데[요1:21], 왜 예수는 세례 요한을 두고 '엘리야'라고 했을까? 그때 당시에 이 말씀이 사실이 되어 이루어졌는가? 또한 세례 요한이 '엘리야의 심령과 능력으로' 주의 백성을 예비하였는가?

요한복음 1:21
또 묻되 그러면 무엇, 네가 엘리야냐 가로되 나는 아니라 또 묻되 네가 그 선지자냐 대답하되 아니라

'엘리야의 심령과 능력'이
실상이 되는 일곱째 날

53

「동아일보」 2022년 6월 16일 목요일
「조선일보」 2022년 6월 17일 금요일

스마트폰으로 QR 코드를 스캔 하시면
[이제 온 천하는 잠잠하라] 전문을 다운로드 받을 수 있습니다.

왜 신약에는 '여호와 하나님'의 성호가 기록되어 있지 않을까?

⁴너희는 내가 호렙에서 온 이스라엘을 위하여 내 종 모세에게 명한 법 곧 율례와 법도를 기억하라 ⁵보라 여호와의 크고 두려운 날이 이르기 전에 **내가 선지 엘리야를 너희에게 보내리니** ⁶그가 아비의 마음을 자녀에게로 돌이키게 하고 자녀들의 마음을 그들의 아비에게로 돌이키게 하리라 돌이키지 아니하면 두렵건대 내가 와서 저주로 그 땅을 칠까 하노라 하시니라 [말4:4~6]

"내 종 모세에게 명한 법 곧 율례와 법도를 기억하라 보라"고 하신 말씀을 다 잊어버리게 만든 것이 신약성경이다. "구약은 율법이고 신약은 복음"이라는 말을 지어내서 여호와 하나님의 법인 율례와 법도를 버린 것이다. 이러니 여호와 하나님을 아무도 경외하지 않았던 것이다. 또한 "내가 선지 엘리야를 너희에게 보내리니"라고 하신 문자적인 기록을 사람이 본능으로 아는 것으로 보고 예수께서 "만일 너희가 즐겨 받을찐대 오리라 한 엘리야가 곧 이 사람이니라"[마11:14]고 하신 것이다. 마11:2~19절의 말씀을 문맥상 사람의 눈으로만 보면 세례 요한을 두고 '엘리야'라고 한 것으로 보도록 한 말이다.

그러나 세례 요한은 자신에 대해 "그러면 네가 엘리야냐 가로되 나는 아니라 또 묻되 네가 그 선지자냐 대답하되 아니라"[요1:21]고 했다. 세례 요한은 자신이 엘리야도 선지자도 아니라고 했는데 예수는 "오리라 한 엘리야가 곧 이 사람이니라"고 했으니 누구의 말이 옳을까? 이 부분은 세례 요한의 말이 맞다. 그럼 성경이 잘못 기록된 것일까? 아니다. 말라기서에 "내가 선지 엘리야를 너희에게 보내리니"라고 하신 말씀을 사람이 본능으로 아는 것으로 보고 "엘리야가 이미 왔으되 사람들이 알지 못하고 임의로 대우하였도다 인자도 이와 같이 그들에게 고난을 받으리라 하시니 그제야 제자들이 예수의 말씀하신 것이 세례 요한인 줄을 깨달으니라"[마17:12~13]고 하신 것처럼 예수께서 실수를 하신 것이다. 이래서 사람의 증거다. 말에 실수가 없어야 온전한 사람이다[약3:2]. 그런데 마태도 예수의 한 말이라고 기록했고, 당시에 그들은 예수의 한 말을 그제야 깨달았다고 하

야고보서 3:2
우리가 다 실수가 많으니 만일 말에 실수가 없는 자면 곧 온전한 사람이라 능히 온몸도 굴레 씌우리라

였지만, 그때 예수도, 그의 제자들도 깨달은 것이 아니라, 말의 뜻을 모르고 실수한 것이다. 세례 요한이 말라기서에 예언, 유언된 엘리야가 아니라는 증거 중의 하나가 세례 요한이 죽은 것이다.

마가복음 9:2
엿새 후에 예수께서 베드로와 야고보와 요한을 데리시고 따로 높은 산에 올라가셨더니 저희 앞에서 변형되사

같은 사건을 기록한 막9:1~12절의 엘리야에 대한 예언, 유언의 열쇠가 "엿새 후에"라는 말씀 속에 감추어져 있다. 6일 후에 이루어질 예언, 유언이라는 천국의 비밀이 감추어져 있는 것을 모르면 다 실수를 하게 되어 있다. 세례 요한은 세례 요한이고, 예수는 예수이며, 엘리야는 엘리야인데 왜 말라기서에 엘리야를 보내시겠다고 하셨을까? 엘리야의 이름의 뜻은 '여호와는 하나님이시다. 내 신은 여호와이시다'이다. 이 이름의 뜻을 모르니까 예수가 세례 요한을 '엘리야'라고 한 것이다.

이사야 55:8~9
8 여호와의 말씀에 내 생각은 너희 생각과 다르며 내 길은 너희 길과 달라서
9 하늘이 땅보다 높음같이 내 길은 너희 길보다 높으며 내 생각은 너희 생각보다 높으니라

로마서 3:10~12
10 기록한 바 의인은 없나니 하나도 없으며
11 깨닫는 자도 없고 하나님을 찾는 자도 없고
12 다 치우쳐 한 가지로 무익하게 되고 선을 행하는 자는 없나니 하나도 없도다

이래서 사람의 생각과 하나님의 생각이 다르다고 하신 것이다[사55:8~9]. 성경이 모든 것을 죄 아래 가두어 두는 기간인 6일간, 영적인 밤을 지나는 기간, 불의한 재판관, 불법하는 자 아래 있는 기간에는 그 누구도 온전한 자, 곧 완전한 자가 없었다[롬3:10~12]. 구약시대에는 육체도 죽지 않고 옮기운 에녹과 엘리야가 있었는데 신약시대에는 지금 이 세대까지 아무

도 기록된 성경에 일치하는 사람이 없었다는 것은 역사도 증명하고 있고, 영원히 증명된다. 또한 신약성경에는 '여호와'라는 하나님의 이름이 단 한 절도 없는 대신 '예수, 구세주, 메시야'로 기록되어 있다.

'구세주'가 기독교에서는 인류를 죄악에서 구원하는 '주'로서 '예수'를 일컫는 말이지만, 불교에서는 중생을 고통에서 구원해 준다는 '석가모니'를 일컫는 말이다. 곧 어려움이나 고통에서 구해 주는 사람을 비유하여 이르는 말이 '구세주, 메시야'다. 이러니 예수를 믿는다고 하는 기독교인들이나 성경을 사용하지 않는 다른 종교인들이나 다 일반이 되어 오늘에 이른 것이다. 그래서 "영원히 기억하라"고 하신 하나님의 이름인 '여호와'를 하나님께서 친히 오셔서 가르치실 때까지 2천 년간 사람들의 생각에 심겨지지 못하게 한 치명적인 결과를 낳았다.

요한복음 6:45
선지자의 글에 저희가 다 하나님의 가르치심을 받으리라 기록되었은즉 아버지께 듣고 배운 사람마다 내게로 오느니라

[15]이는 저가 주 앞에 큰 자가 되며 포도주나 소주를 마시지 아니하며 모태로부터 성령의 충만함을 입어 [16]이스라엘 자손을 주 곧 저희 하나님께로 많이 돌아오게 하겠음이니라 [17]저가 또 **엘리야의 심령과 능력으로** 주 앞에 앞서 가서 아비의 마음을 자식에게, 거스리는 자를 의인의 슬기에 돌아오게 하고 주를 위하여 세운 백성을 예비하리라

[눅1:15~17]

예수께서 세례 요한을 엘리야라고 하신 것은 바로 이 본문의 천사, 곧 '주의 사자'가 세례 요한의 아버지 제사장 사가랴에게 나타나서 한 말 때문이다. 사가랴 제사장이 분향하는 시간에 주의 사자, 곧 가브리엘 천사가 향단 우편에 서서 아들을 낳을 것이라고 한 말이다. "그 사람 가브리엘"[단9:21]이라고 말씀하셨 듯이 천사는 사람이다. 천사를 상상하면 안 된다.

다니엘 9:21
곧 내가 말하여 기도할 때에 이전 이상 중에 본 그 사람 가브리엘이 빨리 날아서 저녁 제사를 드릴 때 즈음에 내게 이르더니

그런데 여기서 분명하게 "엘리야의 심령과 능력"이라고 했고, "주 곧 저희 하나님께로 많이 돌아오게 하겠음이니라"고 했다. 눅1:15~17절의 이 말씀이 그때 당시에 사실이 되어 이루어졌는가? 아니다. 이루어지지 않았다.

그럼 '엘리야의 심령과 능력'은 어떤 뜻일까? '심령'이란 '마음, 영혼'이라는 뜻이다. 심령은 인간의 모든 정신적 작용이 일어나는 곳이다. 사람이 하나님을 인식하고, 하나님께서 영원히 주인이 되셔서 거하시는 곳이다. 그래서 "사람의 행위가 자기 보기에는 모두 깨끗하여도 여호와는 심령을 감찰하시느니라"[잠16:2]고 하셨다.

사람의 심령은 하나님께서 다시 지으셔야 한다[슥 12:1]. 그래서 "심령이 가난한 자는 복이 있나니 천국이 저희 것임이요"[마5:3]라고 하신 말씀대로 반드시 '다시 창조'를 받아야 한다. 영혼이 잘되면 당연히 엘리야처럼 죽음을 보지 아니하고 옮기우게 되는 것이다. 이를 두고 "심령으로 새롭게 되어"[엡4:23]라고 하신 것이다. 심령이 새롭게 되려면 "하나님의 구하시는 제사는 상한 심령이라 하나님이여 상하고 통회하는 마음을 주께서 멸시치 아니하시리이다"[시51:17]라고 하신 말씀대로 되어야 한다. '상한 심령'이란 온 세상에 여호와 하나님을 경외하는 자가 하나도 없이 모두 혀로 말만 하는 말쟁이들이 되어 헛된 예배, 우상숭배를 하는 줄도 모르고 있고, 우상숭배 하고 있는 교회들이 오히려 예수 이름으로 교인들을 죽이는 것 때문에 마음 아파하는 것이다. 상한 심령은 죄와 허물을 뼈저리게 아파하고, '죄악으로 가득찬 이 세상을 어찌하면 좋을까' 하는 마음이다. 이렇게 통회하고 상한 심령에 하나님께서 은혜를 주신다[시66:2].

스가랴 12:1
이스라엘에 관한 여호와의 말씀의 경고라 여호와 곧 하늘을 펴시며 땅의 터를 세우시며 사람 안에 심령을 지으신 자가 가라사대

이사야 66:2
나 여호와가 말하노라 나의 손이 이 모든 것을 지어 다 이루었느니라 무릇 마음이 가난하고 심령에 통회하며 나의 말을 인하여 떠는 자 그 사람은 내가 권고하려니와

'엘리야의 심령과 능력'이
실상이 된 성도들

[165]주의 법을 사랑하는 자에게는 큰 평안이 있으니 저희에게 장애물이 없으리이다 [166]여호와여 내가 주의 구원을 바라며 주의 계명을 행하였나이다 [167]**내 심령이 주의 증거를 지켰사오며 내가 이를 지극히 사랑하나이다** [168]내가 주의 법도와 증거를 지켰사오니 나의 모든 행위가 주의 앞에 있음이니이다 [시119:165~168]

이 고백은 창세 이래 그 누구도 실상이 된 적이 없었는데 이미 완료형으로 기록되어 있다. 이 고백대로 실상이 되는 자, 기록된 명제에 일치하여 온전케 되는 자가 엘리야의 심령과 능력이 된다. 주의 법을 몰랐을 때는 몰라서 지키지 못했지만, 하나님께서 친히 임하셔서 주의 뜻을 알게 하시고, 지켜 실행하게 하셨으니, 여호와의 법을 사랑하여 주의 계명을 지켜 실행하는 자가 영원히 여호와의 구원하심을 실상으로 이루어 드리는 것이다. 이미 이렇게 사실이 되어 이루어지고 있는 과정이다. 곧 이 예언, 유언의 주인공인 '엘리야의 심령과 능력'을 가진 실상의 사람들이 나타나는 때다.

이 고백은 예수도, 그 누구도 아닌 2022년 지금 이 때 여호와 하나님의 증거를 15년째 받고 있는 은혜로교회 성도들이 실상이다. 엘리야의 심령과 능력은 육체가 살아서 주의 증거를 받고, 하나님을 지극히 사랑하여 계명을 지켜 실행하는 성도들이 누구나 한 번 육체가 죽어야 하는 판결도 이기는 "여수룬"[신33:26~29, 사44:1~5]이 되는 것이다. 하나님께로서 난 자는 하나님처럼 영원히 다스리고 누리고 정복하며 영원히 살게 하는 것이 '엘리야의 심령과 능력'이다. 이렇게 사실이 되게 하기 위해 다음 예언, 유언이 2653년이 지난 2008년 6월 16일부터 15년째 땅 위에 이루어지고 있다.

¹⁰열방이여 너희는 나 여호와의 말을 듣고 먼 섬에 전파하여 이르기를 **이스라엘을 흩으신 자가 그를 모으시고** 목자가 그 양무리에게 행함같이 그를 지키시리로다 ¹¹여호와께서 야곱을 속량하시되 그들보다 강한 자의 손에서 구속하셨으니 ¹²그들이 와서 시온의 높은 곳에서 찬송하며 여호와의 은사 곧 곡식과 새 포도주와 기름과 어린양의 떼와 소의 떼에 모일 것이라 **그 심령은 물 댄 동산 같겠고** 다시는 근심이 없으리로다 할찌어다 ¹³그때에 처녀는 춤추며 즐거워하겠고 청년과 노인이 함께 즐거워하리니 내가 그들의 슬픔을 돌이켜 즐겁게 하며 그들을 위로하여 근심한 후에 기쁨을 얻게 할 것임이니라 ¹⁴**내가 기름으로 제사장들의 심령에**

신명기 33:26~28

26 여수룬이여 하나님 같은 자 없도다 그가 너를 도우시려고 하늘을 타시고 궁창에서 위엄을 나타내시는도다

27 영원하신 하나님이 너의 처소가 되시니 그 영원하신 팔이 네 아래 있도다 그가 네 앞에서 대적을 쫓으시며 멸하라 하시도다

28 이스라엘이 안전히 거하며 야곱의 샘은 곡식과 새 포도주의 땅에 홀로 있나니 곧 그의 하늘이 이슬을 내리는 곳에로다

이사야 44:1~5

1 나의 종 야곱, 나의 택한 이스라엘아 이제 들으라

2 너를 지으며 너를 모태에서 조성하고 너를 도와 줄 여호와가 말하노라 나의 종 야곱, 나의 택한 여수룬아 두려워 말라

3 대저 내가 갈한 자에게 물을 주며 마른 땅에 시내가 흐르게 하며 나의 신을 네 자손에게, 나의 복을 네 후손에게 내리리니

4 그들이 풀 가운데서 솟아나기를 시냇가의 버들 같이 할 것이라

5 혹은 이르기를 나는 여호와께 속하였다 할 것이며 혹은 야곱의 이름으로 자칭할 것이며 혹은 자기가 여호와께 속하였음을 손으로 기록하고 이스라엘의 이름으로 칭호하리라

흡족케 하며 내 은혜로 내 백성에게 만족케 하리라 여호와의 말이니라 [렘31:10~14]

예레미야 31장은 절대 예수가 이 땅에 있을 때 실상이 되는 일이 아니었다. "이스라엘을 흩으신 자가 그를 모으시고"라고 하신 말씀이 실상이 되는 때는 여호와 하나님께서 미리 정해 두신 때, 사람들이 빨리 왕래하는 때, 독수리의 날개로 비유된 비행기가 하늘을 날며 사람들이 하늘로 올라갔다 발이 돌에 부딪히지 아니하고 땅에 내려오는 일이 실상이 되는 이때다. 저 황금돔이 있는 곳의 그들이 '이스라엘'이라고 아는 것은 '육'으로 아는 것이다. 사람이 본능으로 아는 것일 뿐이다. 예루살렘도 마찬가지다. 이미 2667년 전에 하나님께서 말씀하신 이스라엘은 '새 언약', 곧 예레미야 31장의 예언, 유언과 709~712년이 지난 AD 64~67년경에 예언, 유언해 두신 히브리서 8장의 말씀을 2653년이 지난 AD 2008년 6월 16일에 나를 사용하셔서 땅 위에 이루시고 계신 이 일이며, 하늘을 날아다니는 독수리 두 날개인 비행기와 지식이 빨리 왕래하는 인터넷을 사용하여 돈이 없이도 하나님의 택한 성도들을 모으셨고, 그들이 바로 '이스라엘'이다.

이렇게 될 것을 3422년 전부터 미리 성경에 다 예

언해 두신 대로 현재 실행이 되어 성경이 참 진리임을 하나님께서 친히 이루시고 계신 이 일이다. 이는 여호와 하나님께서는 식언치 아니하시고 말씀하신 것을 반드시 지키시고 땅 위에서 실상이 되게 하셔서 하나님만이 참 신이심을 증거하시는 증거다. 이렇게 사람 생각과 하나님의 생각이 다르다는 것을 온 세상이 다 인정하게 하신다. 그래서 "살리는 것은 영이라"[요6:63]고 하신 것이다.

하나님은 '영'이시고 말씀이 영이시며, 영이신 하나님께서 창조하신 사람도 '영'이다. 말씀이 하나님이시라 사람의 영혼, 곧 마음, 다른 말로 심령은 보이지 않으나 하나님은 사람의 심령을 감찰하시고 다시 창조하시는 것이다. 하나님의 말씀으로 다시 창조된 심령이 바로 엘리야의 심령이며 능력이라 엘리야가 육체도 죽지 아니하고 옮기웠다고 기록해 두신 예언, 유언이 실상이 되는 것이다. 영적인 밤을 지나는 과정은 영적인 잠을 자는 기간이었다. 다른 말로 하면 잠자는 중에 학교 가고, 직업을 가지고, 장가가고, 시집가고, 죽고, 또 다른 사람이 태어나고 또 죽고 그렇게 바퀴처럼 그림자들이 사는 기간이었다. 이렇게 살다가 영적인 잠을 깨는 때가 각자에게 육체가 죽

누가복음 1:17
저가 또 엘리야의 심령과
능력으로 주 앞에 앞서 가
서 아비의 마음을 자식에
게, 거스리는 자를 의인의
슬기에 돌아오게 하고 주
를 위하여 세운 백성을 예
비하리라

는 때였다. 사실이다. 반면에 "엘리야의 심령과 능력"이
라고 한 말씀에 해당하는 주인공은 새 언약의 말씀을
받아 육체가 살아서 영적인 잠을 깨는 성도들이다.
엘리야의 심령과 능력이 되어 다시 창조된 사람에게
주신 이름이 '성도'다. 즉 여호와 하나님의 도를 받아
지켜 실행한 거룩한 자들이라는 뜻이다.

여호와의 가르치심을 진리의 성령이 대언하여 다
시 창조되는 심령이 바로 엘리야의 심령과 능력인데,
이런 뜻을 예수도 몰랐다. 그 누구도 몰랐다. 온 세
상은 육에 속하여 영이신 하나님의 나라의 뜻, 비밀
을 모르고 상상만 하다가 육체가 다 죽은 것이다. 예
수가 하나님의 아들인 것을 증명하는 하나님의 증거
가 죽어도 다시 부활한 것이다. 그러나 살아서 나를,
곧 여호와 하나님을 믿는 자는 영원히 죽지 아니하리
라고 한 예언, 유언은 진리의 성령이 오기 이전에 아
무도 실상으로 이룬 자가 없었다. 이런 비밀이 감추
어져 있는 예언, 유언이 '엘리야의 심령과 능력'이다.

요한복음 11:26
무릇 살아서 나를 믿는 자
는 영원히 죽지 아니하리
니 이것을 네가 믿느냐

이 모든 기간, 곧 2653년이 지난 이 세대에 이루어
질 예언임을 "열방이여 너희는 나 여호와의 말을 듣고 먼
섬에 전파하여"[렘31:10]라고 하신 것이다. 예레미야 선
지자를 사용하여 예언, 유언해 두신 것인데, 영적인

말이 무슨 뜻인지 모르고 예레미야서가 저 이스라엘 백성들이 바벨론에 포로로 잡혀갈 것을 예언한 것으로만 알고 말하는 자들은 다 꿈꾸는 자들이며, 엘리야의 심령과 능력이 무슨 뜻인지 아무것도 모르고 헛소리를 지껄이는 자들이다. '열방', 곧 전 세계 나라에 살고 있는 사람들 중에 '다시 모으신 이스라엘'이라고 기록된 이 명제에 일치하여 생명책에 이름이 기록된 자가 구원을 받는 것이다. 육으로 알고 있는 중동의 이스라엘, 예루살렘이 아니다. 저들도 이 "새 언약"[히8장]으로 다시 돌아와야 실상이 된다. 전 세계 모든 성경을 사용하는 종교인들도 다 마찬가지다. 하나님께서 새 언약의 말씀으로 다시 창조함을 받는 성도들을 속량하시되 영원히 속량하시고 계신 일이 15년째 진리의 성령인 나를 통한 이 일이다. 엘리야의 심령과 능력이 되게 하는 일, 이스라엘을 회복하는 일은 진리를 모르는 한 몫의 삶을 완전히 버리고 지식에까지 새로워져야 하며, 머리로만 알고 혀로 "믿습니다" 한다고 엘리야의 심령과 능력이 되는 것이 절대 아니다.

예레미야 31:10
열방이여 너희는 나 여호와의 말을 듣고 먼 섬에 전파하여 이르기를 이스라엘을 흩으신 자가 그를 모으시고 목자가 그 양무리에게 행함같이 그를 지키시리로다

히브리서 8:8
저희를 허물하여 일렀으되 주께서 가라사대 볼찌어다 날이 이르리니 내가 이스라엘 집과 유다 집으로 새 언약을 세우리라

'사랑'이 없으면 소리 나는 '구리'와
울리는 '꽹과리'가 될 뿐이다

그들이 와서 시온의 높은 곳에서 찬송하며 여호와의 은사 곧 곡식과 새 포도주와 기름과 어린양의 떼와 소의 떼에 모일 것이라 **그 심령은 물 댄 동산 같겠고** 다시는 근심이 없으리로다 할찌어다 [렘31:12]

"그 심령은 물 댄 동산 같겠고"라고 하신 이 물이 '단물'이며, '생수'다. 이런 심령이 바로 '엘리야의 심령'이다. 이러니 당시 세례 요한이 자신은 엘리야가 아니라고 한 말이 사실이었다. 그런데 예수는 세례 요한이 '엘리야'라고 했으니 누가 실수하였는가? 세례 요한의 아버지 사가랴 제사장에게 천사, 문자 그대로 주의 사자가 향단 우편에 서서 아들을 낳으리니 이름을 요한이라 하라고 한 말도 그때 세례 요한에게 실상이 되는 말이 아니었으니 "내가 사람의 방언과 천사의 말을 할찌라도 사랑이 없으면 소리 나는 구리와 울리는 꽹과리가 되고"[고전13:1]라고 하신 것이다. 예수도, 세례 요한의 아버지 사가랴에게 말한 주의 사자인 천사도, 다 자신들이 무슨 말을 하는지 그 뜻을 모르고 한 말임을 누가 알았으며, 누가 믿었는가? 모두 '의문'만 던진 것이다. 예수도 의문을 던졌는데, 누가 이 진리를 알

앓으며 믿었는가? 아무도 안 믿었다. 그래서 다 죽은 것이다.

반드시 지금까지 자신들이 알고 있다고 생각하는 모든 지식을 다 버리지 아니하면 구원과 아무 관계가 없다. "사람이 물과 성령으로 나지 아니하면 하나님 나라에 들어갈 수 없느니라"[요3:5]고 한 말씀의 뜻도 예수는 몰랐다. 진리는 이러한데도 "오직 예수" 할 것인가? 이래서 하나님께서 친히 가르치시는 이 말씀이 아닌 모든 것은 거짓말이다. '설마' 하는 자들은 절대 영생과 관계가 없다.

> 그때에 처녀는 춤추며 즐거워하겠고 청년과 노인이 함께 즐거워하리니 내가 그들의 슬픔을 돌이켜 즐겁게 하며 그들을 위로하여 근심한 후에 기쁨을 얻게 할 것임이니라 [렘 31:13]

영혼이 정결해진 사람을 영적으로는 '처녀'라고 하고, 청년은 악한 자, 곧 사단, 마귀, 귀신을 이기고 다시 창조된 사람을 '청년'이라고 하며, 결국 이들은 이미 창세 전에 하나님께서 택해 두신 사람들, 곧 야곱이 이스라엘이 되었기에 '노인'이라고 한 것이다. 이래서 엘리야의 심령과 능력은 남녀노소 상관없이 땅 위에서 영원히 죄로부터 자유해져서 다시는 근심할 일이 없게 되는 것이다. 땅 또한 아무 땅이 아니라 하나님께서 '약속하신 땅'이다. 이 땅에서 처녀, 청년, 늙은이가 따로따로가 아니라, 영적으로는 한 사람 개개인에게 실상이 되고, 사람들이 보기에도 실제로 처녀, 청년, 늙은이가 다 함께 하나님의 가속, 가족, 친족, 권속이 되어 있는 실상이 낙토에 있는 은혜로교회 성도들이다.

예레미야 31:12
그들이 와서 시온의 높은 곳에서 찬송하며 여호와의 은사 곧 곡식과 새 포도주와 기름과 어린양의 떼와 소의 떼에 모일 것이라 그 심령은 물 댄 동산 같겠고 다시는 근심이 없으리로다 할찌어다

전대미문의 새 언약으로 다시 창조되면 엘리야의 심령과 능력이 되어 심령이 '단물', 곧 영원한 언약으로 물 댄 동산같이 되어 영원히 하나님께 기쁨이 된다. 이때가 되어야 여호와께서 영영한 빛이 되어 "신은 여호와 하나님이시다. 여호와는 하나님이시다. 나의 신은 오직 여호와 하나님이시다"라고 영광을 영원히 돌리는 '엘리야'가 되는 것이다. 이런 사람이 바로 엘리야의 심령과 능력이다. 사람의 생각, 마음을 잡고 죄를 짓게 하는 더러운 귀신이 영원히 떠나야 엘리야의 심령과 능력이 되는 것이다.

그러니 세례 요한은 절대 엘리야가 아니다. 왜 '유언'이라는 단어 속에 '귀신이나 도깨비의 말, 뜬소문, 터무니없는 소문, 유언비어'라는 의미가 감추어져 있는지 15년째 밝히고 있다. 귀신이 하는 말은 단 한 마디도

진리가 아니다. 이래서 "모든 거짓은 진리에서 나지 않음이라"[요일2:21]고 판결해 두신 것이다. 이것이 진리이고, 이것이 구원이다. 여호와 하나님의 행하시는 일은 이 땅에 실상으로 영원히 하나님의 나라가 임하는 것이다. 그래서 지금 이때가 될 때까지 전 성경이 '의문'이었다.

> [4]나의 애굽 사람에게 어떻게 행하였음과 **내가 어떻게 독수리 날개로 너희를 업어 내게로 인도하였음을 너희가 보았느니라** [5]세계가 다 내게 속하였나니 너희가 내 말을 잘 듣고 내 언약을 지키면 너희는 열국 중에서 내 소유가 되겠고 [6]너희가 내게 대하여 제사장 나라가 되며 거룩한 백성이 되리라 너는 이 말을 이스라엘 자손에게 고할찌니라 [출 19:4~6]

이 예언, 유언은 이 세대 일곱째 날 전대미문의 새 언약을 받는 하나님의 자녀들에 대한 예언, 유언이다. 2022년 이 세대까지 전 세계 성경을 사용하는 모든 사람들이 얼마나 '이성'이 없는 영적인 소경이었는지 "독수리 날개로 너희를 업어 내게로, 곧 여호와 하나님께로 인도하였음을 너희가 보았느니라"고 하신 이 말씀에 의문만 가져도 도무지 여호와 하나님이 안 믿어져야 했다. 독수리가 어떻게 이스라엘을 업어서 애굽, 곧 현재 이집트에서 홍해를 지나 이스라엘 땅으로 들어갔다고 생각을 하나? 말이 되는가? 영의 말, 하나님의 말씀이 무슨 뜻인지 단 한 절도 모르고 다 착각하고 상상하는 것이 전 세계 천주교, 기독교다. '성모 마리아'가 우상이 되어 있고, '예수'가 우상이 되어 있는 전 세계 교회들의 실상이 보여야 한다.

절대 엘리야는 다른 세대의 사람이 아니라, 지금 이 세대에 엘리야에 대한 예언, 유언이 땅 위에 사실이 되어 이루어지는 것이다. 그때 그 엘리야가 아니라 "여호와는 나의 신이다. 나의 신은 여호와 하나님이시다"라고 진실로 시인하는 자가 실상이 되어 여호와 하나님의 계명을 지켜 실행하여 한 몫의 삶을 버리고 '약속하신 땅'으로 이사하고, 악인이 지배하고 압제하는 이 세상에서 '오는 세상', 곧 '의인의 세대'로 육체도 죽지 아니하고 옮기는 실상의 사람이 되는 비밀, 곧 하나님의 뜻이 감추어져 있는 것이다. 하나님께서 사람을 창조하신 본래 목적대로 회복시키는 15년째 이 일이 성도들로 '엘리야의 심령과 능력'이 되게 하는 것이다.

"온전한 것이 올 때"[고전13:10]에는 반드시 그동안 안다고 생각한 지식, 자기 생각, 전통적으로 내려오던 습관 등을 다 버리지 아니하면 "새 부대"[마9:17, 막2:22]

에베소서 1:21
모든 정사와 권세와 능력과 주관하는 자와 이 세상뿐 아니라 오는 세상에 일컫는 모든 이름 위에 뛰어나게 하시고

시편 14:5
저희가 거기서 두려워하고 두려워하였으니 하나님이 의인의 세대에 계심이로다

마태복음 9:17
새 포도주를 낡은 가죽 부대에 넣지 아니하나니 그렇게 하면 부대가 터져 포도주도 쏟아지고 부대도 버리게 됨이라 새 포도주는 새 부대에 넣어야 둘이 다 보전되느니라

마가복음 2:22
새 포도주를 낡은 가죽 부대에 넣는 자가 없나니 만일 그렇게 하면 새 포도주가 부대를 터뜨려 포도주와 부대를 버리게 되리라 오직 새 포도주는 새 부대에 넣느니라 하시니라

가 될 수 없다. 그래서 사람의 방언, 천사의 말을 할지라도 "하나님은 사랑이심이라"[요일4:8], 하나님께서 친히 가르치시는 이 말씀 외에 모든 자들의 소리를 소리 나는 구리와 울리는 꽹과리에 비유하셨고, 포도나무가 모든 나무보다 나은 것이 무엇이냐고 하셨으며, 그것이 온전할 때, 곧 예수가 십자가에 죽고 삼일 만에 부활해서 누가복음 24장에 모세의 율법과 선지자의 말, 모든 성경에 쓴 바 자기에 관하여 자세히 설명하고 가르쳤어도 사십 일 만에 승천하게 하신 것은 '전대미문의 새 언약'을 할 이때에 실상이 되는 그림자요, 모형에 해당하기 때문이다. 이제 모두 '성부 하나님'께로, '새 언약의 말씀'으로 돌아서야 한다. 때가 급하다.

고린도전서 13:1
내가 사람의 방언과 천사의 말을 할찌라도 사랑이 없으면 소리 나는 구리와 울리는 꽹과리가 되고

에스겔 15:2, 5
2 인자야 포도나무가 모든 나무보다 나은 것이 무엇이랴 삼림 중 여러 나무 가운데 있는 그 포도나무 가지가 나은 것이 무엇이랴
5 그것이 온전할 때에도 아무 제조에 합당치 않았거든 하물며 불에 살라지고 탄 후에 어찌 제조에 합당하겠느냐

여러분들께 묻는다. "때가 아직 낮이매 나를 보내신 이의 일을 우리가 하여야 하리라 밤이 오리니 그때는 아무도 일할 수 없느니라 내가 세상에 있는 동안에는 세상의 빛이로라"[요9:4~5]라고 예수께서 말씀하셨다. 또한 자신을 '광명한 새벽별'[계22:16] 이라고 하셨는데 예수는 낮의 빛일까? 아니면 밤의 빛 역할을 하신 것일까? 십자가에 죽으시고 부활 승천하신 후 2천 년간 이 땅에 계시지 않는데 말이다.

요한계시록 22:16
나 예수는 교회들을 위하여 내 사자를 보내어 이것들을 너희에게 증거하게 하였노라 나는 다윗의 뿌리요 자손이니 곧 광명한 새벽별이라 하시더라

54

2천 년간
‘밤의 빛’이셨던 **‘예수’**

「동아일보」 2022년 6월 23일 목요일
「조선일보」 2022년 6월 24일 금요일

스마트폰으로 QR 코드를 스캔 하시면
[이제 온 천하는 잠잠하라] 전문을 다운로드 받을 수 있습니다.

하나님께서 '밤의 빛'으로
규정하신 '예수'

⁹예수께서 대답하시되 낮이 열두 시가 아니냐 사람이 낮에 다니면 이 세상의 빛을 보므로 실족하지 아니하고 ¹⁰**밤에 다니면 빛이 그 사람 안에 없는 고로 실족하느니라** [요 11:9~10]

예수는 자신이 밤의 빛이신 것을 몰랐다. 곧 '낮의 빛'이 아니었음을 몰랐던 것이다. 사람이 '밤'에 다니면 빛이 그 사람 안에 없어 실족한다고 했는데, 이 예언의 주인공이 예수 자신이라는 사실을 몰랐던 것이다.

나 여호와는 해를 낮의 빛으로 주었고 달과 별들을 밤의 빛으로 규정하였고 바다를 격동시켜 그 파도로 소리치게 하나니 내 이름은 만군의 여호와니라 내가 말하노라 [렘 31:35]

'규정'이란 어떤 일을 하나의 고정된 규칙으로 정하

거나, 정해진 규칙, 혹은 일상생활의 질서라는 뜻이다. 하나님께서 '해'는 '낮의 빛'으로 정하시고, '달과 별들'을 '밤의 빛'으로 정하신 것은 정해진 규칙이며, 이는 고정된 것이고, 이 질서대로 창세 이래 2022년 이 시간까지 단 한 번도 변하지 않고 지키고 계신다. 문자 그대로 낮의 빛은 '해'다. 그래서 "여호와 하나님은 해요"[시84:11]라고 하셨으므로 낮에 속한 자들에게 빛은 '여호와 하나님'이시다. 그런데 여호와 하나님은 친히 진술하시지 아니하시고 사람을 사용하신다[욥33:13]. 그 사람이 바로 호2:19~20절의 예언, 유언에 일치하는 하나님께서 장가드신 '여자'이며, "해를 입은 여자"[계12:1]라고 하고, '진리의 성령'이다.

반면에 '밤의 빛'은 '달', 곧 예수와 '별들', 곧 예수 이름 사용하는 지도자들을 뜻한다. 이러한 하나님의 규정하심을 그 누구도 절대 폐할 수 없다. 이런 뜻을 모르고 예수께서 자신을 '빛'이라고 생각하고 말한 것이다. 이를 들은 사도 요한이 육체를 입은 예수의 말을 그대로 듣고 "사람이 낮에 다니면 이 세상의 빛을 보므로 실족하지 아니하고"라고 하고, 또 "밤에 다니면 빛이 그 사람 안에 없는 고로 실족하느니라"고 기록한 것이다.

이렇게 성경에 기록된 것을 원욕이 그대로인 사람

욥기 33:13
하나님은 모든 행하시는 것을 스스로 진술치 아니하시나니 네가 하나님과 변쟁함은 어찜이뇨

호세아 2:19~20
19 내가 네게 장가들어 영원히 살되 의와 공변됨과 은총과 긍휼히 여김으로 네게 장가들며
20 진실함으로 네게 장가들리니 네가 여호와를 알리라

요한계시록 12:1
하늘에 큰 이적이 보이니 해를 입은 한 여자가 있는데 그 발 아래는 달이 있고 그 머리에는 열두 별의 면류관을 썼더라

이 본능으로 아는 지식으로 보고 '오직 예수'라는 말을 만들어 낸 것이다. 이는 전부 사람의 계명만 되어 거룩하고 신령하신 여호와 하나님의 뜻을 폐하는 결과를 낳았다. 그래서 신약성경에는 '여호와'라는 이름이 단 한 군데도 기록되지 않았다. 이는 영적인 '밤'을 지나는 기간이 아직 끝나지 않았기 때문이다. 예수를 "놋뱀"[민21:9]에 비유한 것도 이 때문이다. 예수의 한 일이 '밤의 빛'이었음을 증명한다. 그러면 '예수 이름'으로 들어온 성경과 다른 거짓말을 가르친 귀신들이 누구인지 밝혀진다.

> **민수기 21:9**
> 모세가 놋뱀을 만들어 장대 위에 다니 뱀에게 물린 자마다 놋뱀을 쳐다본즉 살더라

먼저 넓이로 '밤'에 대하여 신령한 것을 신령한 것으로 분별해 보면[고전2:13~14] 미가 선지자를 사용하셔서 '밤'에 대해 BC 700년에 기록하신 미3:1~12절의 말씀은 2722년간 성경을 사용하는 전 세계 모든 종교인들에게 "너희가 선을 미워하고 악을 좋아하여 내 백성의 가죽을 벗기고 그 뼈에서 살을 뜯어 그들의 살을 먹으며 그 가죽을 벗기며 그 뼈를 꺾어 다지기를 남비와 솥 가운데 담을 고기처럼 하는도다"[미3:2~3]라고 하신 말씀이 그대로 실상이 될 것을 예언, 유언한 것이었다.

> **고린도전서 2:13~14**
> 13 우리가 이것을 말하거니와 사람의 지혜의 가르친 말로 아니하고 오직 성령의 가르치신 것으로 하니 신령한 일은 신령한 것으로 분별하느니라
> 14 육에 속한 사람은 하나님의 성령의 일을 받지 아니하나니 저희에게는 미련하게 보임이요 또 깨닫지도 못하나니 이런 일은 영적으로라야 분변함이니라

특히, "유다 열왕 요담과 아하스와 히스기야 시대에 모레셋 사람 미가에게 임한 여호와의 말씀 곧 사마리아와 예루

살렘에 관한 묵시라"[미1:1]고 하신 것은 동시대 선지자들인 이사야, 호세아, 미가 선지자 당시에 땅 위에 사실이 되는 말씀이 아니라는 뜻이다. '묵시'에 대한 말씀의 뜻을 예수는 몰랐고, 당연히 제자들도, 사도 바울도 몰랐다. 그래서 예수의 탄생을 두고 주의 사자가 '밤'에 요셉에게 현몽한 것이며, 하나님이 아니라 예수에게 "그가 자기 백성을 저희 죄에서 구원할 자이심이라"고 한 것이고, '임마누엘'에 대해서도 "하나님이 우리와 함께 계시다 함이라"고 기록한 것이다.

마진 note:

마태복음 1:23
보라 처녀가 잉태하여 아들을 낳을 것이요 그 이름은 임마누엘이라 하리라 하셨으니 이를 번역한즉 하나님이 우리와 함께 계시다 함이라

²백성들아 너희는 다 들을찌어다 땅과 거기 있는 모든 것들아 자세히 들을찌어다 주 여호와께서 너희에게 대하여 증거하시되 곧 주께서 성전에서 그리하실 것이니라 ³여호와께서 그 처소에서 나오시고 강림하사 땅의 높은 곳을 밟으실 것이라 [미1:2~3]

미가서 1장의 예언, 유언이 땅 위에 사실이 될 때, 여호와 하나님은 영이시고 말씀이 하나님이시라 당신이 장가드셔서 성전 삼으신 진리의 성령을 사용하셔서 자세히 말씀하시고 계시는 15년째 이 일이 실상이 될 때, "땅과 땅에 있는 모든 것들아 자세히 들으라"고 하신 것이다. 이때가 되어야 모든 묵시가 다 풀어진다.

그러므로 너희가 밤을 만나리니 이상을 보지 못할 것이요

흑암을 만나리니 점 치지 못하리라 하셨나니 이 선지자 위

에는 해가 져서 낮이 캄캄할 것이라 [미3:6]

'이상'이란 다른 말로 '묵시, 꿈, 징조, 환상'이라고도

한다. 영적인 밤에 속하는 기간에는 '이상' 속에 감추

어 두신 천국의 비밀을 알 수 없다. "이상을 보지 못할

것이요"라고 하신 이 예언이 예수께서 이 땅에 오시

고도 2천 년이나 지속되었다는 것을 누가 알았으며,

누가 믿었는가? 이사야 선지자를 사용하셔서 동시대

에도 예언해 두신 대로 하나님께서 정하신 때가 될

때까지 여호와 하나님의 행하심을 아무도 모르게 하

셨던 것이다. 이러한 하나님의 뜻을 모르고 예수께

서 "나는 세상의 빛이니 나를 따르는 자는 어두움에 다니지

아니하고 생명의 빛을 얻으리라"[요8:12]고 한 것이다.

하나님 경외하기를 그치게 한
'예수의 언행'

예수와 연관된 '밤'에 대해 전 성경을 넓이로 보자.

성경은 반드시 "그 넓이와 길이와 높이와 깊이가 어떠함

을 깨달아 하나님의 모든 충만하신 것으로 너희에게 충만

하게 하시기를 구하노라"[엡3:19]라고 하신 말씀대로 깨

달아야 한다. 예수의 태어나심도 "그 지경에 목자들이 밖에서 밤에 자기 양 떼를 지키더니 주의 사자가 곁에 서고 주의 영광이 저희를 두루 비취매 크게 무서워하는지라… 너희를 위하여 구주가 나셨으니 곧 그리스도 주시니라"[눅 2:8~11]라고 하셨고, "요셉이 일어나서 밤에 아기와 그의 모친을 데리고 애굽으로 떠나가"[마2:14]라고 하였다.

또한 예수께서 이적을 보이신 것도 "밤 사경에 예수께서 바다 위로 걸어서 제자들에게 오시니"[마14:25]라고 하셨는데, '밤 사경'이란 '새벽 네 시부터 해 뜰 때까지의 시간'이다. 열두 제자를 데리고 산에 기도하러 가실 때도 '밤'이었다. "이때에 예수께서 기도하시러 산으로 가사 밤이 맞도록 하나님께 기도하시고"[눅6:12] 그래서 밤에 속한 자들은 오직 '기도, 기도'라고 한 것이다. 원욕이 그대로인 채 전부 문자 그대로 보고 밤에 철야 기도, 새벽 기도, 금식 기도, 산 기도 등을 한 것이 모두 예수의 언행에서 비롯된 것이다. 그러나 이 기도에 대해 "사람이 귀를 돌이키고 율법을 듣지 아니하면 그의 기도도 가증하니라"[잠28:9]라고 2922년 전에 예언, 유언해 두신 말씀은 안 믿고, 각자 자신들의 정욕대로 기도만 하라고 가르치는 근거가 바로 예수의 언행 때문이다. '가증하다'란 '하나님께서 몹시 싫어하시고 구역질이 날 정도로 혐오함, 역겨운 냄새처럼 혐오하고 미워함, 지긋지긋하게 여김'이라는 뜻으로 하나님께서 금하신 것을 먹는 행위나 하나님의 법을 깨뜨리는 행위를 말한다. 이는 하나님의 주권적인 권위와 신성을 모독하는 행위, 하나님을 떠난 모든 범죄, 특히 우상숭배와 관련하여 사용되는 표현이다. 오죽하면 "네가 하나님 경외하는 일을 폐하여 하나님 앞에 묵도하기를 그치게 하는구나 네 죄악이 네 입을 가르치나니 네가 간사한 자의 혀를 택하였구나"[욥15:4~5]라고 하셨겠는가?

니고데모가 예수를 찾아왔을 때도 '밤'이었다. "그가 밤에 예수께 와서 가로되 랍비여 우리가 당신은 하나님께로서 오신 선생인 줄 아나이다 하나님이 함께 하시지 아니하시면 당신의 행하시는 이 표적을 아무라도 할 수 없음이니이다"[요3:2]라고 하였다. 이때 예수께서 침을 뱉아 진흙을 이겨 육의 소경도 고치셨다[요9:1~12]. 하나님께서는 분명히 하나님께서 정하신 일곱째 날인 지금 이 세대에 소경, 귀머거리를 고치신다고 선지자 이사야를 통해 2722년 전에 예언, 유언하셨는데 [사29:18~24], 이런 하나님의 말씀은 다 무시 멸시하고 요9:1~12절만 사람이 본능적인 눈으로 보고 "예수는 능력이 있어 소경도 고친다"고 미혹한 것이다.

요한복음 9:6~7
6 이 말씀을 하시고 땅에 침을 뱉아 진흙을 이겨 그의 눈에 바르시고
7 이르시되 실로암 못에 가서 씻으라 하시니(실로암은 번역하면 보냄을 받았다는 뜻이라) 이에 가서 씻고 밝은 눈으로 왔더라

이사야 29:18
그날에 귀머거리가 책의 말을 들을 것이며 어둡고 캄캄한 데서 소경의 눈이 볼 것이며

⁴때가 아직 낮이매 나를 보내신 이의 일을 우리가 하여야 하리라 **밤이 오리니 그때는 아무도 일할 수 없느니라** ⁵내가 세상에 있는 동안에는 세상의 빛이로라 [요9:4~5]

문자 그대로 사람이 본능으로 본다고 해도 이 말씀은 이해가 안 되어야 한다. 사람은 누구나 매일 낮과 밤을 동일하게 보낸다. 그래서 사람이 본능적으로 아는 것으로는 단 한 절도 이해가 안 되는 것이 '성경'이다. "내가 세상에 있는 동안에는 세상의 빛이로라"고 말한 예수는 자신이 '밤의 빛' 역할임을 알고 있었는가? 예수는 '때'를 몰랐다. 하나님께서 말씀하시는 '낮'은 일곱째 날인 지금 이 세대다. 예수는 여호와 하나님께서 말씀하시는 '밤의 빛'으로 이 땅에 보내심을 받은 사람인 줄 모르고 하신 말씀이다[요9:4~5]. 그럼 또 귀신이 주인인 자들은 "성경이 잘못 기록되었느냐"고 하며 준동하여 발작할 테니까 말한다. "유언"[히9:16~17]에 대한 천국의 비밀, 하나님의 뜻을 모르면 자신들이 심판자들이 되어 잘난 척하며 죄를 짓게 된다.

예수는 하나님께서 친히 임하셔서 당신의 뜻을 밝히실 때까지 불가불 왕 노릇 하도록 하나님께서 경영하신 것이며[고전15:25], 일곱째 날인 지금 이때 진리의 성령이 대언하는 "새 언약의 중보"[히9:15]로 보내셨

히브리서 9:16~17
16 유언은 유언한 자가 죽어야 되나니
17 유언은 그 사람이 죽은 후에야 견고한즉 유언한 자가 살았을 때에는 언제든지 효력이 없느니라

고린도전서 15:25
저가 모든 원수를 그 발 아래 둘 때까지 불가불 왕 노릇 하시리니

히브리서 9:15
이를 인하여 그는 새 언약의 중보니 이는 첫 언약 때에 범한 죄를 속하려고 죽으사 부르심을 입은 자로 하여금 영원한 기업의 약속을 얻게 하려 하심이니라

던 것이다. 하나님께서 정하신 때가 될 때까지 하나님의 행하심을 사람에게 알게 하시지 않는다고 미리 예언, 유언해 두셨고[전3:11], 예수 이름이 땅 끝까지 퍼져서 전 성경 기록 목적에 해당하는 장래 세대 다시 창조하심을 받을 백성들, 아들들이 실상이 될 때까지 예수 이름 안에 가두어 두신 것이다.

하나님께서 말씀하시는 '밤의 때, 6일간'에는 아무도 일한 것이 아니라는 뜻도 요9:4절에 감추어 두셨다. 그래서 "온전한 것이 올 때에는 부분적으로 하던 것은 폐하리라"[고전13:10]고 하셨고, 사람의 방언과 천사의 말을 할지라도 사랑, 곧 여호와 하나님이 없으면 소리 나는 구리와 울리는 꽹과리가 되며 아무것도 아니라고 하신 것이다[고전13:1~2]. 특히, 혀로 "오직 예수"라고 말만 하고 단 한 절의 말씀도 안 믿는 천주교, 기독교인들은 문자 그대로도 "내가 세상에 있는 동안에는 세상의 빛이로라"라고 하셨는데 예수께서 지금 이 세상에 계시는가? 십자가에 죽으시고 삼 일 만에 부활하셨지만 사십 일 후에 승천하셨다고 기록되어 있다. 이 세상 어디에도 계시지 않는데도 '예수' 이름 사용하며 말만 하면 이미 천국행 티켓을 받았고, 죽으면 천국 간다고 믿고 가르치고 거짓말쟁이, 살인자,

전도서 3:11
하나님이 모든 것을 지으시되 때를 따라 아름답게 하셨고 또 사람에게 영원을 사모하는 마음을 주셨느니라 그러나 하나님의 하시는 일의 시종을 사람으로 측량할 수 없게 하셨도다

요한복음 9:4
때가 아직 낮이매 나를 보내신 이의 일을 우리가 하여야 하리라 밤이 오리니 그때는 아무도 일할 수 없느니라

고린도전서 13:1~2
1 내가 사람의 방언과 천사의 말을 할찌라도 사랑이 없으면 소리 나는 구리와 울리는 꽹과리가 되고 2 내가 예언하는 능이 있어 모든 비밀과 모든 지식을 알고 또 산을 옮길만한 모든 믿음이 있을찌라도 사랑이 없으면 내가 아무 것도 아니요

사기꾼, 공갈, 협박하는 자들은 왜 이런 말씀은 안 보고 안 믿나?

예수는 2022년 이 시간까지 아무도, 그 누구도 본 사람이 없다. 그래서 "네가 하나님처럼 팔이 있느냐 하나님처럼 우렁차게 울리는 소리를 내겠느냐"[욥40:9]고 유언해 두셨던 것이고, "네가 내 심판을 폐하려느냐 스스로 의롭다 하려 하여 나를 불의하다 하느냐"[욥40:8]고 판결해 두신 것이다.

예수의 탄생은 시작부터 '현몽'한 것이다. 곧 죽은 사람이 꿈에 나타나서 말한 것이다. 마리아의 남편 요셉이 자는 중에 꿈에 나타난 주의 사자가 한 말을 듣고 예수의 제자 마태가 기록한 것이다[마1:18~25]. 하나님께서 신약성경이 기록되기 1465~1470년 전에 모세를 통해 이미 판결해 두셨다. 신명기 13장에 꿈꾸는 자의 말을 청종하지 말며, 꿈꾸는 자는 죽이라고 하신 것이다. 그래서 창세 이래 지금 이 시간까지 '꿈꾸는 자들'은 모두 다 죽었다. 죽는 것으로 끝나는 것이 아니라, 다시는 생존 세상에 돌아올 수 없고, 그 혼은 지옥 불구덩이에서 영원히 영벌을 받는다.

"너희 중에 선지자나 꿈꾸는 자가 일어나서 이적과 기사

마태복음 1:20
이 일을 생각할 때에 주의 사자가 현몽하여 가로되 다윗의 자손 요셉아 네 아내 마리아 데려오기를 무서워 말라 저에게 잉태된 자는 성령으로 된 것이라

신명기 13:3, 5
3 너는 그 선지자나 꿈꾸는 자의 말을 청종하지 말라 이는 너희 하나님 여호와께서 너희가 마음을 다하고 성품을 다하여 너희 하나님 여호와를 사랑하는 여부를 알려하사 너희를 시험하심이니라
5 그 선지자나 꿈꾸는 자는 죽이라 이는 그가 너희로 너희를 애굽 땅에서 인도하여 내시며 종 되었던 집에서 속량하여 취하신 너희 하나님 여호와를 배반케 하려 하며 너희 하나님 여호와께서 네게 행하라 명하신 도에서 너를 꾀어내려고 말하였음이라 너는 이같이 하여 너희 중에서 악을 제할찌니라

를 네게 보이고"[신13:1]라고 하신 판결에 해당하는 일
순위는 누구인가? 창세 이래 땅에 살았고, 지금 이
시간까지 살고 있는 모든 사람들 중에 이적과 기사를
가장 많이 일으킨 사람은 누구인가? 심지어 "네게 말
하기를 네가 본래 알지 못하던 다른 신들을 우리가 좇아 섬
기자 하며 이적과 기사가 그 말대로 이룰찌라도 너는 그 선
지자나 꿈꾸는 자의 말을 청종하지 말라"[신13:2~3]고 하셨
다. 구약성경에는 육체도 죽지 아니하고 옮기운 에
녹과 엘리야가 있었는데 왜 신약시대에는 단 한 사람
도 없을까? 요셉에게 나타나 현몽한 주의 사자는 왜
죽었을까? 불신자들도 아이가 태어날 때 '태몽'이라
고 하여 본인이 꾸든지, 아니면 가족이나 가까운 친
지 중에 태몽을 꾸었다고 자랑한다. '현몽'과 '태몽'
은 무엇이 다를까? '태몽'이란 아이를 밸 징조로 꾸는
꿈이다. '현몽'은 죽은 사람이나 다른 사람이 꿈에 나
타나서 하는 말이다.

예수가 태어날 것도, 태어난 것을 경배하러 동방
으로부터 온 박사들도 동방에서 보던 '별'(주의 사자,
오늘날 목사, 천주교 신부)이 문득 앞서 인도하여 가
다가 예수가 있는 곳 위에 머물러 선 것을 보고 아기
예수께 경배했고, 다시 동방으로 되돌아 갈 때도 꿈

에 헤롯에게로 돌아가지 말라 지시하심을 받았으며, 이들이 돌아간 후 헤롯이 아기를 찾아 죽이려 할 때도 요셉의 꿈에 주의 사자가 현몽한다. 또 헤롯이 죽은 후에 주의 사자가 애굽에서 요셉에게 현몽하여 일어나 아기와 그 모친을 데리고 이스라엘 땅으로 가라 하여 이스라엘 땅으로 돌아왔다. 그러나 아켈라오가 그 부친 헤롯에 이어 유대의 임금 됨을 듣고 거기로 가기를 무서워하더니 꿈에 지시하심을 받아 갈릴리 지방을 떠나 나사렛이란 동네에 와서 살았다. 왜 이런 사실을 자세하게 기록해 두셨을까?

'영적인 밤'인 6일간은 하나님께서 현몽하셔도 '꿈은 꿈'일 뿐이며, 그림자와 모형이다

'현몽'에 대해서 보자. 아브라함이 남방으로 이사하여 그랄에 우거할 때 그랄 왕 아비멜렉을 두려워하여 아내 사라를 '누이'라고 하였고, 아비멜렉이 사라를 취하려고 할 때 아비멜렉의 꿈에 하나님께서 현몽하셨다[창20:1~7]. 또 라반에게도 "밤에 하나님이 아람 사람 라반에게 현몽하여 가라사대 너는 삼가 야곱에게 선악간 말하지 말라 하셨더라"[창31:24]고 현몽하셨다. 하나님

창세기 20:3
그 밤에 하나님이 아비멜렉에게 현몽하시고 그에게 이르시되 네가 취한 이 여인을 인하여 네가 죽으리니 그가 남의 아내임이니라

께서 현몽하신 사람이 왜 아브라함, 야곱이 아니라, 그랄 왕 아비멜렉과 야곱의 외삼촌 라반일까? 하나님께서 택하신 사람 아브라함, 야곱을 위해서 그 둘에게 현몽하신 것이다. 이렇게 하나님께서 현몽하셨어도 아비멜렉과 라반은 하나님의 나라와 아무 관계가 없다. 그들도 다 죽었다.

> [11]한 곳에 이르러는 해가 진지라 거기서 유숙하려고 그곳의 한 돌을 취하여 베개하고 거기 누워 자더니 [12]꿈에 본즉 사닥다리가 땅 위에 섰는데 그 꼭대기가 하늘에 닿았고 또 본즉 하나님의 사자가 그 위에서 오르락내리락하고 [13]또 본즉 여호와께서 그 위에 서서 가라사대 나는 여호와니 너의 조부 아브라함의 하나님이요 이삭의 하나님이라 너 누운 땅을 내가 너와 네 자손에게 주리니 [창28:11~13]

사람이 본능으로 아는 시각, 지식으로는 당시 야곱이 꾼 꿈이지만, 이렇게만 보는 것은 육으로만 보는 것이다. 이는 '살리는 영'이 되는 말씀이 아니다. 하나님의 나라 비밀을 문자들 속에 감추어 두셨다. 따라서 '현몽, 꿈, 밤'에 대하여 넓이로 보자고 한 이유는 꿈은 꿈일 뿐임을 증명하기 위해서다. 꿈을 깨지 아니하면 하나님 나라에 들어갈 수 없다. 하나님 나라는 죽어서 가는 곳이 아니다. 하나님께서 말씀하시는 '꿈'은 성경을 가지고도 하나님에 대해서, 예수에 대해서, 하나님의 나라에 대해서 아무것도 모르고 혀로 "예수, 하나님" 하며 교회를 세우고, 교회를 다니고 설교를 하는 것이다. 실제 밤에 잠자는 것을 말씀하시는 것이 아니라, 진리를 모르는 한 몫의 삶 자체가 다 꿈이라 '꿈'에서 장가가고, 시집가고, 교회를 다니면서 십자가에 죽었다가 다시 살아나셨다는 예수 이름으로 찬송하고, 전도도 하고, 교회를 세우고 직분자들이 되고, 헌금을 해도 하나님께서 보시기에 죽은 자들이거나 잠자는 자들이다. 그래서 성경에 기록된 '꿈' 이야기를 그대로 다 믿는다고 해도 영적인 꿈에서 깨어 일어난 것이 아니다. 다른 말로 하면 계속 '꿈을 꾸는 자'로 살면서 성경이 남의 이야기가 되어 자신과 아무 관계가 없게 된다[욥17:6]. 하나님께서 창조하신 세상에 살면서 하나님을 모르는 모든 사람들도 육체는 살아 있으나 하나님께서 보시기에 다 '잠자는 자들'이다. 그래서 "잠자는 자여 깨어서 죽은 자들 가운데서 일어나라"[엡5:14]고 하신 것이다.

욥기 17:6
하나님이 나로 백성의 이야기거리가 되게 하시니 그들이 내 얼굴에 침을 뱉는구나

전 우주적인 일곱째 날이 되어야 영적인 잠에서 깨어 여호와 하나님께서 언약하신 모든 약속이 사실이 되는 것이다. "너희는 거룩하신 자에게서 기름 부음을 받고 모든 것을 아느니라"[요일2:20]고 한 이 예언, 유언의

"너희"가 2022년 현재, 2008년 6월 16일부터 시작된 새 일인 '영원한 언약'으로 기름 부음을 받고 있는 은혜로교회 성도들이며, 앞으로 새 언약의 말씀으로 돌아올 하나님의 택자들이다. 그래서 생명책에 이름이 기록되어야 구원에 이르는 것이다[계21:27]. 이때가 되기 전에는 모두 '영적인 밤'을 지나는 기간이었고, 그래서 야곱도 꿈에 본 것을 기록했고, 예수의 탄생, 성장 과정, 사역하심도 꿈에, 곧 잠자는 중에 주의 사자가 나타나 현몽한 것을 기록하고, 사역도 밤에 물위를 걷고, 산에 가서 기도하고, 육으로 소경, 귀머거리, 벙어리 된 자를 고치고, 죽은 나사로도 살리는 이적과 기사를 행하신 것을 자신이 택하여 세운 제자들을 통해 증거하신 것이 바로 '신약성경'이다[요15:27]. 구약성경처럼 "여호와께서 말씀하시되"라고 하신 것도 아니고, 꿈에 현몽해도 여호와께서 야곱에게 하신 것이 아니라, 사람의 꿈에 사람인 주의 사자가 현몽하고, 사람이 하늘의 별을 보고 별의 인도함을 받아 박사들이 동방에서 아기 예수께 경배하러 온 것으로 모두 다 '사람의 증거'다.

'예수'라는 이름은 히브리어 '예호수아(여호와는 구원이시다)'라는 의미의 단축형인 '예수아'의 헬라어 표현

요한계시록 21:27
무엇이든지 속된 것이나 가증한 일 또는 거짓말하는 자는 결코 그리로 들어오지 못하되 오직 어린양의 생명책에 기록된 자들뿐이라

요한복음 15:27
너희도 처음부터 나와 함께 있었으므로 증거하느니라

이다. 이런 뜻을 담고 있는 예수 이름을 요셉의 꿈에 현몽한 주의 사자는 "그가 자기 백성을 저희 죄에서 구원할 자이심이라"[마1:21]라고 해석을 한 것이다. 구원자는 오직 하나님 한 분뿐이신데 예수를 구원자라고 한 것이고, 그는 영적으로 밤에 속한 자라 말에 실수를 한 것이다. 이를 마태가 기록했고, 신약성경이 복음이라고 한 사람들이 '예수가 십자가에 죽으실 때 인간의 모든 죄, 곧 과거, 현재, 미래의 죄를 다 지시고 죽으셨다'고 하는 새빨간 거짓말을 지어낸 것이다. 2천 년간 예수 이름의 뜻 속에 감추어 두신 천국의 비밀은 모른 채 영적인 잠을 잘 동안에는 모든 사람들이 말에 실수를 한다는 것과 이로 인해 '성자 하나님'이라고 한 것이다.

성경은 비유로 기록되었고, 비유의 뜻을 모르면 치명적인 실수를 하게 된다. 예수도 이런 비유의 뜻을 모르고 도리어 '비유'로 말하여 더 의문만 가지게 하였으며, 자신을 두고 "나는 포도나무요 너희는 가지니"[요15:5]라고 하고도, "포도나무가 모든 나무보다 나은 것이 무엇이냐"고 하시고, "그것이 온전할 때, 곧 십자가에서 죽고 삼 일 만에 부활한 후에도 제조에 합당치 않다"[겔15장]고 하셨는데 그 뜻을 모르셨던 것이다. 이는 하

에스겔 15:2, 5
2 인자야 포도나무가 모
든 나무보다 나은 것이 무
엇이랴 삼림 중 여러 나
무 가운데 있는 그 포도나
무 가지가 나은 것이 무엇
이랴
5 그것이 온전할 때에도
아무 제조에 합당치 않았
거든 하물며 불에 살라지
고 탄 후에 어찌 제조에
합당하겠느냐

나님께서 정하신 날, 곧 '때'가 될 때까지 밤의 빛인 달과 별들에게, 곧 사람들에게 하나님의 뜻을 모르게 하셨기 때문이다.

사람을 창조하신 분도 여호와 하나님이시고, 당신이 창조하신 백성들을 저희 죄에서 구원하실 분도 하나님이시라는 뜻을 감추시고 함축하신 말이 '예수'다. 또한 하나님께서 친히 임하셔서 장가드신 '여자'[호 2:19~20], 다른 말로 '진리의 성령'이 실상이 되어 친히 당신의 뜻을 밝히시는 15년째 이 일을 하나님 나라 상속자들로 하여금 믿으라고 예수를 2천 년 전에 이 땅에 보내신 것이다.

호세아 2:19~20
19 내가 네게 장가들어 영원히 살되 의와 공변됨과 은총과 긍휼히 여김으로 네게 장가들며
20 진실함으로 네게 장가들리니 네가 여호와를 알리라

다시 말하면, 창세 이래 처음 있는 하나님께서 친히 가르치시는 '전대미문의 새 일'을 진실로 믿고 지켜 실행하여 육체도 죽지 아니하고 하나님만이 창조주이시요 참 신이시며, 살아 계신 하나님이심을 믿어 온전한 구원인 '영생'을 얻으라고 '새 언약의 중보'로 예수를 보내셨던 것이다. 여호와 하나님께서 2천 년 전에 예수를 이 땅에 보내시지 않았다면, 누가 나를 통해 15년째 행하시는 이 일을 믿었겠는가? 여호와 하나님께서 친히 임하실 때를 목적으로 전 성경을 기록하셨던 하나님의 뜻을 아무도 모르니 성경이 모든 것

요한복음 6:45
선지자의 글에 저희가 다 하나님의 가르치심을 받으리라 기록되었은즉 아버지께 듣고 배운 사람마다 내게로 오느니라

히브리서 9:15
이를 인하여 그는 새 언약의 중보니 이는 첫 언약 때에 범한 죄를 속하려고 죽으사 부르심을 입은 자로 하여금 영원한 기업의 약속을 얻게 하려 하심이니라

갈라디아서 3:22~23

22 그러나 성경이 모든 것을 죄 아래 가두었으니 이는 예수 그리스도를 믿음으로 말미암은 약속을 믿는 자들에게 주려 함이니라

23 믿음이 오기 전에 우리가 율법 아래 매인 바 되고 계시될 믿음의 때까지 갇혔느니라

을 죄 아래 가두어 두는 기간[갈3:22~23] 또한 아무도 몰랐던 것이다.

이제 모두 진리로 돌아서야 한다. 밤의 빛인 '예수'가 아니라 성부 하나님께서 친히 가르치시고 진리의 성령이 대언하는 '새 언약의 말씀'으로 돌아서야 한다. 때가 급하다.

여러분에게 묻는다. 예수께서 세례 요한에게 세례를 받으실 때 "성령이 비둘기같이 하늘로서 내려와서 그의 위에 머물렀더라"[요1:32]라고 기록되어 있다. 그러나 "이는 그를 믿는 자의 받을 성령을 가리켜 말씀하신 것이라 예수께서 아직 영광을 받지 못하신 고로 성령이 아직 저희에게 계시지 아니하시더라"[요7:39]고 하셨다. 그렇다면 예수께서 성령을 받으신 것일까?

이제 온 천하는 **잠잠하라**

성령받지 못한
'예수'

55

「동아일보」 2022년 6월 30일 목요일
「조선일보」 2022년 7월 1일 금요일

스마트폰으로 QR 코드를 스캔 하시면
[이제 온 천하는 잠잠하라] 전문을 다운로드 받을 수 있습니다.

성령의 임재를
'기름 부음'이라고 한다

예수께서 세례를 받으시고 곧 물에서 올라오실쌔 하늘이
열리고 하나님의 **성령이 비둘기같이 내려 자기 위에 임하
심을 보시더니** [마3:16]

예수께서 세례 요한에게서 세례를 받으실 때 "하늘
이 열리고 하나님의 성령이 비둘기같이 내려 자기 위에 임
하심을 보시더니"라고 했으며, "물에서 올라오실쌔 하늘
이 갈라짐과 성령이 비둘기같이 자기에게 내려오심을 보시
더니"라고 한 막1:10절과 눅3:21~22절에 "백성이 다 세
례를 받을쌔 예수도 세례를 받으시고 기도하실 때 하늘이
열리며 성령이 형체로 비둘기같이 그의 위에 강림하시더
니", 요1:32절에 "요한이 또 증거하여 가로되 내가 보니 성
령이 비둘기같이 하늘로서 내려와서 그의 위에 머물렀더라"
고 마태, 마가, 누가, 요한복음 네 군데 다 예수도, 세

례 요한도 본 것을 증거했고, 이 말씀을 사람이 본능으로 아는 눈으로 보면 당시 예수께서 요한에게 세례받으실 때 성령이 임한 것으로 보고 말할 수 있다. 이는 이 말씀 속에 감추어 두신 하나님의 뜻을 모르고 곡해하는 것이다. 그래서 성령을 다 상상한 것이다. 예수께서 승천하시고도 2천 년이 지나야 성령이 형체, 곧 몸을 입고 오실 것을 감추시고 예수를 사용하셔서 또 다른 보혜사인 진리의 성령을 보내시겠다고 약속하셨다[요14:16~17, 26, 15:26, 16:7~15]. 예수 당시에 성령이 실상이 된 것이 아니라 하나님께서 정하신 때가 되면 성령이 형체로 비둘기같이 강림할 것을 예언, 유언하신 것이다. 이런 천국의 비밀을 창28:18절에 "돌을 가져 기둥으로 세우고 그 위에"라는 기록 속에 감추어 두신 것이다.

> 야곱이 아침에 일찌기 일어나 베개하였던 **돌을 가져 기둥으로 세우고 그 위에 기름을 붓고** [창28:18]

돌도, 기둥도 '사람'을 지칭하는 것이다[갈2:9, 계3:12]. 이 말이 사실인 증거가 "그 위에 기름을 붓고"라는 말씀이다. 곧 예수께서 이 땅에 오시고 십자가를 지시고 죽으신 후 삼 일 만에 부활하시고 사십 일 동안 계시다가 승천하신 그때는 진리의 성령의 영혼은

요한복음 14:16, 26

16 내가 아버지께 구하겠으니 그가 또 다른 보혜사를 너희에게 주사 영원토록 너희와 함께 있게 하시리니

26 보혜사 곧 아버지께서 내 이름으로 보내실 성령 그가 너희에게 모든 것을 가르치시고 내가 너희에게 말한 모든 것을 생각나게 하시리라

요한복음 15:26

내가 아버지께로서 너희에게 보낼 보혜사 곧 아버지께로서 나오시는 진리의 성령이 오실 때에 그가 나를 증거하실 것이요

요한복음 16:7

그러하나 내가 너희에게 실상을 말하노니 내가 떠나가는 것이 너희에게 유익이라 내가 떠나가지 아니하면 보혜사가 너희에게로 오시지 아니할 것이요 가면 내가 그를 너희에게로 보내리니

갈라디아서 2:9

또 내게 주신 은혜를 알므로 기둥같이 여기는 야고보와 게바와 요한도...

요한계시록 3:12

이기는 자는 내 하나님 성전에 기둥이 되게 하리니 그가 결코 다시 나가지 아니하리라...

위에, 곧 하나님 앞에 있었다. 반드시 전 성경을 통으로 보고 종합해서 분별을 해야 한다. 그래서 "기름을 붓고"라는 말의 의미가 사람이 본능으로 아는 기름을 돌 위에 붓는 것을 뜻하는 것이 아니다. 하나님께서 말씀하시는 '기름 부음'이란 '하나님의 특별한 소유로 구별하다, 하나님으로부터 신적 권위를 부여하다'라는 의미로서 '하나님의 거룩하신 뜻과 섭리를 수행할 사역자로 부름받다'라는 뜻이다. '기름 부음받은 자'를 다른 말로 하면 '메시야', 곧 '그리스도'라고 한다. 이로 인해 '그리스도'라는 말은 죄인들에게 참된 제사장이요, 왕으로서 인간의 구원을 위해 하나님으로부터 보냄을 받은 '구세주'라는 개념으로 오늘 이 시간까지 이어져 온 것이다.

이때 사용되는 기름을 '관유'라고 하며, 문자 그대로 출29:7절에 제사장 직분의 위임식에서 제사장의 머리에 부어 바르고, 왕상19:15~16절에 기름을 부어 이스라엘의 왕이 되게 하였으며, 선지자에게 바르게 한 것이다. 결국 '기름 부음'은 '성령의 임재'를 지시하신 것이다. '성령'은 여호와 하나님께서 친히 임하셔서 가르치실 때 사용되는 '사람'으로 여호와의 팔, 한 몸, 눈, 손 역할을 하여 하나님께서 영원히 거하시는

출애굽기 29:7
관유를 가져다가 그 머리에 부어 바르고

열왕기상 19:15~16
15 여호와께서 저에게 이르시되 너는 네 길을 돌이켜 광야로 말미암아 다메섹에 가서 이르거든 하사엘에게 기름을 부어 아람 왕이 되게 하고
16 너는 또 님시의 아들 예후에게 기름을 부어 이스라엘 왕이 되게 하고 또 아벨므홀라 사밧의 아들 엘리사에게 기름을 부어 너를 대신하여 선지자가 되게 하라

성전이 되어 하나님의 특별한 소유로 구별된 사람을 지시하신 것이다. 증거가 시편 23편이다.

> [1]여호와는 나의 목자시니 내가 부족함이 없으리로다 [2]그가 나를 푸른 초장에 누이시며 쉴만한 물가로 인도하시는도다 [3]내 영혼을 소생시키시고 **자기 이름을 위하여 의의 길로 인도하시는도다** [4]내가 사망의 음침한 골짜기로 다닐찌라도 해를 두려워하지 않을 것은 주께서 나와 함께 하심이라 주의 지팡이와 막대기가 나를 안위하시나이다 [5]주께서 내 원수의 목전에서 내게 상을 베푸시고 **기름으로 내 머리에 바르셨으니** 내 잔이 넘치나이다 [6]나의 평생에 선하심과 인자하심이 정녕 나를 따르리니 **내가 여호와의 집에 영원히 거하리로다** [시23:1~6]

이 예언, 유언은 다윗이 쓴 것으로 당시 다윗에게 이루어진 예언이 아니며, 다윗의 자손으로 이 땅에 오셨던 예수 그리스도조차도 온전히 실상이 되지 않았다. 기름 부음을 받은 자의 결과는 여호와의 집에 영영히 거하는 것이다. 육체도 죽지 않는 '영영한 사역자'를 뜻하신 것이다. 곧 다윗의 집의 열쇠를 받은 "빌라델비아 교회 사자"[계3:7~13]를 지시하신 예언, 유언이다. 여호와 하나님께서 장가드셔서 영원히 하나님의 성전이 되어[호2:19~20] 여호와 하나님의 집에 기둥, 곧 제사장이 되어 영원히 거하는 자인 '진리의

요한계시록 3:7
빌라델비아 교회의 사자에게 편지하기를 거룩하고 진실하사 다윗의 열쇠를 가지신 이 곧 열면 닫을 사람이 없고 닫으면 열 사람이 없는 그이가 가라사대...

호세아 2:19~20
19 내가 네게 장가들어 영원히 살되 의와 공변됨과 은총과 긍휼히 여김으로 네게 장가들며
20 진실함으로 네게 장가들리니 네가 여호와를 알리라

성령'을 뜻하신 것이다.

　이를 예언하고 지시하신 것이 창세기 28장에 "¹⁸…돌을 가져 기둥으로 세우고 그 위에 기름을 붓고… ²²내가 기둥으로 세운 이 돌이 하나님의 전이 될 것이요…"[창28:18, 22]라고 하신 말씀이다. 이렇게 실상이 될 때 하나님께서 함께 계시니 '하늘의 문'이며, '여호와 하나님의 전'이 되는 것이다. 이렇게 실상이 되는 과정을 예수께서 다윗의 자손으로 오셔서 세례 요한에게서 세례를 받고 물에서 올라오실새 하늘이 열리고, 하나님의 성령이 비둘기같이 내려 자기, 곧 예수의 위에 임하심이라고 예언, 유언한 것이다. 이 예언이 실상이 될 때는 지금 이 세대, 전 우주적인 일곱째 날이다. 이래서 사람에게서 증거를 취하시지 아니하시고[요5:34], 사람에게서 영광을 취하시지도 아니하신다[요5:41]고 하셨던 것이다.

요한복음 5:34, 41
34 그러나 나는 사람에게서 증거를 취하지 아니하노라 다만 이 말을 하는 것은 너희로 구원을 얻게 하려 함이니라
41 나는 사람에게 영광을 취하지 아니하노라

예수께서 '기름 부음', 곧 '성령세례' 받은 것이 아니었다

선지자의 글에 저희가 다 하나님의 가르치심을 받으리라 기록되었은즉 아버지께 듣고 배운 사람마다 내게로 오느니

라 [요6:45]

여호와 하나님께서 친히 가르치시는 지금 이때[요 6:45] 진리의 성령, 곧 하나님의 성령이 실상이 되어 하나님의 증거를 15년째 대언하는 이 일을 예언, 유언한 것이다. 이렇게 될 때 실상으로 기름 부음을 받아 영영한 사역자들이 세워질 것을 사도 요한을 사용하여 요일2:18~29절에 예언, 유언해 두셨고, 현재 사실이 되어 영영한 사역자들인 성도, 다른 모양으로 '제사장, 왕 노릇 할 자들, 하나님의 아들들'에게 기름을 부으시고 계신 것이다. 이렇게 온전히 땅 위에 사실이 되어 기록된 명제에 일치할 때 영원한 생명, 곧 '영생'을 얻어 영원히 하나님의 집의 기둥이 되어 세워지는 것이다.

요한일서 2:27
너희는 주께 받은 바 기름 부음이 너희 안에 거하나니 아무도 너희를 가르칠 필요가 없고 오직 그의 기름 부음이 모든 것을 너희에게 가르치며 또 참되고 거짓이 없으니 너희를 가르치신 그대로 주 안에 거하라

이때가 되어야 영적인 잠에서 깨어나게 되고, 여호와 하나님께서 언약하신 모든 약속이 사실이 된다. "너희는 거룩하신 자에게서 기름 부음을 받고 모든 것을 아느니라"[요일2:20]고 하신 이 예언, 유언이 이루어져서 2008년 6월 16일부터 시작된 새 일인 '영원한 언약'[히8장]이 실상으로 이루어질 것을 두고 창세기 28장에 야곱이 "돌을 가져 기둥으로 세우고 그 위에 기름을 붓고"라고 하시고, 신약성경에서는 예수께서 세례 요한에게

세례를 받으실 때 "성령이 형체로 비둘기같이 그의 위에 강림하시더니"[눅3:22]라고 하신 것이다.

이제 하나님께서 정하신 때가 되어 이런 진리를 알게 하시고, 실상이 되게 하시는 분은 '여호와 하나님'이시다. 예수가 아니라는 말이다. 믿든 안 믿든 진실로 사실이다. 이때가 되기 전에는 모두 영적인 잠을 자는 '영적인 밤'을 지나는 기간이었다. 내가 '진리의 성령'이라는 사실은 성경에 기록된 명제에 일치하는 열매, 사건이 실상으로 드러날 때 밝혀야 하는 것이다. 인자가 올 때에 세상에서 믿음을 보겠느냐고 하셨고, 진실로 사실인 것을 15년째 보고 겪으며 이 시간까지 온 것이다. 택함을 받은 성도라면 반드시 말씀을 믿는다. 절대 거짓이 참을 이길 수 없으므로 오직 여호와 하나님만 믿고 온 것이다.

이래서 "내가 너희에게 쓴 것은 너희가 진리를 알지 못함을 인함이 아니라 너희가 앎을 인함이요 또 모든 거짓은 진리에서 나지 않음을 인함이니라"[요일2:21]라고 하신 것도 실상이 되어 모든 거짓말하는 적그리스도, 곧 우리에게서 나간 대적자들과 예수 이름을 사용하는 자칭 기독교 목사들에 의해 감옥에까지 갇힌 이 일과, 감리교 권사 이인규에 의해 오늘에 이르기까지 온 세상에서 가장 어리석은 목사로 치욕을 당하고 있는 이 일이 실상이 된 것은 나와 은혜로교회 성도들이 여호와 하나님의 기름 부으심을 받은 실상의 주인들이기 때문에 당하는 고통, 시험, 핍박들이라는 뜻을 감추시고 예언, 유언해 두신 것이다.

진리의 성령을 사용하여 여호와 하나님께서 친히 증거하시는 이 일이 하나님께서 말씀하시는 '기름 부음'이다. 이렇게 기름 부음을 받지 아니하는 모든 자들은 다 거짓이며, 꿈꾸는 자들이다. 이를 두고 "모든 거짓은 진리에서 나지 않음을 인함이니라"고 하신 것이다. 예수께서 당시에 지금 새 언약의 말씀을 받는 성도들처럼 기름 부음을 받은 것이 아니었다. 그래서 이를 두고 "네가 하나님처럼 팔이 있느냐"[욥40:9]고 하셨으며, '밤의 빛'으로 규정해 놓으신 것이다. 또한 진리의 성령인 나를 두고 디모데전서 5장, 잠언, 이사야, 시편 등에 '외로운 자, 고독한 자'라고 여러 부분, 여러 모양으로 예언, 유언해 두셨고, 오직 여호와 하나님만 의지하고 "하나님께 소망을 두어 주야로 항상 간구하느니라"[딤전5:5]고 한 '참 과부'라고 하신 것이다. 또한 모든 거짓과 맞서 싸워야 하니 '미가엘 천사장'이라고 하신 것이다.

히브리서 1:1
옛적에 선지자들로 여러 부분과 여러 모양으로 우리 조상들에게 말씀하신 하나님이

"성령이 형체로 비둘기같이"란 말씀은 하나님의 성령,

곧 하나님께서 장가드셔서 영원히 거하시는 성전 된 사람이기에 거룩한 자, 신령한 자라는 뜻인 '성령'이 예수가 승천하시고 2천 년이 지난 후에 형체, 곧 육체를 입고 올 것을 예언, 유언한 것이다. "비둘기같이"라는 단어에도 하나님께서 미리 정해 두신 때와 시간을 창세기 1장부터 요한계시록까지 전 성경에 감추시고 기록해 두셨다. 비둘기가 노아의 방주 안으로 감람 새 잎사귀를 입에 물고 날아오는 것[창8:11]도 지금 이때, 곧 사람들이 비행기를 타고 날아다니는 이때를 지시하셨고, 진리의 성령의 입으로 대언하는 여호와 하나님의 말씀으로 다시 창조하셔서 영원히 하나님의 제사장이요 왕 노릇 할 하나님의 아들들, 백성들을 방주 안으로 들어오게 하실 것도 지금 이때에 있을 일임을 예언, 유언하신 것이다.

창세기 8:11
저녁 때에 비둘기가 그에게로 돌아왔는데 그 입에 감람 새 잎사귀가 있는지라 이에 노아가 땅에 물이 감한 줄 알았으며

이 예언, 유언이 실상이 되는 때가 '일곱째 날', '여호와의 날', '인자의 날'인, 21세기 지금 이 세대다. 이를 실상으로 이루실 때까지 '그림자와 모형'으로 사용하신 사람들이 전 성경에 이름이 문자 그대로 기록된 사람들이다. 그래서 이 모든 비밀이 다 풀어지고 기록된 명제에 일치하는 첫 실상이 바로 '진리의 성령'이며, 이때 이 진리를 믿으라고 '새 언약의 중보'로 '예수

도 이 땅에 보내셨던 것이다[히8:6, 9:15]. 그래서 나를 통해 하나님께서 친히 가르치시는 이 일을 '새 일'이라고 하며, 그리스도가 여기 있다, 저기 있다고 해도 믿지 말라고 하신 것이다[마24:23].

> 날이 기울고 그림자가 갈 때에 내가 몰약 산과 유향의 작은 산으로 가리라 [아4:6]

"날이 기울고"란 악인들이 세상을 지배하고 누리고 다스리는 6일이 다 끝나갈 때, 곧 하나님께서 '정하신 날이 기울고'를 뜻하고, "그림자가 갈 때에"라고 하신 그림자는 각 시대마다 하나님께 사용된 선지자, 왕, 제사장들이 다 '그림자'에 해당한다. 이 사실을 예수도 모르고 있었다. 사실이다. 일곱째 날이 이르러 실상이 될 때까지 모두 꿈속에서 꿈꾸며 상상하고 있었던 것이다. 다른 모양으로 말하면 그림자요 모형이었다. 이때를 지시하신 사건이 바로 동방박사들이 예수가 태어났을 때 별을 연구하다가 별의 인도함을 받아 예수께 황금, 유향, 몰약을 가지고 마리아와 아기에게 경배하며 드린 것이다. 그들은 그때 실상이 되는 예언, 유언이 아가서인 줄 안 것이다. 아4:6절의 예언은 실상의 주인공들인 나와 성도들에 대한 예언이 감추어져 있는데, 지금 이 세대 이 시간까지 아무

히브리서 8:6
그러나 이제 그가 더 아름다운 직분을 얻으셨으니 이는 더 좋은 약속으로 세우신 더 좋은 언약의 중보시라

히브리서 9:15
이를 인하여 그는 새 언약의 중보니 이는 첫 언약 때에 범한 죄를 속하려고 죽으사 부르심을 입은 자로 하여금 영원한 기업의 약속을 얻게 하려 하심이니라

마태복음 24:23
그때에 사람이 너희에게 말하되 보라 그리스도가 여기 있다 혹 저기 있다 하여도 믿지 말라

도 몰랐던 것이다. 이제 때가 되어 나를 사용하셔서 여호와 하나님께서 친히 밝히시는 것이다. 그들은 당시에 꿈, 현몽, 잠자는 중에 한 언행이며, 이는 '육에 해당하는 기간'이어서 "살리는 것은 영이니 육은 무익하니라 내가 너희에게 이른 말이 영이요 생명이라"[요6:63]고 하셨고, "육으로 난 것은 육이요 성령으로 난 것은 영이니"[요3:6]라고 하신 것이다.

예레미야 31:35
나 여호와는 해를 낮의 빛으로 주었고 달과 별들을 밤의 빛으로 규정하였고 바다를 격동시켜 그 파도로 소리치게 하나니 내 이름은 만군의 여호와니라 내가 말하노라

히브리서 9:27
한 번 죽는 것은 사람에게 정하신 것이요 그 후에는 심판이 있으리니

그래서 예수와 예수 이름 사용하는 지도자들이 달과 별들이며, '밤의 빛'이었다[렘31:35]. 그림자에 해당하는 자들은 반드시 한 번 육체가 죽어야 하고, 그 후에 심판이 있다[히9:27]. 예수는 여호와 하나님의 기름 부으심을 진리의 성령이 실상이 되어 받은 것이 아니라 세례 요한에게서 세례를 받은 것이다. 세례 요한은 하나님께서 동행하신 것이 아니었다. 밤의 빛인 예수가 오는 길을 예언, 유언하였으며, 지금 이 세대 우리에 대해서도 예언, 유언한 밤의 빛 역할이었다.

나 예수는 교회들을 위하여 내 사자를 보내어 이것들을 너희에게 증거하게 하였노라 나는 **다윗의 뿌리요 자손이니 곧 광명한 새벽별이라** 하시더라 [계22:16]

이 말씀은 예수께서 하신 말을 제자인 사도 요한이

기록한 것이다. 예수는 자신이 세운 사도들, 곧 제자들을 사용하여 "이것들을 증거하게 하였노라"라고 하셨으니 '사람의 증거'였고, 자신을 다윗의 뿌리요 자손이니, '광명한 새벽별'이라고 하셨다. 그 당시 제자들도 거듭나지 않은 영적인 상태로 자신들이 듣고 본 것을 증거했으나[요15:27], 기름 부어 세운 제사장들이 아니었고, 다 그림자들이었다. 그래서 다 한 번 죽은 것이다. 예수는 뿌리, 곧 다윗에게 허락하신 영원한 언약이 실상이 되는 뿌리요, 자손이다. 따라서 그때 실상이 되어 이 땅에서 하나님의 나라가 세워지는 것이 아니라는 뜻이다. 하나님께서 정하여 두신 일곱째 날, 셋째 날인 이때를 위한 '뿌리' 역할을 한 것이다. 그래서 삼 일 만에 다시 부활하신 것이다. 예수께서는 자신에게 주어진 사명이 '새 언약의 중보'라는 사실에 대해 온전히 알았던 것이 아니었다. 예언, 유언에 대한 비밀과 하나님께서 정하신 때를 모르면 모두 다 실수를 한다.

일곱째 날, 셋째 날이 될 때까지 아무도 물과 성령으로 다시 난 자들이 없었다. 그림자는 그림자일 뿐이며, '낮'인 열두 시, 곧 해가 가장 밝은 중천에 떠 있는 시간에는 사람에게 그림자가 없다. 그래서 "각양 좋은 은사와 온

요한복음 5:34
그러나 나는 사람에게서 증거를 취하지 아니하노라 다만 이 말을 하는 것은 너희로 구원을 얻게 하려 함이니라

요한계시록 22:16
나 예수는 교회들을 위하여 내 사자를 보내어 이것들을 너희에게 증거하게 하였노라 나는 다윗의 뿌리요 자손이니 곧 광명한 새벽별이라 하시더라

요한복음 15:27
너희도 처음부터 나와 함께 있었으므로 증거하느니라

전한 선물이 다 위로부터 빛들의 아버지께로서 내려오나니 그는 변함도 없으시고 회전하는 그림자도 없으시니라"[약 1:17]고 하신 이 예언, 유언은 진리의 성령이 형체로 비둘기같이 하늘로서 강림하여 실상이 되는 때에 온전히 땅 위에 사실이 되어 이루어지는 것이다. 이 일이 바로 하나님께서 15년째 나를 통해 친히 행하시는 이 일이다. 예수 이름을 사용하는 모든 사람들은 2022년 이때까지 '회전하는 그림자'에 해당하여, 모두 육체가 죽은 것이다.

그런데 여호와 하나님께서는 변함이 없으시고 회전하는 그림자도 없으시며, 기름을 부으시는 분이시며, 이때 사용하시는 사람이 '진리의 성령'이다. 지금까지 귀신이 주인인 자들, 그림자에 속한 자들이 지어낸 것이 바로 "성령의 기름 부음이 임할지어다"라고 하며, 목사가 다른 목사의 머리에 손을 얹고 성령을 받게 한다고 안수하고, 교인들의 머리에도 안수하며 "성령받을지어다. 병 고침받을지어다. 귀신이 떠나갈지어다. 복받을지어다." 등등 거짓말을 하는 자들이다. '성령의 나타남, 성령의 임재'라는 말로 광고하고 미혹하는 사단, 마귀, 귀신이 주인인 어떤 목사는 자신을 신령한 자인 것처럼 광명의 천사로 가장하고 있다. 이런 자들을 '손할례당'[딛1:10]이라고 한다. 예수 이름으로 사기 치고 공갈하며 살인하고 미혹하는 자들이며, 비둘기 파는 자들이다. 이런 자들이 꿈꾸는 자들이며, 몰각한 목자들이고, 영적인 소경이요 귀머거리이며, 벙어리 개들이라고 비유하신 것이다.

디도서 1:10
복종치 아니하고 헛된 말을 하며 속이는 자가 많은 중 특별히 할례당 가운데 심하니

2천 년간 사람들에게
영광을 받으신 '예수'

크도다 경건의 비밀이여, 그렇지 않다 하는 이 없도다 그는 육신으로 나타난 바 되시고 영으로 의롭다 하심을 입으시고 천사들에게 보이시고 **만국에서 전파되시고** 세상에서 믿은 바 되시고 **영광 가운데서 올리우셨음**이니라 [딤전3:16]

이 말씀은 AD 63~65년경에 사도 바울이 기록한 것이다. "만국에서 전파되시고"라는 말은 당시에 이루어진 일이 절대 아니다. '만국'이란 '세계의 모든 나라, 여러 나라'를 뜻하고, 다른 모양으로 말하면 '만방, 열국, 열방'이라고 한다. 그때는 전 세계 모든 나라에 예수 이름이 전파된 것이 아니었으니 이 말씀은 예언이며 '유언'이었고, 2022년 지금 이 세대에는 진실로 사실이 되었다.

'영광'이란 '빛나는 영예, 인간이 감당할 수 없는 초월한 빛, 영원한 왕, 곧 임금이신 여호와 하나님의 은덕'을 뜻하고, 하나님의 임재나 긍휼, 완전성을 찬양하여 하나님을 높여 드리는 행위 등을 나타내며, 사람이나 사물과 관련해서는 '아름다움, 뛰어남, 명성' 등을 의미한다. 하나님께서 말씀하시는 영광은 본질적으로 하나님께 속한 것이다. 그래서 "의와 인자를 따라 구하는 자는 생명과 의와 영광을 얻느니라"[잠21:21]고 하셨고, "겸손과 여호와를 경외함의 보응은 재물과 영광과 생명이니라"[잠22:4]라고 하신 대로 영광은 반드시 진리의 성령이 실상이 되어 의에 대해서 모든 진리 가운데로 인도할 때 생명과 의와 영광을 얻는다. 그래서 "내가 나의 영광인 이스라엘을 위하여 구원을 시온에 베풀리라"[사46:13]라고 하셨다.

'하나님의 온전한 영광'은 이스라엘에게 육체도 죽지 아니하는 구원을 받게 하여 온 땅에 하나님의 영광을 나타내시는 것이다. 이때 이스라엘은 저 황금돔이 있는 이스라엘이 아니라 하나님과 사람으로 더불어 겨루어 이긴 '다시 택한 이스라엘'을 말씀하시는 것이다. 이때 이 구원을 믿으라고 예수를 사용하셔서 죽임을 당해도 여호와 하나님께서 구원하심을 나타내

이사야 14:1
여호와께서 야곱을 긍휼히 여기시며 이스라엘을 다시 택하여 자기 고토에 두시리니 나그네 된 자가 야곱 족속에게 가입되어 그들과 연합할 것이며

보이신 것이다. 이래서 "나도 그를 알지 못하였으나 내가 와서 물로 세례를 주는 것은 그를 이스라엘에게 나타내려 함이라 하니라"[요1:31]고 말씀해 두셨던 것이다.

> [37]명절 끝날 곧 큰 날에 예수께서 서서 외쳐 가라사대 누구 든지 목마르거든 내게로 와서 마시라 [38]나를 믿는 자는 성 경에 이름과 같이 그 배에서 생수의 강이 흘러나리라 하시 니 [39]이는 그를 믿는 자의 받을 성령을 가리켜 말씀하신 것 이라 **예수께서 아직 영광을 받지 못하신 고로 성령이 아직 저희에게 계시지 아니하시더라** [요7:37~39]

예수께서 사역하실 그때는 성령이 아직 저희에게 계시지 않 았다. 다시 말하면 예수께서 세례 요한에게서 세례 를 받으실 때, 진리의 성령이 없었다는 뜻이다. 반드 시 예수께서 십자가에 죽으시고 부활 승천하신 후에 하나님께서 정하신 때인 지금 이 세대, 여호와의 날, 인자의 날이 되어야 '성령'이 실상으로 와서 하나님 께 택함을 받은 이스라엘, 곧 여호와 하나님의 영광 인 다시 택하신 이스라엘로 여호와 하나님을 경외하 여 영원한 생명이신 여호와의 구원을 받아 생명과 의 와 영광을 얻게 하신다. 이렇게 실상이 되려면, 곧 여 호와 하나님께서 정하신 때가 될 때까지 예수께서 영 광을 받는 2천 년 기간이 흘러야 성령이 실상이 되어

디모데전서 3:16

크도다 경건의 비밀이여,
그렇지 않다 하는 이 없도
다 그는 육신으로 나타난
바 되시고 영으로 의롭다
하심을 입으시고 천사들
에게 보이시고 만국에서
전파되시고 세상에서 믿
은 바 되시고 영광 가운데
서 올리우셨음이니라

땅 위에 이루어질 것을 감추시고 예언, 유언해 두신 것이다. 다시 말하면 사도 바울이 말한 딤전3:16절에 기록되어 있는 이 예언, 유언은 2천 년 동안 예수께서 영광을 받고, 땅에 있는 사람들은 예수께 영광을 돌릴 것을 감추시고 하신 말이다.

영광은 오직 여호와 하나님께만 돌려야 한다. 이렇게 여호와 하나님께 영광을 돌릴 자들은 하나님께서 영원한 언약으로 다시 택하시고 부르신 '이스라엘'을 사용하셔서 아버지께 영광을 돌리게 하신다. 곧 진리의 성령이 실상이 되어 죄에 대하여 모든 진리 가운데로 인도하므로 다시 택함을 받은 이스라엘은 죄를 깨닫고, 하나님의 뜻을 따라 지켜 실행하여 의롭게 되며, 영원한 생명을 얻어 영원히 하나님께 영광을 돌려드리는 사역자, 백성들이 된다. 이런 사역자들이 나타나는 때는 예수께서 2천여 년간 사람들에게 '영광'을 받으신 후에 실상이 된다는 뜻이다. 따라서 사도 바울을 사용하여 기록하신 딤전3:16절의 예언은 진리의 성령이 실상이 될 때까지 사람들이 사람의 생각, 본능적인 눈으로 보고 "오직 예수"라고 하며 영광을 돌리게 된 것이다. 이를 두고 "영광 가운데서 올리우셨음"이라고 하신 것이다. 이래서 예수께서 불가불, 곧 어

쩔 수 없이 부득불 왕 노릇 하시고 계신 것이며[고전 15:25], "누구든지 나를 인하여 실족하지 아니하는 자는 복이 있도다"[마11:6]라고 하신 것이다.

진리의 성령이 실상이 되어야 '생수, 곧 생명수인 단물'을 먹고 '영생'을 실상으로 이루는 것이다. 이는 2천 년간 예수가 의지의 대상이 되어 여호와 하나님께서 받으셔야 할 영광을 자신이 받게 될 것을 두고 말씀하신 것이다. 이런 하나님의 뜻을 예수도, 그 누구도 몰랐던 것이다. 다시 말하면 2천 년간 하나님께 영광을 돌린 사람이 아무도 없었다는 뜻이다. 예수께서도 기름 부음을 받은 것이 아니며, 그때 진리의 성령이 임하는 것이 아니었다. 그래서 지금 이 진리로 돌아서서 새 언약의 말씀대로 지켜 실행하지 아니하는 모든 것은 다 헛되고 무익한 것이다. 이제 모두 성부 하나님께로, 새 언약의 말씀으로 돌아서면 된다.

욥기서에 "참으로 네가 하나님 경외하는 일을 폐하여 하나님 앞에 묵도하기를 그치게 하는구나 네 죄악이 네 입을 가르치나니 네가 간사한 자의 혀를 택하였구나"[욥15:4~5]라는 말씀에 해당하는 '사람'은 누구일까? 일 순위가 바로 '예수'다. 증명한다.

고린도전서 15:25
저가 모든 원수를 그 발 아래 둘 때까지 불가불 왕 노릇 하시리니

마태복음 11:6
누구든지 나를 인하여 실족하지 아니하는 자는 복이 있도다 하시니라

56

이제 온 천하는 **잠잠하라**

여호와 하나님 경외하기를
폐한 '**예수**'

「동아일보」 2022년 7월 7일 목요일
「조선일보」 2022년 7월 8일 금요일

스마트폰으로 QR 코드를 스캔 하시면
[이제 온 천하는 잠잠하라] 전문을 다운로드 받을 수 있습니다.

하늘에 올라 경배를 받고 있는
'사람'은 누구인가?

네가 네 마음에 이르기를 내가 하늘에 올라 하나님의 뭇별
위에 나의 보좌를 높이리라 내가 북극 집회의 산 위에 좌정
하리라 [사14:13]

'뭇별'이란 '많은 별, 뭇사람, 곧 많은 사람, 여러 사람'이라는 뜻이다. "그를 이끌고 밖으로 나가 가라사대 하늘을 우러러 뭇별을 셀 수 있나 보라 또 그에게 이르시되 네 자손이 이와 같으리라"[창15:5] 곧 아브라함의 자손을 '뭇별'에 비유하신 것이다. 이래서 예수의 족보를 아브라함과 다윗의 자손 예수 그리스도의 세계라고 한 것이다. 그런데 '뭇별'인 아브라함의 자손 위에 자신의 보좌를 높이리라고 본문에 "내가 하늘에 올라"라고 한 '내가'는 누구일까? "하늘에서 내려온 자 곧 인자 외에는 하늘에 올라간 자가 없느니라"[요3:13]고 하신 이대로

요한복음 6:60~62

60 제자 중 여럿이 듣고 말하되 이 말씀은 어렵도다 누가 들을 수 있느냐 한대

61 예수께서 스스로 제자들이 이 말씀에 대하여 수군거리는 줄 아시고 가라사대 이 말이 너희에게 걸림이 되느냐

62 그러면 너희가 인자의 이전 있던 곳으로 올라가는 것을 볼 것 같으면 어찌하려느냐

사도행전 1:9~11

9 이 말씀을 마치시고 저희 보는 데서 올리워 가시니 구름이 저를 가리워 보이지 않게 하더라

10 올라가실 때에 제자들이 자세히 하늘을 쳐다보고 있는데 흰옷 입은 두 사람이 저희 곁에 서서

11 가로되 갈릴리 사람들아 어찌하여 서서 하늘을 쳐다 보느냐 너희 가운데서 하늘로 올리우신 이 예수는 하늘로 가심을 본 그대로 오시리라 하였느니라

이사야 14:12

너 아침의 아들 계명성이여 어찌 그리 하늘에서 떨어졌으며 너 열국을 엎은 자여 어찌 그리 땅에 찍혔는고

예수는 부활하신 후 하늘에 올라가셨다. "주 예수께서 말씀을 마치신 후에 하늘로 올리우사 하나님 우편에 앉으시니라"[막16:19]라고 하셨고, "예수께서 저희를 데리고 베다니 앞까지 나가사 손을 들어 저희에게 축복하시더니 축복하실 때에 저희를 떠나 하늘로 올리우시니"[눅24:50~51]라고 하셨다. 요6:60~62절에서 예수께서 십자가를 지시기 전에 자신이 승천하실 것을 말씀하셨고, 하늘에서 내려온 자, 곧 인자 외에는 하늘에 올라간 자가 없다고 하셨으며, 행1:9~11절에서 제자들이 보는 데서 올리워 가셨고, 창세 이래 땅에 살았던 사람 그 누구도 이렇게 명백하게 하늘로 올리워 간 분은 없었다.

하늘에 오른 분은 예수 그리스도이시다. "하나님의 뭇별 위에"라고 하셨으니 '뭇별'은 성경을 사용하고 하나님과 예수 그리스도를 섬기고 경배하는 신앙인들이며, 그중에 별은 지도자들을 뜻한다. 귀신의 처소 바벨론 왕도 성경을 사용하는 자, 곧 혀로 "하나님, 예수님" 하는 자다. '뭇별', 곧 아브라함의 자손들 위에 보좌를 높여서 지극히 높은 자와 비기는 "아침의 아들 계명성"[사14:12]의 실체가 누군지도 밝혀진다. "그 오른손에 일곱 별이 있고… 네 본 것은 내 오른손에 일곱 별의 비밀과 일곱 금 촛대라 일곱 별은 일곱 교회의 사

자요 일곱 촛대는 일곱 교회니라"[계1:16~20]고 하신 대로 계시록 2~3장의 일곱 교회의 사자, 곧 오늘날 성경을 사용하는 모든 종교 지도자들을 일곱 교회의 사자, 곧 '별'에 비유한 것이다. 이는 전부 예수 이름을 사용하는 교회들이다. **곧 머리가 '예수'라는 뜻이다.**

동방박사들이 별의 인도를 따라 아기 예수께 와서 "그의 별을 보고 그에게 경배하러 왔노라"고 마태복음 2장에 기록되어 있다. '경배'란 '공경하여 공손히 절하다'라는 뜻이다. 다른 모양으로 말하면 '숭배'인데 이는 훌륭한 사람이나 절대시하는 종교적 대상을 높이고 우러러 공경하는 것이다. 이 말에는 '섬기다'라는 의미가 내포되어 있고, '존경과 경외, 열망과 경외심'이 담겨져 있다. 하나님께서는 여호와 하나님 외에 다른 신을 섬기는 것을 금지하셨다. 그런데 예수가 태어났을 때, 마리아의 몸에 잉태되었을 때, 요셉의 꿈에 주의 사자가 나타나 현몽하고[마1:18~25], 동방에서 박사들이 찾아와서 경배했으며[마2장], 부활하셔서도 '경배'를 받으셨다[마28:8~10].

> ⁸그 여자들이 무서움과 큰 기쁨으로 무덤을 빨리 떠나 제자들에게 알게 하려고 달음질할쌔 ⁹예수께서 저희를 만나 가라사대 평안하뇨 하시거늘 **여자들이 나아가 그 발을 붙잡**

마태복음 1:20
이 일을 생각할 때에 주의 사자가 현몽하여 가로되 다윗의 자손 요셉아 네 아내 마리아 데려오기를 무서워 말라 저에게 잉태된 자는 성령으로 된 것이라

마태복음 2:11
집에 들어가 아기와 그 모친 마리아의 함께 있는 것을 보고 엎드려 아기께 경배하고 보배합을 열어 황금과 유향과 몰약을 예물로 드리니라

고 **경배하니** ¹⁰이에 예수께서 가라사대 무서워 말라 가서 **내 형제들에게 갈릴리로 가라 하라** 거기서 나를 보리라 하시니라 [마28:8~10]

무덤에서 부활하신 후 자신에게 여자들이 그 발을 붙잡고 경배할 때도 여호와 하나님께만 경배해야 한다고 말하지 않았다. 그리고 분명하게 자신의 제자들을 두고 "내 형제들에게 갈릴리로 가라 하라"고 하셨다. 경배는 다른 모양으로 '숭배'다. 예수는 경배의 대상이 아니라, 예수를 사용하셔서 하나님께서 하신 일을 보고 하나님께서 살아 계시다는 것을 깨달아 영광을 하나님께 돌리고, 여호와 하나님을 경외하며 경배해야 한다. 그런데 보라. 잉태부터 시작하여 아기 때도, 십자가에 죽고 부활하셨을 때도 자신이 '경배의 대상'이 되었다[눅24:50~53]. 2022년 지금 이 시간까지 천주교, 기독교인들의 경배의 대상이 되어 '성자 하나님'이라는 말로 고착화된 근본 원인이 잘 때 꿈에 주의 사자가 현몽한 것이다.

⁵⁰예수께서 저희를 데리고 베다니 앞까지 **나가사 손을 들어 저희에게 축복하시더니** ⁵¹축복하실 때에 저희를 떠나 (하늘로 올리우)시니 ⁵²**저희가 (그에게 경배하고)** 큰 기쁨으로 예루살렘에 돌아가 ⁵³늘 성전에 있어 **하나님을 찬송하니라** [눅24:50~53]

또한 부활하신 후에 눅24장의 이 기록을 원욕이 그대로인 사람이 본능으로 보고 만들어 낸 말이 '성자 하나님'이다. 천주교 교황, 사제, 신부, 기독교 목사들이 예배 때마다 손을 들고 예수 이름으로 교인들에게 축복 기도, 축도하게 된 것도 다 이 때문이다.

"또 맏아들을 이끌어 세상에 다시 들어 오게 하실 때에 하나님의 모든 천사가 저에게 경배할찌어다 말씀하시며"[히 1:6]라고 하신 이 예언, 유언대로 사실이 되어 이 시간까지 예수께 경배한 것이다. 베드로도 이렇게 증거했다. "저는 하늘에 오르사 하나님 우편에 계시니 천사들과 권세들과 능력들이 저에게 순복하느니라"[벧전3:22]고 하신 대로 온 세상에 예수 이름 사용하는 교회가 "오직 예수, 성자 하나님"이라고 하며, '예수'가 경배의 대상이 된 것이다. 이는 온 세상에 그 누구도 부인 못할 실상이다. 그러나 진실로 공경한다면 혀로 말만 하는 것이 아니라 예수를 통해 하나님께서 하신 말씀을 지켜 실행해야 한다.

교회 안에 '일월성신'에게
경배하는 자들

하나님께서는 '경배', 다른 말로 '숭배'에 대해서 다음과 같이 말씀하셨다. "너희 권능 있는 자들아 영광과 능력을 여호와께 돌리고 돌릴찌어다 여호와의 이름에 합당한 영광을 돌리며 거룩한 옷을 입고 여호와께 경배할찌어다"[시29:1~2]라고 왜 굳이 하나님의 이름인 '여호와'를 말씀하셨을까? 왜 아들의 이름을 '예수'라고 기록해 두었을까? 사람들이 하나님의 행하시는 일을 모르고 "오직 예수" 하며 경배할 줄 이미 다 아시는 하나님 이시다. 이래서 성경이 모든 것을 죄 아래 가두어 두었던 것이고[갈3:22~23], 다음과 같이 예언, 유언해 두셨던 것이다.

> **갈라디아서 3:22~23**
> 22 그러나 성경이 모든 것을 죄 아래 가두었으니 이는 예수 그리스도를 믿음으로 말미암은 약속을 믿는 자들에게 주려 함이니라
> 23 믿음이 오기 전에 우리가 율법 아래 매인 바 되고 계시될 믿음의 때까지 갇혔느니라

여호와께서 호렙산 화염 중에서 너희에게 말씀하시던 날에
너희가 아무 형상도 보지 못하였은즉 너희는 깊이 삼가라
[신4:15]

말씀이 하나님이시다. 하나님을 보여 달라고 하면 안 된다. 창세 이래 모든 사람이 죽은 것은 하나님을 모르고 하나님의 계명을 지켜 실행하지 않아서였다. 하나님께서는 정하신 사람을 사용하시지만 그 사람

을 사용하여 말씀하시고 행하시는 것이지, 그 사람이 하나님이 아니다. 이 사실을 명백하게 예수도 몰랐던 것이다. 하나님을 진리대로 모르면 자신도 모르게 말에 실수를 하고, 하나님께서 받으셔야 하는 경배를 사람이 받게 된다. 그래서 스스로 부패하여 우상을 만들어 경배하지 말라고 하신 것이다.

> [16]두렵건대 스스로 부패하여 자기를 위하여 아무 형상대로든지 우상을 새겨 만들되 **남자의 형상이라든지, 여자의 형상이라든지,** [17]땅 위에 있는 아무 짐승의 형상이라든지, 하늘에 나는 아무 새의 형상이라든지, [18]땅 위에 기는 아무 곤충의 형상이라든지, 땅 아래 물 속에 있는 아무 어족의 형상이라든지 만들까 하노라 [19]또 두렵건대 네가 하늘을 향하여 **눈을 들어 일월성신 하늘 위의 군중** 곧 너희 하나님 여호와께서 천하 만민을 위하여 **분정하신 것을 보고 미혹하여** 그것에 경배하며 섬길까 하노라 [신4:16~19]

곧 남자의 형상, 여자의 형상, 짐승의 형상, 아무 새의 형상, 곤충의 형상, 어족의 형상을 만들지 말라고 하셨다. '남자의 형상' 중에 일 순위가 '예수'다. '여자의 형상' 중에 일 순위가 '마리아'다. "기독교는 이런 형상을 만들지 않았는데"라고 반박하는 귀신이 주인인 자들이 있다. 예수의 그림, 사진을 왜 만들며, 예수를 사용하신 분은 여호와 하나님이신데 왜 "오직 예수" 하며 말만 하나? '짐승, 새, 곤충, 어족'이 사람이 본능적으로 아는 새, 곤충, 어족, 곧 물 속에 있는 물고기를 뜻하는 것이 아니다. 모두 '사람'을 비유하신 것이다.

'일월성신'이란 '해, 달, 별들'인 하늘의 모든 천체를 뜻한다. 이 모든 것은 창조주 하나님께서 만드신 것이다. 사람이 본능으로 아는 저 하늘의 해, 달, 별들을 말씀하신 것뿐만 아니라, '사람'을 비유하신 것이다. 이래서 성경은 비유의 뜻을 모르면 치명적인 실수를 하게 된다. 예수도 이런 비유의 뜻을 모르고 도리어 '비유'로 말했다.

별을 연구하던 동방박사들이 그의 별을 보고 아기 예수께 찾아와서 경배한 것은 바로 이 말씀대로 일월성신에게 경배한 것이다. 이는 부패한 사람이 자신을 위하여 만든 '우상'에 해당한다. 하나님께서는 분명히 아무 형상이든지 만들지 말라고 하셨다. 이를 알고 믿었다면 예수도 자신에게 경배하는 여자들과 제자들에게 경배하지 못하게 하고, 오직 여호와 하나님께서 행하신 일이라고 말했어야 했다.

'분정하다'란 '배정하다, 나누다'라는 뜻이다. 하늘

위의 군중인 '해, 달, 별들'을 하나님께서는 낮의 빛으로는 '해'를 정하셨고, 밤의 빛으로는 '달과 별들'을 정하셨다. 이를 두고 분정하신 것이라고 하신다. 따라서 '일월성신'인 하늘 위의 군중을 비유하신 '해, 달, 별들' 중 어느 것도 경배의 대상이 아니다. 여호와 하나님 한 분만 경배하여 공경하고 섬기며 영광을 돌려야 한다는 뜻이다. 여호와 하나님께서 정하신 때가 될 때까지 온 천하 만민 중 아무도 하나님의 행하신 일을 모르게 분정하시고 경영하셨는데, 이를 모르고 2천 년간 사람들은 예수를 경배하였고, 예수는 불가불 '왕 노릇' 하셨던 것이다[고전15:25]. 그래서 "누구든지 나를 인하여 실족하지 아니하는 자는 복이 있도다"[마11:6]라고 하셨다.

'실족'의 다른 모양이 '미혹'이다. 이렇게 말한 예수 자신도 동방박사, 여자들, 제자들이 자신에게 경배할 때 그 경배를 받고 가만히 있었던 것은 이미 창세기 3장에 하와, 곧 교회의 표상, 그림자, 모형인 여자가 주는 나무의 실과를 아담이 받아먹는 행위에 이미 감추어 두셨는데 예수는 몰랐던 것이다. 하나님께서 BC 1400년경에 미리 예언, 유언하여 기록해 두셨는데 예수께서 자신에 대한 천국의 비밀, 곧 하나님의

고린도전서 15:25
저가 모든 원수를 그 발 아래 둘 때까지 불가불 왕 노릇 하시리니

요한계시록 1:5
또 충성된 증인으로 죽은
자들 가운데서 먼저 나시
고 땅의 임금들의 머리가
되신 예수 그리스도로 말
미암아 은혜와 평강이 너
희에게 있기를 원하노라
우리를 사랑하사 그의 피
로 우리 죄에서 우리를 해
방하시고

뜻을 몰랐으며, 자신이 귀신이 주인인 자들의 머리, 곧 "땅의 임금들의 머리"[계1:5]가 되어 우상이 될 줄 상상도 하지 못한 것이다. 이것은 창세 이래 그 누구도 몰랐던 천국의 비밀이었다. '성령'에 대해서도 상상할 줄 하나님께서는 다 아시고 아무 형상, 곧 남자, 여자, 짐승, 새, 곤충, 어족의 형상을 만들지 말고, 그것에 경배하지 말라고 하셨는데 다 일월성신에게 경배하고 있다.

불교나 천주교나 기독교나 다른 것이 무엇인가? 예수는 십자가에 죽고 부활해서도 경배를 받았다. 예수는 자신을 두고 '포도나무'라고 하고, 너희는 '가지'라고 하고도 자신에 대한 판결인 "포도나무가 모든 나무보다 나은 것이 무엇이랴 그 나무를 가지고 무엇을 제조할 수 있겠느냐", 곧 십자가에서 죽고 삼 일 만에 부활해서도 또 경배를 받은 예수는 "그것이 온전할 때에도 아무 제조에 합당치 않으며 불에 던질 화목이 될 뿐"[겔15장]이라고 하신 말씀을 몰랐던 것이다. 혀로 "오직 예수" 하는 자들을 이제 하나님께서 대적하시는 때가 되어 '일월성신'을 경배한 모든 자들을 심판하시고 계신다. 우상의 일 순위가 누구인가? 바로 '예수'다. 이제 온전한 진리로 돌아서지 아니하면 반드시 불에 사르는 심판을 받는다.

하나님 경외하기를 폐하고
의지의 대상이 된 '예수'

²⁴**그들이 의지 없을 때에 내가 함소하여 동정하면** 그들이 나의 얼굴 빛을 무색하게 아니하였었느니라 ²⁵내가 그들의 길을 택하고 으뜸으로 앉았었나니 왕이 군중에 거함도 같았고 애곡하는 자를 위로하는 사람도 같았었느니라 [욥 29:24~25]

'함소하다'란 '웃음을 머금다, 꽃이 피기 시작하다' 라는 뜻이다. 또 '동정하다'란 '남의 불행이나 슬픔 따위를 자기 일처럼 생각하고 위로하다'라는 의미다. 문자 그대로는 욥이 이러했다는 말이고, '욥'은 '예수의 표상'이며, 말의 뜻은 예수 이름 사용하여 목회하는 지도자들에 대한 비밀이 감추어져 있다. 욥이 한 일, 곧 예수의 한 일, 예수 이름을 사용하여 목회를 한 일을 두고 이렇게 말씀하신 것이다. 이는 "무리는 내 말을 들으며 나의 가르치기를 잠잠히 기다리다가 내가 말한 후에 그들이 말을 내지 못하였었나니 나의 말이 그들에게 이슬같이 됨이니라 그들이 나 바라기를 비같이 하였으며 입을 벌리기를 늦은 비 기다리듯 하였으므로"[욥29:21~23] 라고 하신 예언, 유언대로 진실로 사실이었다.

다시 말하면 예수의 한 일, 2022년 동안 예수 이름으로 한 일이 웃음을 머금고 동정하는 일이라는 뜻이다. 예수 이름이 전 세계에 퍼져서 모르는 사람이 없는 지금 이때를 두고 '함소하여'라고 하셨고, 예수 이름을 사용하는 지도자들이 웃음을 머금고 인자한 얼굴로 슬프고 불행한 일을 당한 자들을 위로하여 동정하였다는 실상을 말한 것이다. 사람들에게 "예수께서 너의 죄를 다 지시고 십자가에 죽으셨으니 예수를 믿기만 하면 어떤 죄도 다 용서받았다"며 믿으라고 가르치고, 예수 이름으로 무엇이든지 기도하며 구하라 하고, 구하는 것은 받은 줄로 믿으라고 하며, 땅에서도 복을 받아 잘되고, 죽어서는 천국 간다고 가르치니 의지할 데 없는 교인들에게 예수가 의지할 대상이 되어 교회는 사람들이 모여 가득가득 차니 그때는 자신의 얼굴이 무색하지 않았다는 뜻이다.

'무색하다'란 '겸연쩍고 부끄럽다'는 뜻이다. 2천 년간 이러했다. 2022년 7월 지금 이 시간까지 교회 다니는 사람들은 다 거룩한 척 얼굴에 웃음을 머금고, 예수를 안 믿는 사람들을 불쌍히 여겨 동정하고 위로하며, 예수 믿자고 전도하며 심방하고, 가난한 자들에게 밥도 퍼 주고 도와주니 교회가 부흥될 수밖에

없었다. 이런 실상을 욥29:1~18절에 예언, 유언해 두
신 것이다. 고아도 건지고 부르짖는 빈민도 도와주
었고, 망하게 된 자도 자신을 위하여 복을 빌었으며,
과부의 마음이 자신으로 인하여 기뻐 노래하였다고
한다. 자신은 의로 옷을 삼고 입었으며, 자신의 공의
는 도포와 면류관 같았고, 소경의 눈이 되고 절뚝발
이의 발이 되었다고 한다. 심지어 "내 영광은 내게 새
로와지고 내 활은 내 손에서 날로 강하여지느니라 하였었노
라"[욥29:20]고 한다. 이런 실상을 하나님께서 알게 해
주시기 전에는 그 누구도 몰랐으니까 얼굴빛이 무색
하지 않았던 것이다.

> **그때에 달이 무색하고 해가 부끄러워하리니** 이는 만군의
> 여호와께서 시온산과 예루살렘에서 왕이 되시고 그 장로들
> 앞에서 영광을 나타내실 것임이니라 [사24:23]

이 예언, 유언에 대한 뜻을 모르니까 예수가 자신
들이 대망하는 '왕'인 줄 알았던 것이다. 예수께서 승
천하시고 2천 년이 지나서 여호와 하나님께서 친히
임하셔서 새 일을 시작하실 때 비로소 달도 무색하
여 겸연쩍고 부끄러워한다. 이미 이 예언, 유언이 실
상이 되는 때가 지금 이 세대다. 포도나무가 쇠잔하
며 포도주를 마시지 못하는 때가 이 세대다. 이 예언,

히브리서 8:8

저희를 허물하여 일렀으되 주께서 가라사대 볼찌어다 날이 이르리니 내가 이스라엘 집과 유다 집으로 새 언약을 세우리라

유언이 땅에 사실이 되기 전에 "새 언약"[히8장]으로 돌이켜야 한다. 2천 년간 욥기 29장의 예언, 유언대로 땅 위에 사실이 되어 예수가 왕 노릇 하고 있었던 것이다.

예수 이름이 사람들에게 '의지의 대상'이 될 것이라고 3422년 전에 이렇게 예언되어 있었는데, 예수의 제자 중 하나, 곧 "그의 사랑하시는 자가 예수의 품에 의지하여 누웠는지라"[요13:23]고 기록되어 있듯이, 2022년 이 세대까지 천주교, 기독교인들에게 예수가 의지하는 대상이 되어 있다. 사도 바울도 다음과 같이 예수 그리스도를 의지하고 바란다고 했다. "우리 마음에 사형선고를 받은 줄 알았으니 이는 우리로 자기를 의뢰하지 말고 오직 죽은 자를 다시 살리시는 하나님만 의뢰하게 하심이라 그가 이같이 큰 사망에서 우리를 건지셨고 또 건지시리라 또한 이후에라도 건지시기를 그를 의지하여 바라노라"[고후1:9~10]고 했던 것이다.

요한계시록 6:9~11

9 다섯째 인을 떼실 때에 내가 보니 하나님의 말씀과 저희의 가진 증거를 인하여 죽임을 당한 영혼들이 제단 아래 있어

10 큰 소리로 불러 가로되 거룩하고 참되신 대주재여 땅에 거하는 자들을 심판하여 우리 피를 신원하여 주지 아니하시기를 어느 때까지 하시려나이까 하니

11 각각 저희에게 흰 두루마기를 주시며 가라사대 아직 잠시 동안 쉬되 저희 동무 종들과 형제들도 자기처럼 죽임을 받아 그 수가 차기까지 하라 하시더라

이렇게 예수 그리스도를 의지하였건만 바울은 순교했고, 육체가 죽어서야 자신이 흘린 피를 신원해 달라고 하며 제단 아래 있다[계6:9~11]. 왜 이런 결과가 되었을까? 그래서 달이 무색하다고 하신 것이다. 혀로 "성자 하나님, 성령 하나님" 하며 의지하는 모든

사람들의 결과가 이사야 24장에 예언, 유언, 판결되어 있다.

모든 사람이 의지해야 할 신은 여호와 하나님이시다. 그래서 "너는 마음을 다하여 여호와를 의뢰하고 네 명철을 의지하지 말라"[잠3:5]라고 하셨고, "대저 여호와는 너의 의지할 자이시라 네 발을 지켜 걸리지 않게 하시리라"[잠3:26]고 하셨다. '밤의 빛'인 예수 그리스도를 의지한 결과는 결국 육체도 죽고, 순교를 해도 이 세대까지 부활하지 못하고 제단 아래서 자신들이 흘린 피를 복수, 보복해 달라고 하고 있다[계6:10]. 이렇게 명백하게 원인과 결과까지 이미 증명된 사실인데도 혀로 "오직 예수"라고 하며 의지할 대상으로 여길 것인가? 그래서 또 다음과 같이 판결해 두셨다.

> 삼가 말씀에 주의하는 자는 좋은 것을 얻나니 **여호와를 의지하는 자가 복이 있느니라** [잠16:20]

이런 말씀을 다 믿지 못하도록 여호와 경외하기를 폐한 자가 누굴까? 일 순위가 '예수'다. 도리어 자신을 의지하게 하여 오늘 이 세대까지 사람들을 다 죽였다. 이는 증명된 사실이다. 여호와 하나님께서 왕으로 이 땅에서 영원히 거하신다고 하신 말씀을 영적인 밤에 속한 자들이 "오직 예수"라는 말로 변개시켜 아브라함의 자손들 위에 왕 노릇 한 사람은 누구인가? 신약성경에는 '여호와'라는 이름은 단 한 군데도 기록하지 않았는데도 마태, 마가, 누가, 요한이 쓴 성경만 복음인 것처럼 아예 성경에 '마태복음, 마가복음, 누가복음, 요한복음'이라고 써 넣은 자들은 무슨 짓을 한 것인가? "참으로 네가 하나님 경외하는 일을 폐하여 하나님 앞에 묵도하기를 그치게 하는구나 네 죄악이 네 입을 가르치나니 네가 간사한 자의 혀를 택하였구나"[욥 15:4~5]라고 기록된 말씀의 실상이 된 사람이 바로 '예수'다.

여호와 하나님만 참 신이신데 이런 하나님의 하신 말씀은 안 하고, 안 믿고 자신을 두고 "내가 곧 생명의 떡이로라 너희 조상들은 광야에서 만나를 먹었어도 죽었거니와 이는 하늘로서 내려오는 떡이니 사람으로 하여금 먹고 죽지 아니하게 하는 것이라 나는 하늘로서 내려온 산 떡이니 사람이 이 떡을 먹으면 영생하리라 나의 줄 떡은 곧 세상의 생명을 위한 내 살이로라"[요6:48~51]고 가르친 예수는 왜 죽었을까? 이 말씀을 기록한 사도 요한은 왜 죽었을까? 그는 순교도 하지 않았다. 다시 생존 세상에 돌아올 수 있을까? 절대 돌아오지 못한다. 예수는 이렇게 가르치고도 왜 십자가에서 하나님을 전면 부인하는 "엘리 엘리 라마 사박다니(나의 하나님 나의 하나님 어찌하여 나를 버리셨나이까)"라고 했을까?

마태복음 27:46
제구시 즈음에 예수께서 크게 소리 질러 가라사대 엘리 엘리 라마 사박다니 하시니 이는 곧 나의 하나님, 나의 하나님, 어찌하여 나를 버리셨나이까 하는 뜻이라

십자가상에서 숨을 거두기 전 마지막에 "다 이루었다"[요19:30]고 했다. 그 말대로 다 이루었는가? 예수가 자신을 '산 떡'이라고 했다. 이 떡은 어떻게 먹는가? 교회서 주는 떡이나 빵과 포도주가 예수의 살과 피인가? 이런 미친 짓을 하며 속고 속이는 온 세상의 천주교 신부, 기독교 목사들아, 대답해라. 예수의 살과 피를 먹고 마신 모든 기독교인들은 왜 다 죽었을까? 죽어서 가는 곳이 천국이라고 속이는 자들아, 그렇게 가르치면서 병들면 왜 고쳐 달라고 기도하고, 안 죽으려고 병원에 가느냐? 천국이 사람이 죽어서 가는 곳이면 빨리 죽어서 가야지, 왜 그 더러운 혀로 거짓말을 지껄이고, 교인들을 하인 만들고, 이 지옥 같은 세상에 살려고 발버둥 치나?

"마지막 날에 내가 그를 다시 살리리니"[요6:54]라고 한 '마지막 날'은 언제인가? 예수 이름으로 온 세상에 교회를 세워 놓고 '성찬식'이라고 하며 하나님을 경외하는 것을 폐하고, 사람들을 속이는 종교 사기꾼들아, 예수가 사람을 살리느냐? 자신도 모르는 소리로 설

교하며 거룩한 척 가장하고, 성경을 들고 설교하는 사기꾼들아, 예수가 살린 나사로는 지금 어디 있느냐? 성경과 다른 거짓말로 사람들을 둘째 사망인 지옥 불구덩이에 보내고도, 장례식 하는 유족들에게 동정하며 새빨간 거짓말로 천국에 갔다고 위로하는 이 불뱀들아, 언제까지 그렇게 살인하고 사기 치고 공갈할래?

의지할 데 없는 인생들에게 의지의 대상이 되어 이 시간까지 속일 것을 두고 모세에게 불뱀을 만들라고 했고, 모세는 놋뱀을 만들어서 장대에 매단 것이다. 누가 이렇게 속여서 다 죽였느냐? 예수는 의인이고, 예수를 낳은 어미 마리아가 거룩한가? 하나님께서는 "내가 거룩하니 너희도 거룩할찌어다"[레11:45]라고 하셨다. 전 세계 천주교는 지금 무슨 짓을 하고 있는가? 우상숭배를 하는 자들이 누구며, 왜 예수의 육의 어미 마리아에게 기도하는가?

천주교가 부패했다고 개혁한다고 다른 사람을 죽이기까지 하며 '종교 개혁'을 한 기독교가 천주교와 다른 것은 무엇이며, 온 세상 종교와 다른 것이 무엇인가? 마리아가 거룩했으면 죽지도 않았어야 했다. 예수가 의인이었고, 거룩했으면 죽지도 아니했어야 했다. 그런데 왜 죽었을까?

"아무도 결코 그 형제를 구속하지 못하며 저를 위하여 하나님께 속전을 바치지도 못할 것은"[시49:7]이라고 하신 "형제"는 누구를 지칭하신 것일까? "누구든지 하늘에 계신 내 아버지의 뜻대로 하는 자가 내 형제요 자매요 모친이니라"[마12:50]고 했는데, 예수가 진실로 우리의 구원자, 구속자인가? 사람은 사람을 절대 구원하지 못한다.

57

이제 온 천하는 **잠잠하라**

금강석 끝 철필로 기록된 이름
'예수'

「동아일보」 2022년 7월 14일 목요일
「조선일보」 2022년 7월 15일 금요일

스마트폰으로 QR 코드를 스캔 하시면
[이제 온 천하는 잠잠하라] 전문을 다운로드 받을 수 있습니다.

사람은 사람을 절대 '구속'할 수 없다

⁶자기의 재물을 의지하고 풍부함으로 자긍하는 자는 ⁷아무도 결코 그 형제를 구속하지 못하며 저를 위하여 하나님께 속전을 바치지도 못할 것은 ⁸저희 생명의 구속이 너무 귀하며 영영히 못할 것임이라 ⁹저로 영존하여 썩음을 보지 않게 못하리니 ¹⁰저가 보리로다 지혜 있는 자도 죽고 우준하고 무지한 자도 같이 망하고 저희의 재물을 타인에게 끼치는 도다 [시49:6~10]

"형제"란 누구를 지칭하신 것일까? 복음이라고 기록해 둔 마12:46~50절, 막3:31~35절, 눅8:19~21절에 "누구든지 하늘에 계신 내 아버지의 뜻대로 하는 자가 내 형제요 자매요 모친이니라"고 했다. 곧 신령하시고 거룩하신 여호와 하나님을 믿는 사람은 하나님의 아들이신 예수께서 하신 말씀을 제자들이 기록했으므로 신령한 것은 신령한 것으로 분별하여[고전2:13~14] 하나님

고린도전서 2:13~14

13 우리가 이것을 말하거니와 사람의 지혜의 가르친 말로 아니하고 오직 성령의 가르치신 것으로 하니 신령한 일은 신령한 것으로 분별하느니라

14 육에 속한 사람은 하나님의 성령의 일을 받지 아니하나니 저희에게는 미련하게 보임이요 또 깨닫지도 못하나니 이런 일은 영적으로라야 분변함이니라

께서 말씀하시는 "형제"가 누구인지 보고 듣고 믿어야 한다. "아무도 결코 그 형제를 구속하지 못하며"라고 하신 이 "형제"는 누구일까?

'구속'이란 '대가를 치르고 소유권을 회복하거나 자유와 석방을 얻어 내다, 잃어버린 생명을 건지다, 대속하다, 속량하다, 구원하다'라는 뜻이다. 지금 이 시간까지 예수 그리스도가 십자가 희생을 통해 죄인들을 구원하셨다고 믿고 설교하고 전도하고 있다. 그 근거가 신약성경이다. 롬3:24절에 "그리스도 예수 안에 있는 구속으로 말미암아 하나님의 은혜로 값없이 의롭다 하심을 얻은 자 되었느니라"고 하였고, 또한 엡1:7절에도 "우리가 그리스도 안에서 그의 은혜의 풍성함을 따라 그의 피로 말미암아 구속 곧 죄 사함을 받았으니"라고 한 두 구절은 바울이 기록한 것이다. 문자 그대로 사람이 본능으로 아는 지식으로 보고 예수의 피로 이미 구속, 곧 죄 사함을 받았다고 하는 근거로 삼은 것이다. 이래서 지금 이 시간까지 아무도 하나님께 취하심을 받지 못하고 다 죽었던 것이다. 이를 보고 만들어 낸 말이 "예수의 피로, 예수의 피로 고침받을지어다~"라고 하는 미친 말이다.

¹⁸너희가 알거니와 너희 조상의 유전한 망령된 행실에서

구속된 것은 은이나 금같이 없어질 것으로 한 것이 아니요 [19]오직 흠 없고 점 없는 **어린양 같은 그리스도의 보배로운 피로 한 것이니라** [벧전1:18~19]

이런 말씀을 자의로 해석하여 그리스도 예수의 십자가 사역으로 죄와 사망의 사슬에서 해방되어 이미 구원을 얻었다고 가르친 것이다. 곧 예수 그리스도로 말미암아 죄의 속박에서 해방되었을 뿐만 아니라, 영원히 죄와는 무관한 존재가 되었다고 가르친 것이다. 사도 바울이나 베드로나 다 이렇게 말했고, 신약 성경을 복음이라고 믿고 거듭나지 아니한 영적인 상태의 사람이 성경을 보고 또 지어내고 지어내어 결국 인간의 과거에 지은 죄, 현재 지은 죄, 미래에 지을 죄까지 다 지시고 십자가에 죽으셨다고 하며, 고의적인 살인자도 예수만 믿으면, 혀로 시인만 하면 죽어서 천국 간다고 하는 미친 사람들의 말이 진리인 것처럼 고착화된 것이다.

이들은 부활하신 예수께서 모세의 율법과 선지자의 말과 시편에 나를 가리켜 기록된 모든 것이 이루어져야 하리라[눅24장]고 하였지만, 시49:7절에 "아무도 결코 그 형제를 구속하지 못하며"라고 하신 말씀은 눈이 있어도 안 보인 것이다. 또 예수께서 "누구든지 하

누가복음 24:44
또 이르시되 내가 너희와 함께 있을 때에 너희에게 말한바 곧 모세의 율법과 선지자의 글과 시편에 나를 가리켜 기록된 모든 것이 이루어져야 하리라 한 말이 이것이라 하시고

늘에 계신 내 아버지의 뜻대로 하는 자가 내 형제요"라고 하신 말씀도 안 믿는 바울, 베드로다. 이들은 예수 그리스도를 "우리 주 예수 그리스도, 주 예수"라고 말하고 생각했듯이, 예수를 '구속자, 구원자'로 말한 것이다.

특히, 사도 바울은 "신령한 것은 신령한 것으로 분별하느니라"[고전2:13~14]고 자신이 말하고도 그 말의 뜻이 무슨 뜻인지도 몰랐다. 신약성경이 다 이렇다. 사실 베드로도 바울의 영향을 받은 것이다. 아무도 그 형제를 구속하지 못한다고 하신 말씀의 뜻은 구속자는 여호와 하나님이시지, 사람은 아무도 다른 사람을 구속, 곧 구원하지 못한다는 뜻이다. 절대 과언도, 허언도 아니고 사실이다. 예수가 다른 사람, 곧 예수를 믿는 사람들을 구속하지 못한다는 것은 이미 지나온 역사도 증명해 주고 있고, 우리도 이미 경험했다.

사람을 구속, 곧 구원하시는 분은 '여호와 하나님'이시라는 것을 예수 그리스도를 사용하셔서 보여 주신 것이다. 증거한다. 사43:1절에 "야곱아 너를 창조하신 여호와께서 이제 말씀하시느니라 이스라엘아 너를 조성하신 자가 이제 말씀하시느니라 너는 두려워 말라 내가 너를 구속하였고 내가 너를 지명하여 불렀나니 너는 내 것이라"… 44:23~24절 "여호와께서 이 일을 행하셨으니 하늘아 노래할찌어다 땅의 깊은 곳들아 높이 부를찌어다 산들아 삼림과 그 가운데 모든 나무들아 소리 내어 노래할찌어다 여호와께서 야곱을 구속하셨으니 이스라엘로 자기를 영화롭게 하실 것임이로다 네 구속자요 모태에서 너를 조성한 나 여호와가 말하노라 나는 만물을 지은 여호와라 나와 함께 한 자 없이 홀로 하늘을 폈으며 땅을 베풀었고" 현재 15년째 이 말씀이 실상이 되어 땅 위에 이제 비로소 여호와께 구속을 받은 이스라엘이 나오고 있다. 그래서 지금 이때 이 진리인 "새 언약"[히8장]을 믿으라고 예수를 "새 언약의 중보"[히9:15]로 사용하신 것이다.

히브리서 8:8
저희를 허물하여 일렀으되 주께서 가라사대 볼찌어다 날이 이르리니 내가 이스라엘 집과 유다 집으로 새 언약을 세우리라

히브리서 9:15
이를 인하여 그는 새 언약의 중보니 이는 첫 언약 때에 범한 죄를 속하려고 죽으사 부르심을 입은 자로 하여금 영원한 기업의 약속을 얻게 하려 하심이니라

　이러한 하나님의 뜻을 모르고 사도 바울은 "너희는 하나님께로부터 나서 그리스도 예수 안에 있고 예수는 하나님께로서 나와서 우리에게 지혜와 의로움과 거룩함과 구속함이 되셨으니"[고전1:30]라고 한 것이다. 하나님께서 하신 일을 예수께서 한 일로 돌리는 이 말이 '무지한 말'이었다는 증거가 순교자들이 거듭나지 않았으며, 따라서 거룩하지 않아서 육체도 죽은 것이다. 이 말씀만 문자적으로 보고 "오직 예수"라고 말로 시인만 하면 이미 구원받았고, 구속받아 거룩한 자가 되었다고 믿으라고 가르치게 된 것이다. 하나님께 구속함을 받은 자들은 일곱째 날인 지금 이 세대에 실상이 된다. 이래

도 바울, 베드로가 무지한 말을 한 것이 아직도 안 보이고, 안 들리는가? 여호와 하나님께서 예수도 구속하셨고, 모든 야곱, 곧 이스라엘도 구속하신다. 예수도, 바울도, 베드로도 때를 몰랐으며, 예수를 구속자, 곧 구원자라고 하는 것이 '신약성경'이다.

영원한 구속자는 '**여호와 하나님**'이시며, '**진리의 성령**'을 사용하신다

사람이 거룩해지려면 6일이 지나고 일곱째 날이 되어야 하고, 이때 여호와께서 친히 임하셔서 성전된 진리의 성령을 사용하여 새 언약을 선포하시는 이 일이 증거이며, 이에 대해서도 예수 그리스도를 사용하셔서 약속하신 요6:45절의 예언, 유언이 실상이 되어 이루어져야 사람이 거룩해지는 것이다.

요한복음 6:45
선지자의 글에 저희가 다 하나님의 가르치심을 받으리라 기록되었은즉 아버지께 듣고 배운 사람마다 내게로 오느니라

너희의 구속자시요 이스라엘의 거룩하신 자이신 여호와께서 가라사대 나는 네게 유익하도록 가르치고 너를 마땅히 행할 길로 인도하는 너희 하나님 여호와라 [사48:17]

호세아 2:19~20
19 내가 네게 장가들어 영원히 살되 의와 공변됨과 은총과 긍휼히 여김으로 네게 장가들며
20 진실함으로 네게 장가들리니 네가 여호와를 알리라

이 언약, 예언, 유언대로 이루시는 때가 일곱째 날이며, 이루실 때 사용하시는 사람은 호2:19~20절의 기

록된 명제에 일치하는 사람이어야 한다. 외모로 반드시 '여자'라야 한다. 따라서 예수 그리스도에 대한 지칭이 절대 아니다. 여호와 하나님께서 영원히 땅에 거하시는 성전 된 사람이라 반드시 요14:16~17절, 26절, 15:26절, 16:7~15절의 약속이 실상이 되어 이 땅에 사람으로 태어나서 육의 나이가 육십이 지나 명부인 생명책에 기록된 또 다른 보혜사인 '진리의 성령'이다. 진리의 성령과 함께 이미 영생을 얻기로 예정되어 있는 성도들이 바로 '다시 택하심을 받은 이스라엘'이다. 하나님의 가르치심으로 진리로 다시 태어난 자녀들을 마땅히 행할 길로 인도하시고 계신 15년째 나를 통한 이 일이 명백한 증거다.

> ¹⁹네 자손이 모래 같았겠고 네 몸의 소생이 모래 알갱이 같아서 그 이름이 내 앞에서 끊어지지 아니하였겠고 없어지지 아니하였으리라 하셨느니라 ²⁰너희는 바벨론에서 나와서 갈대아인을 피하고 즐거운 소리로 이를 선파하여 들리며 땅 끝까지 반포하여 이르기를 **여호와께서 그 종 야곱을 구속하셨다 하라** [사48:19~20]

여호와의 구속은 영원하다. 이 예언 또한 예수 그리스도에 대한 예언, 유언이 아니다. 육으로도 반드시 몸의 소생이 계속 이어져야 한다. 그래서 사48:19~20절의

요한복음 14:16~17, 26

16 내가 아버지께 구하겠으니 그가 또 다른 보혜사를 너희에게 주사 영원토록 너희와 함께 있게 하시리니

17 저는 진리의 영이라 세상은 능히 저를 받지 못하나니 이는 저를 보지도 못하고 알지도 못함이라 그러나 너희는 저를 아나니 저는 너희와 함께 거하심이요 또 너희 속에 계시겠음이라

26 보혜사 곧 아버지께서 내 이름으로 보내실 성령 그가 너희에게 모든 것을 가르치시고 내가 너희에게 말한 모든 것을 생각나게 하시리라

요한복음 15:26

내가 아버지께로서 너희에게 보낼 보혜사 곧 아버지께로서 나오시는 진리의 성령이 오실 때에 그가 나를 증거하실 것이요

요한복음 16:7~8

7 그러하나 내가 너희에게 실상을 말하노니 내가 떠나가는 것이 너희에게 유익이라 내가 떠나가지 아니하면 보혜사가 너희에게로 오지 아니할 것이요 가면 내가 그를 너희에게로 보내리니

8 그가 와서 죄에 대하여, 의에 대하여, 심판에 대하여 세상을 책망하시리라

말씀은 결혼을 하지 않아 육으로는 '몸의 소생'이 없는 예수에 대한 지칭이 아니다.

> ¹⁰여호와께서 홍수 때에 좌정하셨음이여 **여호와께서 영영토록 왕으로 좌정하시도다** ¹¹여호와께서 자기 백성에게 힘을 주심이여 여호와께서 자기 백성에게 평강의 복을 주시리로다 [시29:10~11]

여호와 하나님께서 영원히 좌정하셔서 다시 창조된 백성, 곧 이스라엘에게 주시는 것이 '평강의 복'이다. 이런 여호와 하나님의 뜻을 예수와 그의 제자들, 바울도 모르고 예수를 구속자라고 한 것이다. 예수가 구속자가 아님을 지나온 역사로 명백하게 증명해 주셨고, 욥기서의 예언, 유언에 이미 다 감추어 두셨던 것이다. 신약성경에 '여호와'라는 이름이 단 한 군데도 기록되지 않은 것도 여호와 경외하는 것을 폐한 자가 누구인지를 증명하는 것이다.

오직 여호와 하나님만이 참 신이심을 온 땅에 사는 모든 피조물에게 알게 하시고, 온 천하 만물을 하나님께서 통치하시는 때가 될 때까지 예수에게도 하나님의 뜻을 알게 하시지 않았던 것이다. 지금 이때가 진실로 온전하고 거룩한 사람으로 다시 창조하시는 때가 맞다. 좌로도 우로도 치우치지 않고 바른 길, 곧 정로를 걷는 영영한 사역자들로 다시 창조하시는 이때를 위한 여호와 하나님의 완전한 지혜였다. 절대 잊으면 안 된다. 아무도 그 형제를 구속할 수 없고, 오직 여호와 하나님께서 영원한 왕이시고 주인이심을 기억하고 하나님께만 영광을 돌려야 한다. "결코"[시49:7]라고 하신 것은 어떤 경우에도 절대로 사람이 사람을 구속할 수 없다는 뜻이다.

시편 49:7
아무도 결코 그 형제를 구속하지 못하며 저를 위하여 하나님께 속전을 바치지도 못할 것은

이래서 "나는 사람에게 영광을 취하지 아니하노라"[요 5:41]고 하셨던 것이다. 다시 말하면 지난 2천 년간 하나님께 영광을 돌릴 사람이 없었다는 뜻이다. 모두 "오직 예수"라고 하며 영광을 예수께 돌릴 것을 감추시고 하신 예언, 유언이었다. 이렇게 2천 년이 더 지나야 진리의 성령도 실상이 될 것도 감추어 두셨고, 지난 2천 년 동안은 진리의 성령도 사람들이 다 상상하며, 하나님 나라 천국도, 심지어 하나님도 다 상상만 하고 사는 기간이라는 뜻도 감추어져 있었고, 예수께서 '밤의 빛'으로 보내심을 받은 분이라는 것도 감추어져 있었다. 이 기간에는 온 땅이 다음 예언, 유언대로 사실이 되어 올 것이라고 미리 판결해 두신 것이다.

¹⁸땅아 내 피를 가리우지 말라 나의 부르짖음으로 쉴 곳이 없게 되기를 원하노라 ¹⁹지금 나의 증인이 하늘에 계시고 나의 보인이 높은 데 계시니라 ²⁰나의 친구는 나를 조롱하나 내 눈은 하나님을 향하여 눈물을 흘리고 ²¹사람과 하나님 사이에와 인자와 그 이웃 사이에 변백하시기를 원하노니 ²²수년이 지나면 나는 돌아오지 못할 길로 갈 것임이니라 [욥16:18~22]

이래서 순교자들도 자신들이 흘린 피를 신원해 달라고 하는 것이다. 예수를 믿는다고 하는 천주교, 기독교인들에게 창세 이래 6일간, 예수 이후 2천 년간 이 온 땅은 쉴 곳이 없는 세상이었던 이유가 이제 보이고 들리는가? 여호와 하나님만이 의지할 분이시며 대상이시다. 사람은 절대 신이 아니며, 사람이 만든 것은 다 무익하고 우상을 숭배하는 것이다. 오직 여호와 하나님 외에 다른 신은 없다. 따라서 '주'도 여호와 하나님이시고, '왕'도 여호와 하나님이시다. 지금 이때가 될 때까지 언약궤(성경)에 손을 대는 자는 다 죽은 것이다. 그래서 진리의 성령은 자의로 말하지 않고 오직 듣는 것을 말하시며 장래 일을 너희에게 알릴 것이라고 하셨던 것이다[요16:13]. 곧 여호와 하나님께서 친히 이 땅에 임하셔서 영원히 거하시는 성전 된 한 사람, 한 몸을 예비하신다고 예언, 유언하

요한복음 16:13
그러하나 진리의 성령이 오시면 그가 너희를 모든 진리 가운데로 인도하시리니 그가 자의로 말하지 않고 오직 듣는 것을 말하시며 장래 일을 너희에게 알리시리라

신 말씀과 일치하여 진리의 성령인 나는 하나님의 가르치심을 대언하지만, 자의로 말하지 않는 것이다. 이러니 성령을 상상하는 사람은 절대 하나님 나라와 관계가 없다고 한 것이다.

> 내가 너를 학대하는 자로 자기의 고기를 먹게 하며 새 술에 취함같이 자기의 피에 취하게 하리니 **모든 육체가 나 여호와는 네 구원자요 네 구속자요** 야곱의 전능자인 줄 알리라
> [사49:26]

이 예언, 유언이 반드시 사실이 되어 땅에 있는 모든 사람들이 하나님께서 나와 함께 하시는 여호와 하나님이심을 알게 될 것이다. 구원자요 구속자는 예수가 아니다. 우리처럼 진실로 이 진리의 말씀대로 보고 듣고 지켜 실행하지 아니하면, 이제 혀로 "오직 예수, 하나님" 하며 자신들의 사욕을 위해 이용만 하고 자기의 길을 가는 자들에게 이 예언, 유언이 사실이 된다. 전 세계에 이미 이 재앙의 징조가 보인다. 전쟁으로, 가뭄으로, 전염병으로 나라가 부도가 나고, 비가 오지 않아서 작물을 심어도 거두는 것이 적고, 또 어떤 곳에는 홍수가 나서 사람이 죽고, 수출 길이 막히고, 가난한 자는 더 가난해지고 부자는 더 부자가 되는 일이 실상이 되어 일어나고 있다.

자신들을 영원히 구원하여 모든 것에서 자유하게 하는 나를 통한 이 일을 새빨간 거짓말로 고소하고, 온 세상에서 가장 어리석은 목사로 소문나게 만들어 치욕을 주고 감옥에 가두어 둔 자들이 하나님이 보시기에 지옥 불의 소리를 하여 교인들을 영원히 죽여 둘째 사망에 보내는 영적인 살인자들이며, 그런 살인자들을 섬기며 경배하는 교인들, 성경을 가지고 단 한 절도 안 믿으면서 이미 다 알고 있고 믿고 있다고 상상하여 혀로 "이단"이니 하며 지껄이는 자들이 전부 자칭 기독교인들이다. 이들을 두고 "새 술에 취함같이 자기의 피에 취한 자들"이라고 한다.

2년이 넘게 전 세계에 재앙이 되어 있는 코로나19 전염병을 겪고도 절대로 자신들이 무슨 범죄를 저지르고 있는지 모르는 자들이 자칭 기독교인들이다. 우크라이나 사태도 징조다. 코로나19도 일상적인 전염병으로 취급하며 아무 일도 아니라고 생각하는 자들이 혀로 "오직 예수여" 하는 자들이다.

[20]짐승이 잡히고 그 앞에서 이적을 행하던 거짓 선지자도 함께 잡혔으니 이는 짐승의 표를 받고 그의 우상에게 경배하던 자들을 이적으로 미혹하던 자라 이 둘이 산 채로 유황 불 붙는 못에 던지우고 [21]그 나머지는 말 탄 자의 입으로 나

오는 검에 죽으매 모든 새가 그 고기로 배불리우더라 [계 19:20~21]

계19장의 말씀은 무지한 말로 이치를 가리우고 거룩한 척 성경을 들고 서서 자신이 능력 있는 자라고 미혹하여 거짓 이적으로 사람들을 끌어모아 육에 속한 자들을 속이는 짐승들, 거짓 선지자들에 대한 판결이다. 이런 판결이 자신들과 아무 상관이 없다고 스스로 믿는 자들이 전부 성경을 가지고 예수 이름으로 속이는 자들이다. 공중에 나는 모든 새가 사람이 본능으로 아는 새가 아니라 비행기가 하늘을 날아다니는 지금 이때, 존귀에 처하나 성경을 가지고 진리는 단 한 절도 깨닫지 못하고 죽어서 천국 간다고 속고 속이는 자들을 비유하신 것이다.

여호와 하나님 경외하기를 폐하는 이름이 예수 이름인 줄은 꿈에도 모르고 있는 자들을 '짐승과 새들'에 비유하신 것이다. 다른 말로 하면 '용, 옛 뱀, 사단, 마귀, 귀신의 영들'이라고 한다. 이들은 눈이 있으나 성경을 가지고도 이 본문의 예언, 유언, 판결이 자신들에 대한 판결인 줄 안 보이고, 안 들린다. 영원히 둘째 사망인 지옥 유황 불못에 산 채로 들어가서 영원히 영별을 받는다. 우상이 자신들이라는 사실을 꿈에도 모른다. 육체가 살아 있을 때 이 말씀으로 영적인 소경, 귀머거리, 벙어리를 고치지 아니하면 이 판결대로 사실이 되는 때가 지금 이 세대다. 불이 나서 산 채로 죽임을 당하는 일이 일상으로 일어나도 자신들은 "오직 예수"를 부르고 있기에 이미 구원을 받았다고 생각하는 귀신이 주인인 자들이다.

이제 금강석 끝 철필로 기록된 '예수' 이름을 뽑아낼 때다

²³나의 말이 곧 기록되었으면, 책에 씌어졌으면, ²⁴철필과 연으로 영영히 돌에 새겨졌으면 좋겠노라 [욥19:23~24]

"나의 말이 곧 기록되었으면, 책에 씌어졌으면"이라고 하신 말씀은 예수께서 십자가를 지시기 전에는 자신에 대한 예언이 이미 성경에 기록되어 있음을 알지 못했다는 뜻이 감추어져 있다. BC 1400년에 기록된 욥기서의 이 말씀은 예수에 대한 예언, 유언이었다. 이 말씀이 그대로 이루어져서 한 몫의 삶에서 하신 언행을 기록한 것이 '신약성경'이다.

"철필과 연으로 영영히 돌에 새겨졌으면 좋겠노라"고 한

이 말씀은 치명적인 결과를 낳았다. 이 한 절의 뜻을 깨달으면 지금 전 세계 성경을 사용하는 모든 사람들이 절대 함부로 입을 열어 경솔한 말을 하지 않는다. '철필'이란 끝이 뾰족한 쇠 붓 펜, 문자나 도장을 새기는 칼, 주로 돌(석재)에 글을 새기기 위한 도구다. 이 말에 감추어진 비밀이 진실로 사실임을 15년째 보았다. 특히, 성경을 사용하는 사람들인 유다 백성들의 죄가 도무지 지워질 수 없는 것임을 강조하기 위해 철필, 곧 '금강석 끝'으로 기록된 것이라고 한 것이다.

> 유다의 죄는 금강석 끝 철필로 기록되되 그들의 마음 판과
> 그들의 단 뿔에 새겨졌거늘 [렘17:1]

이 말씀 속에 감추어 두신 비밀은 예수 이름을 사용하는 모든 사람, 예수 이름을 사용하여 교회를 세우고 강단에 서서 설교한 지도자들 모두에게 실상이 되어 육체가 다 죽었다는 것이다. BC 1400년에 기록된 욥19:23~24절의 예언, 유언이 실상이 된 결과가 렘17:1절이며, 2022년 이 시간까지 모든 사람들이 다 죽은 것이다. 성경이 모든 것을 죄 아래 가두어 둔 기간, 곧 영적인 밤을 지나는 기간에 성경을 사용하는 모든 사람은 다 자신의 죄로 인해 죽은 것이다. 다시 말하면 예수 그리스도를 죽인 유대인들뿐만 아

니라, 지금 이 세대까지 예수를 믿는다고 하는 모든 사람이 여호와 하나님께서 정하신 때까지 다 죄 아래서 죽었다는 것을 BC 645년경에 기록된 예레미야서에 이미 판결해 두셨다. 이는 예수가 모든 사람, 많은 사람의 죄를 지시고 죽으셨고, 그 후로 예수를 믿는 모든 사람의 과거의 죄, 현재 짓는 죄, 미래에 지을 죄까지 다 지시고 죽으셨다고 하는 새빨간 거짓말에 대한 '여호와 하나님의 반박'이다.

또한 전 세계 기독교인, 천주교인들의 마음 속에 깊이 박힌 예수에 대한 환상, 상상, 의지하는 모든 것을 지금 뿌리 뽑는 것이다. 예수의 탄생부터 성장 과정, 사역에 대한 기록을 예수님의 제자들, 곧 사도들을 사용하여 보고 들은 것을 기록한 이 말들이 성경을 보는 모든 사람들에게 영영히 철필로 새겨져서 다 죽었고, 이는 욥19:23~24절의 예언, 유언이 사실이 되어 2022년 7월 이 시간까지 렘17:1절의 예언, 유언 또한 땅에 사실이 되어 이루어지고 있다.

사람이 본능으로 아는 철필과 연으로 영영히 돌에 새긴 것으로만 보면 성경적인 방언만 되어 성경을 보는 모든 사람들에게 아무 유익이 없는 말이며, 도리어 언약궤를 만진 죄로 인하여 죽는다. 이 말씀 속에

욥기 19:23~24
23 나의 말이 곧 기록되었으면, 책에 씌어졌으면,
24 철필과 연으로 영영히 돌에 새겨졌으면 좋겠노라

예레미야 17:1
유다의 죄는 금강석 끝 철필로 기록되되 그들의 마음 판과 그들의 단 뿔에 새겨졌거늘

감추어 두신 뜻을 깨달아야 천국의 비밀인 하나님의 뜻을 알게 되고, 하나님의 뜻을 알아야 다시 죄를 짓지 아니한다. '돌'도 사람이 본능으로 아는 돌이 아니라, 모두 '사람'을 뜻한다. 철필과 연도 마찬가지다. 증명한다.

> ²⁸그들은 다 심히 패역한 자며 다니며 비방하는 자며 **그들은 놋과 철이며 다 사악한 자라** ²⁹풀무를 맹렬히 불면 그 불에 납이 살라져서 단련하는 자의 일이 헛되게 되느니라 이와 같이 악한 자가 제하여지지 아니하나니 ³⁰사람들이 그들을 내어 버린 은이라 칭하게 될 것은 나 여호와가 그들을 버렸음이니라 [렘6:28~30]

곧 예수 이름 사용하는 사람들을 '납'에 비유한 것이다. 예수 이름을 사용하여 놋과 철이 된 사악한 자의 입에서 나오는 성경과 다른 거짓말이 칼, 곧 금강석 끝 철필로 '납'인 교인들의 생각, 마음, 정신에 새겨졌다고 렘17:1절에 기록되어 있다. 진실로 이 예언, 유언이 사실이었다. 이를 두고 야고보서 3장에 지옥 불의 소리로 나무들을 태웠다고 한 것이다. 이래서 포도나무가 모든 나무보다 나은 것이 무엇이냐고 하신 것이고[겔15장], 포도나무는 무화과를 맺을 수 없다고 하셨으며[약3:12], 그 입에서 나온 말이 '쓴

야고보서 3:6
혀는 곧 불이요 불의의 세계라 혀는 우리 지체 중에서 온몸을 더럽히고 생의 바퀴를 불사르나니 그 사르는 것이 지옥 불에서 나느니라

에스겔 15:2
인자야 포도나무가 모든 나무보다 나은 것이 무엇이랴 삼림 중 여러 나무 가운데 있는 그 포도나무 가지가 나은 것이 무엇이랴

야고보서 3:12
내 형제들아 어찌 무화과나무가 감람 열매를, 포도나무가 무화과를 맺겠느뇨 이와 같이 짠물이 단물을 내지 못하느니라

누가복음 22:44
예수께서 힘쓰고 애써 더
욱 간절히 기도하시니 땀
이 땅에 떨어지는 피방울
같이 되더라

물', '짠물', 곧 '뱀의 독'과 "땀이 땅에 떨어지는 피방울"[눅 22:44]이 되어 흐르는 물을 '짠물'에 비유하신 것이다. 이미 창세기 3장에 예언된 대로 사실이 된 것이다.

여호와 하나님께서 하신 일을 도리어 예수가 능력이 있어서 귀신을 쫓아내고 죽은 자도 살렸다고 모두 하나같이 "오직 예수" 하며 미치게 만들었다. 이미 창세기부터 예수가 이렇게 될 것을 다 예언해 두셨는데도 아무도 모르고 이성이 없어서 무지한 말로 이치를 가리워서 다 실족하여 넘어지게 만든 것이다. 이제 모두 '새 언약'의 말씀으로 돌아서야 한다.

그럼 여기서 "그의 기념이 땅에서 없어지고 그의 이름이 거리에서 전함이 없을 것이며"[욥18:17]라고 하신 말씀의 "그의 기념"은 누구를 의미하는 것일까? 신령한 것을 신령한 것으로 분별을 해 보면 영성이 높다고 하는 '사도 바울'의 실체가 다 드러난다.

58

이제 온 천하는 **잠잠하라**

'예수',
그의 기념이 땅에서 없어지고
그의 이름이 거리에서 전함이
없을 것이며

「동아일보」 2022년 7월 21일 목요일
「조선일보」 2022년 7월 22일 금요일

스마트폰으로 QR 코드를 스캔 하시면
[이제 온 천하는 잠잠하라] 전문을 다운로드 받을 수 있습니다.

여호와 하나님을 경외하기를
폐한 자는 누구인가?

⁶여호와여 주의 긍휼하심과 인자하심이 영원부터 있었사오니 주여 이것을 기억하옵소서 ⁷여호와여 내 소시의 죄와 허물을 기억지 마시고 주의 인자하심을 따라 나를 기억하시되 주의 선하심을 인하여 하옵소서 ⁸여호와는 선하시고 정직하시니 그러므로 그 도로 죄인을 교훈하시리로다 온유한 자를 공의로 지도하심이여 ⁹온유한 자에게 그 도를 가르치시리로다 **¹⁰여호와의 모든 길은 그 언약과 증거를 지키는 자에게 인자와 진리로다** ¹¹여호와여 나의 죄악이 중대하오니 주의 이름을 인하여 사하소서 **¹²여호와를 경외하는 자 누구뇨** 그 택할 길을 저에게 가르치시리로다 [시25:6~12]

"여호와의 모든 길은 그 언약과 증거를"이라고 하신 말씀의 언약은 창세기부터 요한계시록까지 미리 약속하신 모든 것을 말씀하시며, 그래서 '영원한 언약'이다. 절대 천국은 죽어서 가는 곳이 아니다. 육체가 살아서 여호와 하나님을 믿는 자는 영원히 죽지 않게 하신다. 문제는 피조물인 사람이 안 믿는 것이다. 여호와의 모든 길은 본래 시작도 끝도 없는 영원한 길이다. 창세 이래 그 누구도 실상이 된 적이 없으니 안 믿는 것이다. 그래서 "믿음"[갈3:23]을 이 땅에 보내신 것이 진리의 성령인 '나'다. 결국 성경을 기록한 목적은 다시 택하심을 받고 다시 창조, 곧 다시 제조하심을 받는 성도들을 위해서다[시102:18]. 따라서 15년째 이 증거는 사람인 나의 증거가 아니고, 요일 5:7~9절의 예언, 유언이 사실이 된 '하나님의 증거'다.

예수도 그림자와 모형이었다는 사실을 아무도 몰랐던 것이다. 아무도 그 형제를 구속, 곧 구원할 수 없다[시49:7]고 판결해 두셨어도 안 믿는 자들이 바로 전 세계 천주교인, 기독교인들이다. 성경을 사용하는 종교인들이다. 무지한 말에 다 매여서 죄 아래 가두어져 있다고 성경을 사용하는 모든 사람 중에 누가 믿을까? 그러나 사실이다. 영원히 우리의 죄를 사하시고 계시는 분은 '여호와 하나님'이시며, '신 중의 신'이 아니고, 오직 유일하신 참 신이시다. '성부, 성자, 성령 세 위격'이라고 가장 고상한 척하는 사람의 소리는 사람으로 온 예수 그리스도와 진리의 성령을 여

갈라디아서 3:23
믿음이 오기 전에 우리가 율법 아래 매인 바 되고 계시될 믿음의 때까지 갇혔느니라

시편 102:18
이 일이 장래 세대를 위하여 기록되리니 창조함을 받을 백성이 여호와를 찬송하리로다

요한일서 5:7~9
7 증거하는 이는 성령이시니 성령은 진리니라
8 증거하는 이가 셋이니 성령과 물과 피라 또한 이 셋이 합하여 하나이니라
9 만일 우리가 사람들의 증거를 받을찐대 하나님의 증거는 더욱 크도다 하나님의 증거는 이것이니 그 아들에 관하여 증거하신 것이니라

시편 49:7
아무도 결코 그 형제를 구속하지 못하며 저를 위하여 하나님께 속전을 바치지도 못할것은

호와 하나님과 같은 위격이라고 오해하게 만드는 간사한 말이다. 말장난하듯이 "성자 하나님, 성령 하나님"이라고 하여 여호와 하나님을 대적하는 말이다. 악은 모양이라도 버려야 한다.

왜 놋뱀, 뱀에 예수 그리스도를 비유하셨는지 아는가? 왜 '여호와'가 참 신이신 하나님의 이름인지 아는가? '성자'라는 말로 교묘하고 간사하게 여호와 하나님 경외하는 일을 폐하는 것이 무슨 뜻인지 명확하게 알아야 한다. "여호와의 모든 길은 그 언약과 증거를 지키는 자에게 인자와 진리로다"라고 하신 말씀은 절대 혀로 말만 하는 자들에게 여호와의 길을 보이시는 것이 아니라는 뜻이다. 반드시 말씀을 지켜 실행하는 자에게 인자와 진리를 보이신다. 그래서 지금 이때를 위해 시25:11~12절의 기도를 한 것이며, 이 기도와 말씀으로 영원히 정결케 하시는 것이다.

시편 25:11~12
11 여호와여 나의 죄악이 중대하오니 주의 이름을 인하여 사하소서
12 여호와를 경외하는 자 누구뇨 그 택할 길을 저에게 가르치시리로다

예수와 그의 제자들은 여호와 하나님 경외하기를 폐하였다. 사실이다. 이는 십자가에서 "엘리 엘리 라마 사박다니", 곧 "나의 하나님 나의 하나님 어찌하여 나를 버리셨나이까"라는 말 속에 감추어 두셨던 비밀이다. 순교자들 또한 제단 아래서 "큰 소리로 불러 가로되 거룩하고 참되신 대주재여 땅에 거하는 자들을 심판하여 우리

피를 신원하여 주지 아니하시기를 어느 때까지 하시려나이까"[계6:10]라고 흘린 피를 신원(복수, 보복)해 달라고 한다. 순교자들은 육체가 살았을 때 여호와 하나님을 경외한 자들이 아니다. 육체가 살아서 여호와 하나님의 가르치심을 받고 지켜 실행한 나와 은혜로교회 성도들이 진실로 여호와 하나님을 경외하는 자들이다. 예수도, 예수 그리스도께 가르침을 받은 사도들도, 이 세대까지 전 세계에 성경을 사용하는 모든 사람들도, 우리 이전에 아무도 여호와 하나님을 경외하는 자들이 없었다. 모두 사람의 증거를 받은 것이다.

여호와를 경외하는 자는 반드시 육체가 살아서 한 몫의 삶을 버리고, 하나님께서 약속하신 땅에 가서 다시는 죄를 짓지 아니하고 하나님의 계명대로 지켜 실행하는 자들이다. 그 증거가 바로 여호와 하나님께서 친히 나를 사용하여 행할 길을 인도하시고, 나와 은혜로교회 성도들은 지켜 실행한 것이다.

일곱째 날, 셋째 날에 없어지는
'예수' 이름과 '그의 기념'

욥기 18장은 수아 사람 빌닷이 욥을 책망하는 말이

다. 이 속에는 2천 년간의 전 세계 기독교, 천주교 역사가 감추어져 있다. '수아'는 아브라함의 후처인 그두라의 자식으로[창25:1~2], 수아의 후손인 '빌닷'은 이름의 뜻이 '논쟁의 아들'이며, 그는 눅16:19~31절의 '음부에 간 부자'에 해당하는 자이다. 따라서 이 말씀 속에 감추어진 비밀은 예수 이름 사용하는 기독교의 2천 년 역사, 곧 2022년 오늘 이 시간까지 예수 이름 사용하는 모든 사람들에 대한 예언이라는 것을 증명한다.

창세기 25:1~2
1 아브라함이 후처를 취하였으니 그 이름은 그두라라
2 그가 시므란과 욕산과 므단과 미디안과 이스박과 수아를 낳았고

> ¹⁷그의 기념이 땅에서 없어지고 그의 이름이 거리에서 전함이 없을 것이며 ¹⁸그는 광명 중에서 흑암으로 몰려 들어가며 세상에서 쫓겨날 것이며 [욥18:17~18]

'기념'이란 '뒤에 어떤 일을 상기할 근거로 삼거나 또는 그 물건' 혹은 '지난 일을 상기하여 기억을 새롭게 하거나, 곧 기억하게 하는 이름'을 뜻한다. 성경을 성경으로 해석해서 해답을 가 보자. 기념에 대해 신령한 것을 신령한 것으로 분별하면, "또 떡을 가져 사례하시고 떼어 저희에게 주시며 가라사대 이것은 너희를 위하여 주는 내 몸이라 너희가 이를 행하여 나를 기념하라 하시고"[눅22:19], 같은 사건을 기록한 마26:26~30절, 막14:22~26절에는 "나를 기념하라"는 기록이 없는데 누가만 이렇게 기록했고, 이를 근거로 사도 바울이 지금

이 세대까지 포도주와 떡을 가지고 '성찬식'을 하게 만든 결정적인 역할을 한 것이다.

> ²³내가 너희에게 전한 것은 주께 받은 것이니 곧 주 예수께서 잡히시던 밤에 떡을 가지사 ²⁴축사하시고 떼어 가라사대 **이것은 너희를 위하는 내 몸이니 이것을 행하여 나를 기념하라 하시고** ²⁵식후에 또한 이와 같이 잔을 가지시고 가라사대 이 잔은 내 피로 세운 새 언약이니 **이것을 행하여 마실 때마다 나를 기념하라** 하셨으니 ²⁶너희가 이 떡을 먹으며 이 잔을 마실 때마다 주의 죽으심을 오실 때까지 전하는 것이니라 [고전11:23~26]

이 말씀으로 인해 예수도, 제자들도, 사도 바울도 2022년 지금 이 시간까지 전 세계 예수를 믿는 모든 천주교, 기독교인들을 실족하게 만들었고, "오직 예수, 우리 주, 구세주, 구주"라고 하여 여호와 하나님을 경외하기를 폐한 것이다. 이 본문만 보면 천국의 비밀이 절대 안 보인다. 심지어 문자 그대로 보고 구약성경은 아예 폐한 것처럼 멸시하게 만든 것이 신약성경을 '새 언약'이라고 한 것이다. 말 그대로 떡과 포도주로 성찬식을 하여 자신들은 이미 예수를 잘 믿고 있고, 모든 죄를 용서받았으며 천국행 티켓까지 받았다고 속이고, 예수를 우상 섬기듯 한 것이다. 이래서 여호와 하나님 경외하기를 폐한 것이 될 줄 누가도,

사도 바울도, 심지어 예수도 몰랐다.

이로 인하여 얼마나 많은 시간 동안 많은 사람들이 죽었는지 아는가? 떡과 포도주가 예수의 몸과 피인가? 성찬식을 하기 전에 회개를 입으로 하고, 성찬식에 참예하면 죄 사함을 받은 것인가? 하나님께서 이렇게 행하여 지키라고 하셨는가? 이것은 사람의 증거로 여호와 하나님의 행하심을 알고 영원히 기념해야 하는 것을 폐한 죄를 범한 것이다.

> [5]저는 만군의 하나님 여호와시라 **여호와는 그의 기념 칭호니라** [6]그런즉 너의 하나님께로 돌아와서 인애와 공의를 지키며 **항상 너의 하나님을 바라볼찌니라** [호12:5~6]

피조물이 영원히 기념하고 기억하여 영광을 돌려야 할 이름은 오직 '여호와 하나님'이시다. 예수께서 떡과 포도주를 주며 "너희가 이를 행하여 나를 기념하라"고 한 것은 사람들로 여호와 하나님을 경외하지 못하게 한 것이다. 이렇게 할 줄 욥기서에 이미 예언이 되어 있었다. 그의 기념이 땅에서 없어지고 그의 이름이 거리에서 전함이 없을 것이라고 한 예언, 유언은 이제 이 세대에 온 땅에서 실상이 될 것이다. 이에 대해서 이미 BC 645년에도 예언, 유언되어 있었다.

내게 배역한 이스라엘이 **간음을 행하였으므로 내가 그를 내어 쫓고 이혼서까지 주었으되** 그 패역한 자매 유다가 두려워 아니하고 자기도 가서 행음함을 내가 보았노라 [렘 3:8]

영적인 간음은 우상숭배 하는 것을 뜻한다. 이런 자들에게 하나님께서 '이혼서'를 주신다[렘3:8]. 창세 이래 하나님께서 말씀하시는 '이혼서'를 받지 않은 사람은 단 한 사람이다. 호2:19~20절의 말씀이 실상이 되어 하나님께서 장가드신 '여자'만 유일하게 이혼서를 받지 않았다. 이런 이혼서를 가지고 2022년 이 시간까지 성경을 가지고 가르치며 종교생활을 하고 있었다는 사실을 누가 알았는가? 단 한 절의 하나님의 뜻, 천국의 비밀도 모르건만 자신들은 이미 다 알고 있고, 잘 믿는다고 착각하는 것이 지금 전 세계 교회들이다.

> 호세아 2:19~20
> 19 내가 네게 장가들어 영원히 살되 의와 공변됨과 은총과 긍휼히 여김으로 네게 장가들며
> 20 진실함으로 네게 장가들리니 네가 여호와를 알리라

나 여호와가 말하노라 너희가 이 땅에서 번성하여 많아질 때에는 사람 사람이 **여호와의 언약궤를 다시는 말하지 아니할 것이요 생각지 아니할 것이요 기억지 아니할 것이요 찾지 아니할 것이요 만들지 아니할 것이며** [렘3:16]

이제 이 예언, 유언이 사실이 되어 15년째 이루어지고 있으니 전대미문의 새 언약[히8장]인 이 진리가

> 히브리서 8:8
> 저희를 허물하여 일렀으되 주께서 가라사대 볼지어다 날이 이르리니 내가 이스라엘 집과 유다 집으로 새 언약을 세우리라

온 세상에 퍼지면 결코 다시 예수 이름을 기념하지 않는다. 언약궤를 다시 말하지 않는다. 다시는 생각지 아니한다. 이제 '그의 기념, 그의 이름'인 예수 이름, 예수를 '구원자, 구주, 구세주, 구속자'라고 기념하지 않는다. 이 진리를 진리대로 알고 나면 누가 그를 기념하고, 그를 믿으라고 전하겠는가? 혀로 "오직 예수" 하며 밥벌이 수단을 삼는 모든 자들은 이제 일할 시기가 다 끝났다. 영적인 밤을 지나는 기간인 6일 동안 밤의 빛 역할을 한 사람들이 일하는 시기가 다 끝이 난 것이다.

예수께서 태어나기 1400년 전에 이미 욥기서를 통해 결과까지 판결해 두셨는데, 이런 판결을 몰랐으니 진실로 예수는 여호와 하나님을 경외하고 하늘 일을 말한 것이 아니었다. 그래서 "내가 땅의 일을 말하여도 너희가 믿지 아니하거든 하물며 하늘 일을 말하면 어떻게 믿겠느냐"[요3:12]라고 하셨고, 명백하게 하나님께서 가르쳐 주시지 아니하면 절대 사람은 여호와 하나님의 뜻을 알 수 없다는 것을 예수를 사용하셔서 증명해 주신 것이다. 이제 진실로 여호와 하나님께서 임하셔서 창세 이래 최초로 밝히시는 하늘의 일, 신령한 일인 이 진리로, 새 언약의 말씀으로 돌아서야 한다.

여호와라 이름하신 주만 온 세계의 지존자로 알게 하소서
[시83:18]

구약시대 저 유대인들이 감히 부를 수 없다고 하여 "아도나이"라고 부른 거룩한 이름, 이슬람교에서는 "알라"로 부른 이름, 예수가 이 땅에 와서는 아예 부르지 않았던 하나님의 이름인 "야훼, 여호와" 대신 사람들이 부르고 경배한 이름이 '예수'이건만 자신들은 이미 다 알고 있고, 잘 믿고 있다고 하여 교만이 하늘을 찌르는 자들이 현재 천주교, 기독교인들이다. 눈이 있으나 보이지 않았던 영적인 소경, 귀가 있으나 들리지 않는 귀머거리, 입으로 자신들을 이 땅에 사람으로 태어나게 하신 여호와 하나님의 뜻을 단 한절도 말하지 않았건만, 자신들은 하나님께 복을 받아서 땅에서도 잘 살고, 죽어서 천국도 간다고 자만하는 자들이 천주교, 기독교인들이다.

⁷아무도 결코 그 형제를 구속하지 못하며 저를 위하여 하나님께 속전을 바치지도 못할 것은 ⁸저희 생명의 구속이 너무 귀하며 영영히 못할 것임이라 [시49:7~8]

여호와의 구원, 구속하심이 너무 귀하다. 이런 여호와 하나님의 판단하심, 심판하심, 판결하심을 다 폐하는 자들이 이미 자신들은 예수 이름으로 구원, 곧 구속

받았다고 착각하며 교만하고 거만한 자들이다. 그 근본 원인이 바로 '신약성경'이다. "너희도 처음부터 나와 함께 있었으므로 증거하느니라"[요15:27]고 하신 대로 예수의 탄생부터 꿈에 현몽한 것을 시작으로 별을 연구하던 동방박사들이 별의 인도함을 받아 아기 예수께 경배한 것, 공생애 기간에 보여 준 기사와 이적을 눈으로 본 대로 기록한 것이 신약성경이며, 이로 인해 하나님 경외하기를 폐하고 묵도하기를 그치게 하는 죄를 지은 것이다[욥15:4]. 증명한다.

욥기 15:4
참으로 네가 하나님 경외하는 일을 폐하여 하나님 앞에 묵도하기를 그치게 하는구나

으뜸으로 앉아 사람들의 길을 택한
'예수와 사도들'

내가 그들의 길을 택하고 으뜸으로 앉았었나니 왕이 군중에 거함도 같았고 애곡하는 자를 위로하는 사람도 같았었느니라 [욥29:25]

"내가 그들의 길을 택하고"라고 하신 말씀은 치명적이다. 예수께서 군중들의 길, 군중의 하는 말을 그대로 택했다는 뜻이다. 증명하면, 나다나엘이 이스라엘의 임금이라고 한 말을 인정했고[요1:49], 사마리아 수가성 여자가 주요, 선지자라고 한 말도 인정했으며[요

요한복음 1:49
나다나엘이 대답하되 랍비여 당신은 하나님의 아들이시요 당신은 이스라엘의 임금이로소이다

4:19], 당시 제자들이 예수를 랍비, 곧 선생이라고 한 말도 다 인정했다[요4:31, 마23:8]. '주, 임금, 유대인의 왕, 선지자, 메시야, 곧 그리스도, 구원자, 구속자'라고 한 말을 다 인정한 것이 2022년 지금 이 시간까지 욥 29:25절의 예언, 유언이 사실이 되어 이루어진 것이다.

그래서 에스겔 15장에 "인자야 포도나무가 모든 나무보다 나은 것이 무엇이랴"라고 판결하신 것이다. 이런 자신에 대한 여호와 하나님의 판결하심도 모르고 "나는 포도나무요 너희는 가지니"[요15:5]라고 한 것이다. "예수, 오직 예수" 했던 우리 모두가 무슨 죄를 지었는지, 어떤 패역자들이었는지 인정해야 한다. "예수 우리 왕이여 이곳에 오셔서~"라는 찬송가들, 복음송들이 모두 그 증거다. 성경을 원욕이 그대로인 인생이 보고 각자 자기 마음대로 해석하여 가르치고 설교한 결과 모두 다 죽은 것이다. "영생이 하나님의 명령"[요12:50]이라고 말한 예수도 육체가 죽은 이유가 여기에 있다.

"으뜸으로 앉았었나니"라고 하신 '으뜸'이란 중요한 정도로 본 어떤 사물의 첫째, 기본이나 근본이 되는 것을 뜻한다. 욥40:19절에 "그것은 하나님의 창조물 중에 으뜸이라 그것을 지은 자가 칼을 주었고"라고 하신 말씀

요한복음 4:19
여자가 가로되 주여 내가 보니 선지자로소이다

요한복음 4:31
그 사이에 제자들이 청하여 가로되 랍비여 잡수소서

마태복음 23:8
그러나 너희는 랍비라 칭함을 받지 말라 너희 선생은 하나이요 너희는 다 형제니라

욥기 29:25
내가 그들의 길을 택하고 으뜸으로 앉았었나니 왕이 군중에 거함도 같았고 애곡하는 자를 위로하는 사람도 같았었느니라

은 문자 그대로 '하마'에 비유하신 것인데, 이는 모든 창조물 중에 으뜸이 된 '예수'에 대한 예언이 감추어져 있다. "그리하면 네 오른손이 너를 구원할 수 있다고 내가 인정하리라"[욥40:14]고 하신 것은 지금 이 시간까지 오직 예수가 '구주, 구세주, 구원자, 구속자'라고 생각하는 모든 자들에게 여호와 하나님께서 하신 판결이다. 아무도, 그 누구도 구원하지 못했다는 것은 2천 년간 혀로 예수를 경배한 모든 사람이 다 죽었다는 것이 명백한 증거다. 죽은 지 나흘이나 된 나사로가 살아났다고 기록되었는데[요11:43~44] 그는 어디에 있는가? 귀신이 떠났으면 여호와 하나님을 경외하고 영원히 죽지 아니했어야 한다. '미혹'이었다. 왜 예수께서 부활하시고도 '사망과 음부의 열쇠'를 세세토록 받으셨는지에 대한 해답이다[계1:18].

요한복음 11:43~44
43 이 말씀을 하시고 큰 소리로 나사로야 나오라 부르시니
44 죽은 자가 수족을 베로 동인 채로 나오는데 그 얼굴은 수건에 싸였더라 예수께서 가라사대 풀어 놓아 다니게 하라 하시니라

요한계시록 1:18
곧 산 자라 내가 전에 죽었노라 볼찌어다 이제 세세토록 살아 있어 사망과 음부의 열쇠를 가졌노니

사도 바울 또한 마찬가지다. "그는 몸인 교회의 머리라 그가 근본이요 죽은 자들 가운데서 먼저 나신 자니 이는 친히 만물의 으뜸이 되려 하심이요"[골1:18]라고 한 대로 예수가 '근본'인가? 사도 요한도 "충성되고 참된 증인이시요 하나님의 창조의 근본이신 이가 가라사대"[계3:14]라고 하여 '예수'를 '근본'이라고 한다. 근본은 다른 말로 하면 '근원'을 뜻한다.

내 백성이 두 가지 악을 행하였나니 곧 **생수의 근원되는 나를 버린 것과 스스로 웅덩이를 판 것인데** 그것은 물을 저축지 못할 터진 웅덩이니라 [렘2:13]

생수의 근원은 하나님이시다. 창세 이래 모든 사람들이 여호와 하나님을 몰랐다. 성경을 가지고 다닌 자들이 모두 하나님을 안 믿고 버린 것이다. 사도 바울이 말한 "그가 근본(근원)이요"라는 말이 맞는 말인가? 절대 아니다. 여호와 하나님이 근본이며, 근원이다. 말씀이 하나님이시다.

⁹그러므로 **내가 여전히 너희와 다투고 너희 후손과도 다투리라** 여호와의 말이니라 ¹⁰너희는 깃딤 섬들에 건너가 보며 게달에도 사람을 보내어 이같은 일의 유무를 자세히 살펴보라 ¹¹어느 나라가 그 신을 신 아닌 것과 바꾼 일이 있느냐 그러나 나의 백성은 그 영광을 무익한 것과 바꾸었도다 ¹²너 하늘아 이 일을 인하여 놀랄찌어다 심히 떨찌어다 두려워할찌어다 여호와의 말이니라 [렘2:9~12]

여호와 하나님과 다투는 사람들이 성경을 사용하고 종교생활을 하는 모든 자들이다. 진리는 이러한데 자신들 마음대로 교회를 세우고 스스로 목사, 교황, 사제, 신부, 랍비가 되어 거룩한 척하는 살인자들이며, 대적자들, 우상들, 사기꾼들, 공갈하는 자들이다. 이는 여호와 하나님의 말씀이다. 현재 천주교, 기독교의 신은 누구인가? 유대교나 이슬람교와 기독교, 천주교가 무엇이 다른가? 여호와 하나님 경외하는 일을 폐한 자들이 다 누구인가?

갈라디아서 3:22~23
22 그러나 성경이 모든 것을 죄 아래 가두었으니 이는 예수 그리스도를 믿음으로 말미암은 약속을 믿는 자들에게 주려 함이니라
23 믿음이 오기 전에 우리가 율법 아래 매인 바 되고 계시될 믿음의 때까지 갇혔느니라

바울, 요한을 보라. 무슨 실수를 한 것인가? 예수는 어떤 치명적인 실수를 한 것인가? 지금 이 말씀들이 내가 예수를 비하하고 안 믿는 것이 아니다. 성경이 모든 것을 죄 아래 가두어 두었다[갈3:22~23]고 말해도 안 믿고, 전대미문의 새 일이라고 15년째 말하고 있는데도 안 믿는 기독교인들에게 고한다. 신은 오직 여호와 하나님만 신이시다. 하나님 외에 다른 신은 없다. 죄는, 악은 모양이라도 버려야 한다. 하나님께서 모세에게 불뱀을 만들라 하셨는데 왜 놋뱀을 만들어 장대 위에 달아서 뱀에게 물린 자마다 그것을 쳐다본즉 살리라 하셨는지[민21:8~9] 지금 밝히는 것은 빙산의 일각이다. 천국의 비밀을 영원히 증명한다. 2022년 이 세대까지 무익한 말로 가르친 자들이 누구인가? '밤의 빛들'인 예수와 사도들, 교회 지도자들이다.

민수기 21:8~9
8 여호와께서 모세에게 이르시되 불뱀을 만들어 장대 위에 달라 물린 자마다 그것을 보면 살리라
9 모세가 놋뱀을 만들어 장대 위에 다니 뱀에게 물린 자마다 놋뱀을 쳐다본즉 살더라

그는 그 백성 가운데서 아들도 없고 손자도 없을 것이며
그의 거하던 곳에는 한 사람도 남은 자가 없을 것이라 [욥 18:19]

이 예언, 유언의 "그"는 예수를 뜻한다. "그 백성 가운데"는 여호와 하나님의 백성 가운데, 곧 다시 택하신 이스라엘, 히브리서 8장의 예언, 유언이 땅 위에 사실이 되어 15년째 나를 통해 새 언약의 말씀을 받고 있는 성도들이 하나님께서 만세 전에, 창세 전에 택하신 이스라엘인 '그 백성들'이다. 진실로 전 세계 교회 중에 은혜로교회 성도들이 이 본문의 "그 백성 가운데서"의 실상이다. 유언의 비밀이 밝히 드러나 이미 실상이 되고, 성취되어 이루어지고 있는 사실이다. 예수 그리스도는 명백하게 "아들도 없고 손자도 없을 것이며"라고 하신 말씀에 해당한다. 진실로 이 말씀의 실상의 주인공이 '예수'다. 문자 그대로도 욥에게는 아들 일곱, 딸 셋이 있다고 했으니[욥42:13] 욥에 대한 예언, 유언이 아니다. 예수는 결혼도 하지 않았으니 진실로 욥18:19절의 예언, 유언은 예수에 대한 예언, 유언이었다. 이스라엘은 하나님의 백성이지, 예수의 백성이 아니므로 "그 백성 가운데서"도 다른 세대 그 누구도 아니다.

진리는 이런 것이다. 이렇게 정확, 명확하게 땅 위에 사실이 되어 성취되어 일치해야 참 진리다. 그래서 진리의 성령은 절대 상상이 아니고 실상이다. 어

욥기 18:19
그는 그 백성 가운데서 아들도 없고 손자도 없을 것이며 그의 거하던 곳에는 한 사람도 남은 자가 없을 것이라

욥기 42:13
또 아들 일곱과 딸 셋을 낳았으며

호세아 2:19~20
19 내가 네게 장가들어 영원히 살되 의와 공변됨과 은총과 긍휼히 여김으로 네게 장가들며
20 진실함으로 네게 장가들리니 네가 여호와를 알리라

느 한 군데 말씀이나 한 단어가 일치하는 것이 아니라, 전 성경에 감추어 두셨다가 여호와 하나님께서 친히 장가드셔서 여호와 하나님을 알게 하신다고 하신 호2:19~20절뿐만 아니라 전 성경에 기록된 말씀과 일치해야 한다. 그래서 진리의 성령이 '남자'라고 하는 말은 사기요, 공갈이다.

에베소서 1:21
모든 정사와 권세와 능력과 주관하는 자와 이 세상뿐 아니라 오는 세상에 일컫는 모든 이름 위에 뛰어나게 하시고

마태복음 12:32
또 누구든지 말로 인자를 거역하면 사하심을 얻되 누구든지 말로 성령을 거역하면 이 세상과 오는 세상에도 사하심을 얻지 못하리라

누가복음 21:6
너희 보는 이것들이 날이 이르면 돌 하나도 돌 위에 남지 않고 다 무너뜨리우리라

"그의 거하던 곳에는 한 사람도 남은 자가 없을 것이라"[욥18:19]라고 하신 대로 실제 예수는 아들도 손자도 없었고, 예수가 거하던 저 예루살렘, 저 이스라엘 나라에는 지금 이 시간에도 여호와 하나님을 경외하는 자들이 한 사람도 없다. 유대인들은 예수를 죽인 죄로 인해 그 후손들까지 그 보응을 받고 있고, 유대교에서 기독교로 개종한 사람들도 예수에 대한 하나님의 뜻을 모르고 있으니 지금 저 이스라엘 나라에는 여호와 하나님을 경외하는 사람이 아무도 없다. 시간이 더 흘러 "오는 세상"[엡1:21, 마12:32]이 되어 온 세상이 여호와 하나님께서 통치하시는 세상이 되어도 저 예루살렘은 돌 하나도 돌 위에 남은 것이 없이 다 무너질 것이라고 하셨다[눅21:6]. 그래서 지금 이 시간이 진실로 절체절명의 시간이다. 반드시 새 언약[히8장]의 말씀으로 돌아서야 한다. 이미 하나님께서 예정하

신 대로 온 세상이 경영되어 왔고, 현재도 경영하시고 계시고, 영원히 하나님의 뜻대로 경영하신다. 다만 사람들에게 알게 하시지 않았을 뿐이다.

"너희는 나를 보아라, 놀라라, 손으로 입을 가리우라"[욥 21:5]라고 하신 대로 예수 그리스도에 대한 하나님의 증거를 보고 놀라서 온 세상이 입을 가리우게 될 것이다. 코로나19를 보라. 대통령도 입을 가리우는 세상이 왜 왔을까? 이제 온 천하는 자신의 입을 가리우고 여호와 하나님의 말씀 앞에 서야 한다. 놀라야 할 이유는 이미 하나님 앞에 음부도 드러나고, 멸망의 웅덩이, 곧 멸망으로 인도하는 크고 넓은 문이 어떤 곳인지 밝히고 있기 때문이다[욥26장]. 또한 마7:13~27절의 예언, 유언대로 멸망으로 인도하는 넓고 큰 길이 어디에 있는지, 생명으로 인도하는 좁고 협착한 길은 어디인지 이미 땅에 사실이 되어 이루어지고 있기 때문이다.

욥기 26:6
하나님 앞에는 음부도 드러나며 멸망의 웅덩이도 가리움이 없음이니라

왜 "아무도 그 형제를 구속하지 못하며 저를 위하여 하나님께 속전을 바치지도 못할 것은"[시49:7]이라고 하셨을까? 예수 그리스도가 하나님께 속전, 곧 대속물이 되어 속전을 바쳤으면 그 후로 예수 그리스도를 믿는 사람들은 아무도 죄를 짓지 말아야 하고, 이미 구원을 받아 육체도 죽지 않고 거룩하게 되어야 한다. 그런데 어찌 된 일일까?

59

이제 온 천하는 **잠잠하라**

‘**예수**’의 죽으심은
‘**죄의 대속**’이 아니다

「동아일보」 2022년 7월 28일 목요일
「조선일보」 2022년 7월 29일 금요일

스마트폰으로 QR 코드를 스캔 하시면
[**이제 온 천하는 잠잠하라**] 전문을 다운로드 받을 수 있습니다.

죄 사함은 '전 우주적인 일곱째 날'에 이루어진다

³¹이스라엘로 회개케 하사 죄 사함을 얻게 하시려고 그를
오른손으로 높이사 임금과 구주를 삼으셨느니라 ³²우리는
이 일에 증인이요 하나님이 자기를 순종하는 사람들에게
주신 성령도 그러하니라 하더라 [행5:31~32]

예수께서 진리의 성령에 대해 약속하신 대로 요
14:16~17절, 23절, 26절, 15:26절, 16:7~15절의 예언,
유언이 땅에 사실이 되어 이루어지는 때는 여호와의
날인 일곱째 날, 인자의 날인 셋째 날인 지금 이때다.
이때가 되어야 '진리의 성령'이 실상이 되고, 여호와
하나님께서 친히 이 땅에 임하셔서 성전 삼으신 진리
의 성령을 사용하셔서 이스라엘을 회개케 하시고, 영
원히 죄 사함을 얻게 하신다. 이때를 위해서 2천 년
간 예수를 임금과 구주로 삼으신 것이며, 지금 이때

가 되어야 비로소 여호와 하나님께로 돌아와서 진실로 순종하는 사람들에게 진리의 성령을 실상으로 주실 것도 행5:31~32절에 예언, 유언되어 있었다.

요한복음 15:27
너희도 처음부터 나와 함께 있었으므로 증거하느니라

예수께 가르침을 받은 제자들이 예수의 하신 언행을 증거하여 신약성경에 기록했다[요15:27]. 이로써 욥기서에 "나의 말이 곧 기록되었으면, 책에 씌어졌으면"[욥19:23]이라고 한 예언, 유언이 사실이 되어 이루어진 것이다. 예수의 제자들이 증인이듯이, 여호와 하나님을 순종하는 이스라엘을 위해, 곧 하나님께 순종하는 사람들을 위해 주신 성령도 그러하다고 하신 이대로 이미 15년째 땅 위에 실상이 되어 '다시 택한 이스라엘'을 회개케 하고, 여호와 하나님께 순종하게 하고 있다.

히브리서 8:6
그러나 이제 그가 더 아름다운 직분을 얻으셨으니 이는 더 좋은 약속으로 세우신 더 좋은 언약의 중보시라

히브리서 9:15
이를 인하여 그는 새 언약의 중보니 이는 첫 언약 때에 범한 죄를 속하려고 죽으사 부르심을 입은 자로 하여금 영원한 기업의 약속을 얻게 하려 하심이니라

예수 그리스도의 이름으로 죄 아래 가두어 두신 이유는 하나님께서 정하신 때가 되어 하나님의 백성들을 다시 창조하시는 새 언약을 믿으라고 하신 것이다. 이를 두고 히8:6절에서는 예수를 "더 좋은 언약의 중보"라고 하셨고, 히9:15절에서는 "새 언약의 중보"라고 하셨다. 따라서 "새 언약"[히8장]은 좌로도 우로도 치우치지 않고 바른 길, 정로로 돌이키는 온전한 길이다. 이때가 되어야 비로소 죄에서 영원히 사함을 받는다.

⁸저희를 허물하여 일렀으되 주께서 가라사대 **볼찌어다 날**
이 이르리니 내가 이스라엘 집과 유다 집으로 새 언약을 세
우리라⋯ ¹⁰또 주께서 가라사대 그날 후에 내가 **이스라엘**
집으로 세울 언약이 이것이니 내 법을 저희 생각에 두고 저
희 마음에 이것을 기록하리라 나는 저희에게 하나님이 되
고 저희는 내게 백성이 되리라 ¹¹또 각각 자기 나라 사람과
각각 자기 형제를 가르쳐 이르기를 주를 알라 하지 아니
할 것은 저희가 작은 자로부터 큰 자까지 다 나를 앎이니라
¹²**내가 저희 불의를 긍휼히 여기고 저희 죄를 다시 기억하**
지 아니하리라 하셨느니라 [히8:8~12]

　　문자 그대로도 명백하게 히8:7~13절과 일치하여 땅
위에서 실상이 되어 15년째 이루어지고 있는 이 일
이 바로 행5:31~32절의 예언, 유언이 성취되고 있다는
증거다. 성령은 절대 다른 세대가 아니고, 하나님께
서 친히 임하셔서 가르치시는 지금 이때 실상이 되어
다시 창조하시는 일에 사용하시는 것이다. 그 증거
가 온 세상 그 누구도 부인 못 하는 전대미문의 새 언
약을 선포하여 지켜 실행했고, 열매가 드러나서 "내
가 저희 불의를 긍휼히 여기고 저희 죄를 다시 기억하지 아
니하리라 하셨느니라"[히8:12]고 하신 예언, 유언대로 영
혼이 정결케 되는 성도들이 나타나는 이 일이 명백한
증거다. 따라서 예수가 십자가에 죽으실 때 예수를
믿는 모든 사람들의 죄를 다 지시고 죽으신 것이 아

사도행전 5:31~32
31 이스라엘로 회개케 하
사 죄사함을 얻게 하시려
고 그를 오른손으로 높이
사 임금과 구주를 삼으셨
느니라
32 우리는 이 일에 증인
이요 하나님이 자기를 순
종하는 사람들에게 주
신 성령도 그러하니라 하
더라

니라는 명백한 증거이며, 증명이다.

'이스라엘'도 사람들이 누구나 아는 저 이스라엘 나라 사람들이 아니고, '예루살렘'도 저 예루살렘이 아니고 '새 예루살렘'이며, 하나님께서 약속하신 땅도 그 땅이 아니며, 언약도 모세, 아론, 여호수아를 사용하셔서 애굽, 곧 현재 이집트에서 출애굽 할 때 하셨던 언약과 다르다.

히브리서 8:8
저희를 허물하여 일렀으되 주께서 가라사대 볼찌어다 날이 이르리니 내가 이스라엘 집과 유다 집으로 새 언약을 세우리라

이렇게 명백하게 예언, 유언해 두신 이대로 사실이었다는 증거가 이미 15년째 선포하여 대언한 말씀이다. 곧 "새 언약"[히8장]의 말씀이 생각과 마음에 새겨져서 다시 창조된 성도들이 증인들이다. 이렇게 여호와 하나님께서 진실로 하나님이 되시고, 이 언약, 곧 새 언약으로 다시 창조된 성도들이 진실로 하나님의 백성들이다. 전 성경 기록 목적이 다시 창조함을 받을 백성들을 위한 것[시102:18]임도 명백하게 열매로 증명한다.

시편 102:18
이 일이 장래 세대를 위하여 기록되리니 창조함을 받을 백성이 여호와를 찬송하리로다

행5:30~32절의 말씀도 예언, 유언이었고, 예수를 다시 살리신 분은 여호와 하나님이시다. 예수도, 진리의 성령도, 다 하나님의 백성인 이스라엘을 회개케 하사 죄 사함을 얻게 하실 때를 위해 보내신 것이고,

여호와 하나님의 가르치심을 받고 순종하는 사람들에게 실상으로 보내 주신 사람이 '진리의 성령'이다.

> 새 언약의 중보이신 예수와 및 아벨의 피보다 더 낫게 말하는 뿌린 피니라 [히12:24]

히12:24절의 말씀은 예수가 십자가에 죽으신 것과 첫 순교자 아벨의 피보다, 곧 창세 이래 모든 순교자의 피보다 더 낫게 말한다는 뜻도 감추어져 있다. "더 낫게 말하는 뿌린 피니라" 말하는데 왜 "뿌린 피"라고 하셨을까? "고기를 그 생명 되는 피 채 먹지 말 것이니라"[창9:4]고 하신 대로 '피'는 생명의 근원이며, 본질이기 때문이다. 그러므로 "더 낫게 말하는 뿌린 피"라고 하신 이 말씀 속에 '대속의 비밀'이 감추어져 있다. 곧 이 예언, 유언에는 여호와 하나님께서 택하신 이스라엘 백성들의 죄를 영원히 사하시는 완전한 하나님의 지혜와 사랑이 감추어져 있다.

예수의 죽으심은 '죄의 대속'이 아니었다

'대속'이라고 하면 예수께서 인간의 모든 죄를 대신하여 죽으심으로 이를 두고 '대속 사역'이라고 하며,

11 여호와께서 너와 네 조상에게 맹세하신 대로 너를 가나안 사람의 땅에 인도하시고 그 땅을 네게 주시거든
12 너는 무릇 초태생과 네게 있는 생축의 초태생을 다 구별하여 여호와께 돌리라 수컷은 여호와의 것이니라
13 나귀의 첫새끼는 다 어린양으로 대속할 것이요 그렇게 아니하려면 그 목을 꺾을 것이며 너의 아들중 모든 장자 된 자는 다 대속할찌니라
14 장래에 네 아들이 네게 묻기를 이것이 어찜이냐하거든 너는 그에게 이르기를 여호와께서 그 손의 권능으로 우리를 애굽에서 곧 종이 되었던 집에서 인도하여 내실쌔
15 그때에 바로가 강퍅하여 우리를 보내지 아니하매 여호와께서 애굽 나라 가운데 처음 낳은 것을 사람의 장자로부터 생축의 처음 낳은 것까지 다 죽이신고로 초태생의 수컷은 다 여호와께 희생으로 드리고 우리 장자는 다 대속하나니
16 이것으로 네 손의 기호와 네 미간의 표를 삼으라 여호와께서 그 손의 권능으로 우리를 애굽에서 인도하여 내셨음이니라 할찌니라

예수의 죽으심을 통해 하나님의 진노하심에서 구원을 얻어 죄 사함을 받았으며, 더 이상 죄에 얽매이지 않는 존재가 되었다고 지금 이 시간까지 모두 가르치고 그대로 믿어 왔다.

'대속'이란 ①예수가 십자가의 보혈로 만민의 죄를 대신 씻어 구원한 일 ②남의 죄나 고통을 대신하여 자기가 당함 ③남의 죄를 대신 갚음이라고 누구나 알고 있는 일반적인 지식이다. 그럼 이것이 하나님께서 말씀하시는 대속일까? 문제는 이렇게 보고 알도록 기록되어 있는 '신약성경'이다.

대속을 언제부터 왜 명하셨는지 보자. 하나님의 백성들을 애굽에서 출애굽 하여 가나안 땅, 곧 함 족속 땅, 하나님께서 약속하신 땅에 가서 "초태생(처음 난 것, 장자, 처음 시작한 것, 태에서 처음 난 것)을 구별하여 여호와께 돌리라 수컷은 여호와의 것이니라"고 하시고, 이렇게 대속하라고 명하신 이유는 여호와께서 그 손의 권능으로 애굽에서 인도하여 내셨다는 뜻이다 [출13:11~16]. 하나님께서 이스라엘 백성들을 애굽에서 출애굽 시키실 때 이들을 종으로 삼았던 애굽 왕 바로가 나가지 못하도록 하므로 결국 하나님께서 재앙을 내리셔서 애굽 온 땅의 장자를 다 죽이시고, 그

들 군대는 홍해에서 장사되어 다 죽고 출애굽 한 것을 잊지 말라고 명하신 것이다. 그것도 이스라엘이 가나안 땅, 곧 함 족속 땅에 들어가거든 그곳에서 속전을 드리고, 또 이스라엘이 여호와 하나님께 각각 조사받을 때 드리는 것이 속전이다. 속전을 드리는 이유는 그들 중에 온역, 곧 전염병을 없게 하기 위해서다. 그들은 여호와의 것이기 때문이다.

> 네가 이스라엘 자손의 수효를 따라 조사할 때에 조사받은 각 사람은 그 생명의 속전을 여호와께 드릴찌니 이는 그 계수할 때에 그들 중에 **온역이 없게 하려 함이라** [출30:12]

'온역'은 치명적인 전염병, 유행성 질병, 심각한 재앙이며 이는 불의한 자들에게 여호와께서 내리시는 심판으로서 인간을 죽음에 이르게 하는 치명적인 전염병이다. 다른 말로는 '전염병, 역병'이라고 한다. 코로나19도 온역, 전염병이다. 여호와 하나님께 속전을 드리는 이유가 전염병이 없게 하기 위해서다.

'속전'이란 다른 생명을 대신해서 바치는 헌금이나 부과금이다. 소가 사람을 받아 죽이면 그 소는 돌에 맞아 죽어야 하고 그 고기는 먹지 말아야 임자가 형벌을 면한다. 주인이 단속하지 않으면 소 임자도, 소도 죽는다. 그때 속죄금을 명하면 은 삼십 세겔을 죽은 자의 주인에게 주고, 소는 돌에 맞아 죽고, 소 주인은 죽음을 면하는 것이 속전이다[출21:28~32]. 이를 두고 신약성경 막10:45절과 마20:28절에 이렇게 기록한 것이다.

> ²⁷너희 중에 누구든지 으뜸이 되고자 하는 자는 너희 종이 되어야 하리라 ²⁸인자가 온 것은 섬김을 받으려 함이 아니라 도리어 섬기려 하고 **자기 목숨을 많은 사람의 대속물로 주려 함이니라** [마20:27~28]

그런데 예수는 자신을 많은 사람의 '대속물'이라고 하였다. 이렇게 말을 하게 된 것은 "너희 중에 누구든지 으뜸이 되고자 하거든 섬기는 자가 되라"고 하여 이 땅에 오신 목적이 섬기는 자가 되기 위함이라고 하였다. 이는 "내가 그들의 길을 택하고 으뜸으로 앉았었나니 왕이 군중에 거함도 같았고 애곡하는 자를 위로하는 사람도 같았었느니라"[욥29:25]고 욥기서에 기록된 말씀이 사실이 된 것이다. 곧 예수 스스로 '그들의 길'을 택하여 으뜸이 된 것이다.

'으뜸'이란 어떤 사물의 첫째, 기본이나 근본이 되는 것을 뜻한다. 예수로서는, 곧 사람 편에서는 자신이 선택한 길이었고, 하나님 편에서는 새 언약의 중보로 사용하시기 위함이었다. 하지만 구약성경에 사람을 신으로 섬기지 말라고도 이미 경고해 두셨다는 것을 예수는 모르고 이렇게 자신을 '대속물'이라고 한 것이다. 이래서 사람의 생각과 하나님의 생각이 어떻게 다른지 분별해야 한다[사55:8~9].

지금 예수에 대한 상상, 환상, 환각을 뿌리째 뽑기 위해서 근본을 드러내는 것이다. 귀신이 주인인 자들은 무엇이든지 자기 위주로 보고, 자신의 유익을 위해서 말하고 행동한다. 예수는 하나님께서 왜 이스라엘 백성들을 '어린양'으로 대속하라고 하셨는지에 대한 하나님의 뜻을 몰랐던 것이다.

이스라엘 백성들을 영원히 육체도 죽지 아니하고 살게 하시기 위해서 자신들을 종살이하던 데서 출애굽 시키신 분은 여호와 하나님이시고, 이들을 대신하여 죽은 자들은 애굽 사람들이다. 이를 잊지 말고 여호와 하나님만 신뢰하고 계명을 지키라고 내게 하신 것이 '속전'인데, 하나님의 뜻을 모르고 예수께서 자신을 많은 사람의 '대속물'이라고 하신 것이다. 따라서 사람이 죽는 것은 자신이 그 길을 택하는 것이다.

이사야 55:8~9
8 여호와의 말씀에 내 생각은 너희 생각과 다르며 내 길은 너희 길과 달라서 9 하늘이 땅보다 높음같이 내 길은 너희 길보다 높으며 내 생각은 너희 생각보다 높으니라

귀신이 사람을 죽이는 방법이 스스로 '으뜸'이 되고자 하여 계산하는 것이다. 이래서 욥기를 모르고 잠언, 전도서를 모르면 모두 육체가 죽는다. 스스로 자기 욕심에 따라 높은 자리에 서고자 하는 것은 자신을 영원히 둘째 사망에 들어가게 하는 것이다. 사람 편에서는 하나님의 말씀으로 다시 창조되지 아니한 영적인 상태로 절대 성경(언약궤)에 손을 대면 안 된다. 하나님 편에서 이 땅에 사람으로 태어나게 하실 때 사역자의 사명을 주시고 보낸 사람은 절대 스스로 자신이 높은 자리에 앉고 싶어하지 않는다.

이사야 1:11
여호와께서 말씀하시되 너희의 무수한 제물이 내게 무엇이 유익하뇨 나는 수양의 번제와 살진 짐승의 기름에 배불렀고 나는 수송아지나 어린양이나 수염소의 피를 기뻐하지 아니하노라

여호와 하나님께서는 어린양이나 수염소의 피도 기뻐하지 아니하실[사1:11] 뿐만 아니라, 죽는 자의 죽는 것을 기뻐하시지 않으신다[겔18:23, 32]. 당신이 창조해 두신 만물을 보시고 보시기에 심히 좋았더라고 하신 하나님께서 만물 중의 으뜸인 사람을 죽이려고 창조하신 것이 아니다. 절대 아니다. 이런 하나님의 뜻을 예수는 몰랐고, 창세 이래 그 누구도 몰랐고 안 믿었다.

> ²³나 주 여호와가 말하노라 내가 어찌 악인의 죽는 것을 조금인들 기뻐하랴 그가 돌이켜 그 길에서 떠나서 사는 것을 어찌 기뻐하지 아니하겠느냐… ³²나 주 여호와가 말하노라

죽는 자의 죽는 것은 내가 기뻐하지 아니하노니 너희는 스
스로 돌이키고 살찌니라 [겔18:23, 32]

사람은 하나님의 말씀대로 살면 본래 죽지 아니하도록 창조
하셨다. 그래서 사람에게 자유의지를 주시고 계명을
주시면서 언약하신 것이다. 이 언약을 어긴 것은 사
람이다. 창세 이래 아무도 하나님의 말씀을 지켜 실
행하지 않아서 모두 죽은 것이다. 이스라엘로 하여
금 생명의 속전을 드리게 하신 것은 하나님께서 정하
신 때까지 사람들이 하나님의 계명을 지키는지, 아니
지키는지 시험하신 것이다. 예수는 자신이 하나님의
뜻을 행하러 왔다고 하면서 하나님의 뜻을 몰랐다.
악인의 죽는 것, 곧 반드시 죽어야 할 악인의 죽는 것
도 기뻐하시지 않는 하나님이신데도 아무도 하나님
의 뜻을 모르고 안 믿었던 것이다.

'대속함'을 받았다면
육체가 죽지 않아야 한다

[7]아무도 결코 그 형제를 구속하지 못하며 저를 위하여 하나
님께 속전을 바치지도 못할 것은 [8]저희 생명의 구속이 너무
귀하며 영영히 못할 것임이라 [9]저로 영존하여 썩음을 보지

않게 못하리니 [시49:7~9]

'영존'이란 영원히 존재한다는 뜻이다. 이 말씀이 핵심이다. 이래서 구속자, 구원자는 여호와 하나님이시다. 신약에서는 이 '속전'이라는 용어를 자기 백성을 구원하시기 위하여 십자가에 달리신 예수 그리스도의 구속의 대가라고 표현한 것이 바로 "인자의 온 것은 섬김을 받으려 함이 아니라 도리어 섬기려 하고 자기 목숨을 많은 사람의 대속물로 주려 함이니라"[막10:45]이다. 또한 "하나님은 한 분이시요 또 하나님과 사람 사이에 중보도 한 분이시니 곧 사람이신 그리스도 예수라 그가 모든 사람을 위하여 자기를 속전으로 주셨으니 기약이 이르면 증거할 것이라"[딤전2:5~6]라고 표현한 것이다. 예수가 자신을 많은 사람의 대속물로 십자가에 죽는다고 한 것을 마가가 기록했고, 예수가 모든 사람을 위하여 속전으로 주셨다고 바울이 기록하였다.

그런데 왜 "아무도 그 형제를 구속하지 못하며 저를 위하여 하나님께 속전을 바치지도 못할 것"[시49:7]이라고 하셨을까? 예수 그리스도가 하나님께 속전, 곧 대속물이 되어 속전을 바쳤으면 그 후로 예수 그리스도를 믿는 사람들은 아무도 죄를 짓지 말아야 하고, 이미 구원을 받아 육체도 죽지 않고 거룩하게 되어야 한다. 그런데 결과는 단 한 명도 이렇게 실상이 된 사람이 없었다. 2천 년 역사가 이를 증명해 주고 있다.

> [23]그럴 때에 만일 일천 천사 가운데 하나가 그 사람의 해석자로 함께 있어서 그 정당히 행할 것을 보일찐대 [24]하나님이 그 사람을 긍휼히 여기사 이르시기를 그를 건져서 구덩이에 내려가지 않게 하라 **내가 대속물을 얻었다 하시리라** [25]그런즉 그 살이 어린 아이보다 연하여져서 소년 때를 회복할 것이요 [26]그는 하나님께 기도하므로 **하나님이 은혜를 베푸사 그로 자기의 얼굴을 즐거이 보게 하시고 사람에게 그 의를 회복시키시느니라** [27]그가 사람 앞에서 노래하여 이르기를 내가 전에 범죄하여 시비를 바꾸었으나 내게 무익하였었구나 [28]**하나님이 내 영혼을 건지사 구덩이에 내려가지 않게 하셨으니** 내 생명이 빛을 보겠구나 하리라 [욥 33:23~28]

이 예언, 유언을 욥에게 말한 엘리후도 자신이 하는 말의 뜻을 모르고 말했고, 욥도 이 말을 알아듣지 못하였다. 문자 그대로 보아도 대속물을 얻었으면 사람이 구덩이, 곧 '무덤'에 내려가지 않았어야 한다. 이 구덩이는 더 넓게는 벧후2:4절에 지옥을 "어두운 구덩이"라고 하셨고, 벧후2:22절에도 돼지가 씻었다가 "더러운 구덩이"에 도로 누웠다고 하는 말씀이 응한 자들이 가는 곳을 뜻한다.

⁴하나님이 범죄한 천사들을 용서치 아니하시고 **지옥에 던져 어두운 구덩이에 두어** 심판 때까지 지키게 하셨으며… ²¹의의 도를 안 후에 받은 거룩한 명령을 저버리는 것보다 알지 못하는 것이 도리어 저희에게 나으니라 ²²참 속담에 이르기를 개가 그 토하였던 것에 돌아가고 **돼지가 씻었다가 더러운 구덩이에 도로 누웠다** 하는 말이 저희에게 응하였도다 [벧후2:4, 21~22]

이렇게 신령한 것을 신령한 것으로 분별하여 해석하면 욥33:23~28절의 말씀은 하나님의 거룩한 명령인 영생, 곧 사람이 육체도 죽지 아니하게 하는 이 명령을 받는 일곱째 날인 이때에 땅 위에 사실이 되어 이루어질 예언, 유언이었다. 욥기 33장은 2008년 6월 16일에 시작된 이 일을 지칭하신 것으로, 이때가 되어야 악인들이 의인의 대속물들이 되어 의인이 악인들의 흘리는 피에 더러움을 씻게 하신다는 비밀을 감추시고 하신 말씀이다[시58:10]. 진리의 성령을 통해 대언하시는 새 언약의 말씀을 싫어하고 세상 법에 고소하고 대적하는 자는 "그의 혼이 구덩이에, 그의 생명이 멸하는 자에게 가까와지느니라"[욥33:22]라고 하신 대로 진실로 사실이 되어 이미 하나님의 나라에 합당치 아니한 자로 판결을 받은 것이다. 진리는 이렇게 기록된 명제에 일치하여 악인도, 의인도 실상이 되는 것이다.

시편 58:10
의인은 악인의 보복당함을 보고 기뻐함이여 그 발을 악인의 피에 씻으리로다 따라서 사람이 본능적인 눈으로 '대속물'이라는 단어만 보고 말하면 막10:45절과 딤전2:5~6절의 마가와 바울이 기록한 것같이 말할 수 있다. 그래서 하나님께서 사람에게서 증거를 취하시지 아니한다[요5:34]고 하셨던 것인데, 예수도 자신이 한 말이 사람의 증거에 해당함을 몰랐던 것이다. 이에 대한 증거가 욥33장이다.

"전대미문의 새 언약"[히8장]을 싫어하는 자는 "그의 혼이 구덩이에, 그의 생명이 멸하는 자에게 가까와지느니라"[욥33:22]고 하신 이대로 사실이 되어 하나님 나라에 합당치 않은 자로 판결을 받는다. 그러나 의인은 일천 천사 가운데 하나가 그 사람의 해석자로 함께 있어서 사람들이 정당히 행할 것을 보일 때 하나님께서 그 사람을 긍휼히 여기시고, 그를 건지셔서 구덩이에 내려가지 않게 하시고, 소년 때를 회복할 것이며, 하나님께서 은혜를 베푸셔서 하나님의 얼굴을 즐거이 보게 하시고, 사람에게 그 의를 회복시키신다 [욥33:23~30]고 하신 이 예언, 유언이 실상이 된다. 따라서 '구덩이'는 벧후2:4절에 "구덩이에 두어 심판 때까지 지키게 하시므로" 한 번 육체가 죽어서 무덤에 내려가는 때를 지칭하신 것이 아니다.

마가복음 10:45
인자의 온 것은 섬김을 받으려 함이 아니라 도리어 섬기려 하고 자기 목숨을 많은 사람의 대속물로 주려 함이니라

디모데전서 2:5~6
5 하나님은 한 분이시요 또 하나님과 사람 사이에 중보도 한 분이시니 곧 사람이신 그리스도 예수라
6 그가 모든 사람을 위하여 자기를 속전으로 주셨으니 기약이 이르면 증거할 것이라

요한복음 5:34
그러나 나는 사람에게서 증거를 취하지 아니하노라 다만 이 말을 하는 것은 너희로 구원을 얻게 하려 함이니라

그래서 "의인은 환난에서 구원을 얻고 악인은 와서 그를 대신하느니라"[잠11:8]고 하셨고, "악인은 의인의 대속이 되고 궤사한 자는 정직한 자의 대신이 되느니라"[잠21:18]고 하셨다. '궤사한 자'란 남을 해할 목적을 가지고 계획적으로 진리와 사실을 외면한 채 시도하는 악한 음모나 거짓된 행동, 간사스러운 꾀와 교활한 속임수를 쓰는 자를 뜻한다. 자신을 대속물이라고 한 예수와 사도들이 어떻게 여호와 하나님을 경외하는 것을 폐했는지 영원히 증명된다.

금강석 끝 철필로 기록되어 사람들의 마음 판에 박혀 예수가 '메시야, 구원자, 구속자, 대속자, 주 예수 그리스도'라는 불화살로 지져서 영영히 박혀 있는 '돌'이 된 사람의 강퍅한 마음, 생각, 정신을 하나님의 말씀으로 갈아엎어서 부드러운 심령이 되게 하는 것이 바로 '새 언약'의 말씀이다. 이것이 하나님께서 말씀하시는 죽은 자를 살리는 것이다.

또한 살았다 하는 예수 그리스도의 이름만 가진 채 아무리 많은 말, 많은 일을 밤낮으로 해도 사도 바울과 당시 사도들의 결과를 보라. 열매가 증명해 준다. "누가 철학과 헛된 속임수로 너희를 노략할까 주의하라 이것이 사람의 유전과 세상의 초등 학문을 좇음이요"[골2:8]

라고 했어도 '철학'이라는 두 글자만 빼서 신학교에서 가르치고, 그렇게 졸업을 하면 '장로의 유전'을 따라 강도사, 목사가 되고, 일생 하는 일은 자신이 죽을 짓만 하고 남을 죽이는 것이다. 이런 열매를 맺고도 제단 아래서 자신들이 피 흘림당하여 죽은 것이 억울하다고 신원, 곧 복수하고 보복해 달라고 하는 것이 '순교자들의 실상'[계6:9~11]이다. 이렇게 기록되어 있어도 단어만 빼서 사용해 먹는 자들이 전 세계 종교 지도자들이다.

사도 바울이 죽어서도 그의 '유언'은 2천 년이 되도록 사실이 되어 사람들을 노략하여 죽이고 있다. 열매가 이런데도 하나님이 보시기에 바울이 '회심, 중생'했는가? 그런데 지금 이 시간까지 바울은 유대교에서 회심하여 사도가 되었고, 최고로 영성이 높은 자라고 사람들은 그를 칭찬한다. 자신이 한 말 때문에 이 세대까지 일생 헛되고 헛된 삶을 살고, 영원을 망하게 만든 원인 역할을 한 것을 그는 모른다. 이래서 하나님 경외하는 일을 폐한 것이다. 자신도 '사람의 유전'[고전11:1~2]에 속했다는 것을 그는 영원히 모른다.

하나님께서 원하시는 뜻은 사람이 죽는 것이 아니다. 하나

9 다섯째 인을 떼실 때에 내가 보니 하나님의 말씀과 저희의 가진 증거를 인하여 죽임을 당한 영혼들이 제단 아래 있어

10 큰 소리로 불러 가로되 거룩하고 참되신 대주재여 땅에 거하는 자들을 심판하여 우리 피를 신원하여 주지 아니하시기를 어느 때까지 하시려나이까 하니

11 각각 저희에게 흰 두루마기를 주시며 가라사대 아직 잠시 동안 쉬되 저희 동무 종들과 형제들도 자기처럼 죽임을 받아 그 수가 차기까지 하라 하시더라

1 내가 그리스도를 본받는 자 된 것같이 너희는 나를 본받는 자 되라

2 너희가 모든 일에 나를 기억하고 또 내가 너희에게 전하여 준 대로 그 유전을 너희가 지키므로 너희를 칭찬하노라

님의 뜻대로 행하여 영원히 다스리고 누리고 행복하게 사는 것이다. 이런 하나님의 뜻을 아무도 안 믿었다. 예수도, 그의 제자들도, 사도 바울도 안 믿었다. 도리어 여호와 하나님을 잊게 만드는 자들이 영적인 밤인 6일간, 밤의 빛 역할을 하는 사람들이다.

"내가 무덤에 내려갈 때에 나의 피가 무슨 유익이 있으리요 어찌 진토가 주를 찬송하며 주의 진리를 선포하리이까"[시30:9]라고 하신 이 말씀의 일 순위가 누군가? 예수다. 무덤에 내려갈 때 십자가에서 흘린 피가 아무 유익이 없음을 그는 몰랐다. 바울도, 모든 순교자도 2022년 지금 이 세대까지 아무도 몰랐던 천국의 비밀이다. 예수의 피를 천년만년을 혀로 지껄인다 해도 예수와 아무 관계가 없다. 이는 무덤에 내려가는 자는 진리를 선포할 수 없다는 뜻이다. 이 말씀은 이미 지나온 모든 역사가 명백하게 증명해 준다. 무덤에 내려갈 때 자신이 십자가에서 흘린 피가 자신에게도 유익이 없는데 어떻게 다른 사람의 죄를 사하여 구원하는 데 유익이 있겠는가? 모두 영적인 잠에서 깨어 일어나야 한다.

예수께서는 삼 직, 곧 '왕, 선지자, 제사장'직으로 오신 메시야, 곧 그리스도라고 오늘 이 시간까지 부르고 있다. 그렇다면 "이는 그들이 가장 작은 자로부터 큰 자까지 다 탐남하며 선지자로부터 제사장까지 다 거짓을 행함이라 그들이 내 백성의 상처를 심상히 고쳐 주며 말하기를 평강하다 평강하다 하나 평강이 없도다"[렘6:13~14]라고 하신 말씀은 어떻게 해석할 것인가? "선지자부터 제사장까지 다 거짓을 행함이라"고 하신 말씀에 해당하는 일 순위는 누구인가?

60

이제 온 천하는 **잠잠하라**

선지자로부터 제사장까지
다 '**거짓**'을 행함이라

「동아일보」 2022년 8월 4일 목요일
「조선일보」 2022년 8월 5일 금요일

스마트폰으로 QR 코드를 스캔 하시면
[이제 온 천하는 잠잠하라] 전문을 다운로드 받을 수 있습니다.

'거짓'을 행한
선지자와 제사장은 누구인가?

¹³이는 그들이 가장 작은 자로부터 큰 자까지 다 탐남하며 **선지자로부터 제사장까지 다 거짓을 행함이라** ¹⁴그들이 내 백성의 상처를 심상히 고쳐 주며 말하기를 평강하다 평강하다 하나 평강이 없도다 ¹⁵그들이 가증한 일을 행할 때에 부끄러워하였느냐 아니라 조금도 부끄러워 아니할 뿐 아니라 얼굴도 붉어지지 않았느니라 그러므로 그들이 엎드러지는 자와 함께 엎드러질 것이라 내가 그들을 벌하리니 그때에 그들이 거꾸러지리라 여호와의 말이니라 [렘6:13~15]

'선지자'란 앞의 일을 미리 보고 예견하는 사람이다. 하나님의 뜻과 섭리를 대언하는 자를 뜻한다. 전 성경에 선지자는 아브라함부터 사도 요한까지라고 했다. "그는 선지자라 그가 너를 위하여 기도하리니 네가 살려니와 네가 돌려보내지 않으면 너와 네게 속한 자가 다 정녕 죽을 줄 알찌니라"[창20:7]라고 기록된 대로 아브라

함을 선지자라고 했다. 그러나 이 시간까지 모든 사람들은 모세를 첫 선지자라고 한다. 하나님께서는 모세를 비방하는 미리암과 아론에게 "이르시되 내 말을 들으라 너희 중에 선지자가 있으면 나 여호와가 이상으로 나를 그에게 알리기도 하고 꿈으로 그와 말하기도 하거니와 내 종 모세와는 그렇지 아니하니 그는 나의 온 집에 충성됨이라 그와는 내가 대면하여 명백히 말하고 은밀한 말로 아니하며 그는 또 여호와의 형상을 보겠거늘 너희가 어찌하여 내 종 모세 비방하기를 두려워 아니하느냐 여호와께서 그들을 향하여 진노하시고 떠나시매"[민12:6~9]라고 하시며, 모세와는 다른 선지자와 다르게 대면하여 말씀하셨다.

'이상'이란 전 성경 문자적인 기록 자체이다. 다른 말로 하면 '꿈'이다. 사람이 본능적으로 아는 꿈만 꿈이라고 하신 것이 아니고, 전 성경 문자적인 기록 자체가 '꿈'에 해당한다. 더 크게 말하면 하나님께서 말씀하시는 '밤'의 기간 6일간에는 이상으로, 그리고 꿈으로도 하나님께서 선지자들에게 알리시기도 하고, 말씀하시기도 하신 것을 기록하신 것이 성경의 문자적인 기록이다. 예수께서 이 땅에 태어나신 때였던 BC 4년을 지나고 창세부터 지나온 땅의 모든 역사를 AD 1

년 1월 1일로 다시 시작하여 오늘에 이른 것이다.

그런데 하나님께서는 모세와는 대면하여 명백하게 말씀하셨고, "여호와의 형상을 보겠거늘"이라고 하셨는데 왜 모세도 죽었을까? 다윗을 선지자[행2:29~30]라고 증언한 베드로도 죽었고, 요한계시록을 쓴 사도 요한도 "내게 말하기를 나는 너와 네 형제 선지자들과"[계22:9]라고 하신 대로 선지자인데 그도 죽었다.

⁶세세토록 살아 계신 자 곧 하늘과 그 가운데 있는 물건이며 땅과 그 가운데 있는 물건이며 바다와 그 가운데 있는 물건을 창조하신 이를 가리켜 맹세하여 가로되 지체하지 아니하리니 ⁷일곱째 천사가 소리 내는 날 그 나팔을 불게 될 때에 **하나님의 비밀이 그 종 선지자들에게 전하신 복음과 같이 이루리라** [계10:6~7]

전 성경 기록 목적은 일곱째 날인 지금 이 세대를 지시하고 있다. 하나님께서 정하신 일곱째 날인 지금 이때가 되어야 선지자 아브라함, 모세부터 요한계시록을 기록한 사도 요한까지 모든 성경 속에 감추어 두신 하나님의 뜻, 하나님의 나라 비밀이 땅 위에 사실이 되어 이루어진다는 뜻이다. 예수도 예언, 유언한 말씀이 이 세대에 땅 위에 사실이 되어 이루어지고 있으니 선지자였다. 예수 그리스도가 모든 선

사도행전 2:29~30
29 형제들아 내가 조상 다윗에 대하여 담대히 말할 수 있노니 다윗이 죽어 장사되어 그 묘가 오늘까지 우리 중에 있도다
30 그는 선지자라 하나님이 이미 맹세하사 그 자손 중에서 한 사람을 그 위에 앉게 하리라 하심을 알고

지자들과 다른 것은 십자가를 지시기 전에 미리 말한 대로 삼 일 만에 부활한 것이지만, 예수 또한 썩는 양식을 먹인 인자였고 선지자였다. 그 증거가 예수께 직접 가르침을 받은 제자들이 다 죽어서 육체가 썩은 것이고, 이후 2022년 이때까지 예수를 믿는 모든 사람들이 다 죽어서 썩었다는 것이다. 이유는 하나님 편에서는 하나님께서 정하신 때가 되어야 약속하신 언약이 땅 위에 사실이 되고 비밀이 열리기 때문이고, 피조물인 사람 편에서는 "가장 작은 자로부터 큰 자까지 다 탐남하며 선지자로부터 제사장까지 다 거짓을 행함이라"[렘6:13]고 판결하신 예언, 유언대로 사실이 되었기 때문이다.

하나님께서 영원한 언약을 하신 믿음의 조상 아브라함부터 모세, 다윗, 전 성경을 기록한 저자들도 왜 다 거짓을 행하였을까? 선지자들은 거짓을 예언하며, 제사장들은 자기 권력으로 다스리는 기괴하고 놀라운 일이 있다고 판결하셨다[렘5:30~31].

> ³⁰이 땅에 기괴하고 놀라운 일이 있도다 ³¹선지자들은 거짓을 예언하며 제사장들은 자기 권력으로 다스리며 내 백성은 그것을 좋게 여기니 그 결국에는 너희가 어찌 하려느냐 [렘5:30~31]

이렇게 된 근본 원인은 성경을 기록한 저자들도, 믿음의 조상 아브라함도, 심지어 예수 그리스도도 거듭나지 않았기 때문이다. 더 결정적인 것은 영적인 밤을 지나는 6일간에는 여호와 하나님께서 사람 안에 내주하셔서 동행하신 것이 아니었다. 이렇게 경영해 오신 이유는 '신'과 '사람'의 차이와 관계를 명백하게 나타내 보이시기 위함이며, 이는 하나님 편에서 이렇게 정하신 것이다.

'삼 직'으로 오신 예수, 사역의 결과는?

> 모세가 말하되 주 하나님이 너희를 위하여 너희 형제 가운데서 나 같은 선지자 하나를 세울 것이니 너희가 무엇이든지 그 모든 말씀을 들을 것이라 [행3:22]

지금까지 기독교는 예수께서 선지자직, 왕직, 제사장 직분으로 오신 분이라고 했고, 예수도 자신을 선지자라고 인정했다. 베드로가 신18:15~22절의 말씀을 인용하며 "모세가 말하되"[행3:22]라고 한 것은 당시 베드로도 거듭나지 않았고, 사도행전을 기록한 누가도 거듭나지 않은 영적인 상태였음을 보여 주는 것으로,

요한복음 5:34
그러나 나는 사람에게서 증거를 취하지 아니하노라 다만 이 말을 하는 것은 너희로 구원을 얻게 하려 함이니라

이는 '사람의 증거'다. 베드로가 하나님의 말씀으로 다시 창조되었으면 "모세가 말하되"라고 말하지 않는다. 모세를 통해 하나님께서 말씀하신 것이고, 베드로도 살아 계신 하나님의 말씀이라고 해야 한다. "주 하나님이 너희를 위하여 너희 형제 가운데서"라고 한 베드로는 신명기 18장의 말씀을 문자 그대로 인용한 것이다. 이렇게 말을 한 베드로도, 이 말씀을 기록한 누가도 이 말씀의 뜻을 온전히 모르고 한 것이다. 그때 제자들은 여호와 하나님께서 모세에게 하신 말씀[신 18:15~22]이 예수에 대한 예언인 줄로 알고 믿었으며, 그래서 베드로와 사도들이 실제 공동체 생활을 한 것이다[행4:32~5:11]. 그리고 지난 2천 년간은 이렇게 알고 믿고 오는 기간이었다.

신명기 18:18
내가 그들의 형제 중에 너와 같은 선지자 하나를 그들을 위하여 일으키고 내 말을 그 입에 두리니 내가 그에게 명하는 것을 그가 무리에게 다 고하리라

> ²³누구든지 그 선지자의 말을 듣지 아니하는 자는 백성 중에서 멸망받으리라 하였고 ²⁴또한 사무엘 때부터 옴으로 말한 모든 선지자도 이때를 가리켜 말하였느니라 [행 3:23~24]

이 말씀 때문에 성경을 보는 학자들이 첫 선지자를 '모세'라고 하고 혹은 '사무엘'이라고 한 것이다. 이제 우리는 사람의 증거는 다 무효하고 하나님께서 응답, 대답하시는 대로 믿어야 한다. 사무엘을 말한 베

드로도, 이 말을 기록한 누가도 말에 실수를 했고, 그래서 다 죽은 것이다. 예수도 말에 실수를 한 것이다. 모두 말에 실수를 했다. 그래서 나도, 은혜로교회 성도들도 완전히 한 몫의 삶을 버리고, 말씀을 따라 지켜 실행하고 있는 것이다. 사람들이 상상하듯이 예수가 하나님이 아니고, 성령도 하나님이 아니라는 것을 온 땅에 거하는 사람들에게 증명하시는 명백한 증거가 예수는 십자가에 죽었고, 진리의 성령은 감옥에 갇힌 이 사건이다.

이는 여호와 하나님만 참 신이심을 땅에 살고 있는 모든 피조물들로 알게 하여 우상을 모두 버리고 여호와 하나님께로 돌아오게 하시는 완전한 지혜이다. 성부 하나님의 이름은 '여호와', 아들의 이름은 '예수'라고 기록되어 있지만, 성령은 이름이 기록되어 있지 않고 하나님의 아들들 이름도 기록되어 있지 않은 것은 전 성경 기록 목적이 3022~2422년 전에 기록된 대로 장래 세대, 곧 2022년 지금 이 세대에 다시 창조함을 받을 백성들을 위해 기록했다[시102:18]는 명백한 증거다.

> **시편 102:18**
> 이 일이 장래 세대를 위하여 기록되리니 창조함을 받을 백성이 여호와를 찬송하리로다

선지자도 사무엘 때부터가 아니고, 아브라함 때부터이며, 처음 성경을 기록한 모세, 신약성경의 마지

막 요한계시록을 기록한 사도 요한에 이르기까지 모든 선지자도 '이때'를 가리켜 말하였느니라고 하신 '이때'가 사람이 본능적으로 보는 예수 당시가 아니라 일곱째 날인 지금 이때를 지시하신 것이다. 그래서 행3:22~26절과 신18:15~22절에 기록된 이 말씀이 예수 당시에 땅 위에 사실이 되는 일이 아니라 지금 이때 땅 위에 성취되는 예언, 유언이며, 이를 두고 아가서에서 "그림자가 갈 때"[아4:6]라고 하셨던 것이다.

아가 4:6
날이 기울고 그림자가 갈 때에 내가 몰약 산과 유향의 작은 산으로 가리라

> ⁸만일 네 손이나 네 발이 너를 범죄케 하거든 찍어 내버리라 불구자나 절뚝발이로 영생에 들어가는 것이 두 손과 두 발을 가지고 영원한 불에 던지우는 것보다 나으니라 ⁹만일 네 눈이 너를 범죄케 하거든 빼어 내버리라 **한 눈으로 영생에 들어가는 것이** 두 눈을 가지고 지옥 불에 던지우는 것보다 나으니라 [마18:8~9]

2천 년간 성경을 보는 사람들의 '눈'은 오직 예수였고, 예수를 전하는 자들이며, 그들이 하는 말만 믿었던 자들이 바로 눈 역할, 손 역할, 발 역할을 한 것이다. 다른 말로 표현하면 모두 사람의 증거에 해당하는 기간에 빛 역할을 한 '달과 별들'이 눈, 손, 발 역할을 한 것이며, 그 아래 신앙생활 하는 교인들 또한 자신의 원욕, 정욕으로 인해 스스로 자신의 눈, 발, 손

으로 실족케 된 것이다. 전 성경 문자적인 기록 자체를 사람이 본능으로 아는 지식으로 보고 믿은 것이 바로 예수 이름으로 실족한 것이다. 그래서 성경을 기록한 저자들, 예수까지도 모두 다 사람의 증거에 해당한다.

예수는 '하나님의 명령이 영생'[요12:50]이라고 말을 했지만 하나님 편에서는 이루어지는 때가 아니었고, 예수 편에서는, 곧 사람 편에서는 여호와 하나님의 행하심을, 천국의 비밀인 하나님의 뜻을 몰랐던 것이다. 그래서 성경을 기록하고 각 시대마다 때를 따라 말씀을 전했어도, 또한 말씀을 전한 것 때문에 순교를 했어도 빼고 찍어 내버려야 하는 오른눈, 오른손, 오른발에 해당한다[마5:29~30]. 이 예언, 유언에 예수도 해당하고, 모든 선지자들도 다 해당한다. 그래서 모두 다 죽은 것인데, 이런 사실을 아무도 모른 채 이어져 온 것이다. 예수도 이 말의 뜻을 모르고 하신 말씀이고, 기록한 저자 마태도 모르고 기록한 것이다. 그러니 마18:9절의 '영생에 들어가는 한 눈'은 그들이 아니다. "눈은 선지자요 머리는 선견자라"[사29:10]고 하신 것도 하나님께서 정하신 때가 될 때까지 선지자, 곧 선견자도 하나님의 뜻을 모른 채 영적인 소경

요한복음 12:50
나는 그의 명령이 영생인 줄 아노라 그러므로 나의 이르는 것은 내 아버지께서 내게 말씀하신 그대로 이르노라 하시니라

마태복음 5:29~30
29 만일 네 오른눈이 너로 실족케 하거든 빼어 내버리라 네 백체 중 하나가 없어지고 온몸이 지옥에 던지우지 않는 것이 유익하며
30 또한 만일 네 오른손이 너로 실족케 하거든 찍어 내버리라 네 백체 중 하나가 없어지고 온몸이 지옥에 던지우지 않는 것이 유익하니라

이사야 29:10
대저 여호와께서 깊이 잠들게 하는 신을 너희에게 부어주사 너희의 눈을 감기셨음이니 눈은 선지자요 너희 머리를 덮으셨음이니 머리는 선견자라

이 되어 있을 것을 예언, 유언해 두셨던 것이다.

심지어 마18:9절의 영생하도록 하는 "한 눈"도 하나님께서 정하신 때, 시간이 될 때까지 깊이 잠든 채 한 몫의 삶을 지나야 한다는 증거가 "주께서 가라사대 이 백성이 입으로는 나를 가까이하며 입술로는 나를 존경하나 그 마음은 내게서 멀리 떠났나니 그들이 나를 경외함은 사람의 계명으로 가르침을 받았을 뿐이라 그러므로 내가 이 백성 중에 기이한 일 곧 기이하고 가장 기이한 일을 다시 행하리니 그들 중의 지혜자의 지혜가 없어지고 명철자의 총명이 가리워지리라"[사29:13~14]고 하신 이대로 지혜자인 예수도 한 몫의 삶은 죽어야 했고, '명철자'인 진리의 성령에 대한 예언도 하나님께서 정하신 때가 될 때까지 성취되지 않았던 것이다.

예수는 "진실로 진실로 네게 이르노니 사람이 거듭나지 아니하면 하나님 나라를 볼 수 없느니라"[요3:3]고 하셨는데, 왜 십자가에서 "엘리 엘리 라마 사박다니"라고 했을까? 자신이 거듭나지 않았으니 당연히 제자들도 거듭나지 않았고, 그 결과 모두 죽었다. 렘6:13절에 판결해 두신 대로 사실이 되어 선지자로부터 제사장까지 다 거짓을 행한 것이며, 아무도 신령한 자가 없었던 것이다. 예수는 선지자로, 제사장으로 온 것이

예레미야 6:13
이는 그들이 가장 작은 자로부터 큰 자까지 다 탐남하며 선지자로부터 제사장까지 다 거짓을 행함이라

사실이며, 왕이 아니라 '왕 노릇' 하신 것이다. 성경이 모든 것을 다 죄 아래 가두어 두었다고 하신 갈 3:22~23절의 말씀은 가장 작은 자로부터 큰 자까지 다 탐남하며 선지자로부터 제사장까지 다 거짓을 행하였기 때문이다.

여호와 하나님께서 말씀하신 신18:15~22절에 해당하는 선지자, 곧 그 명제에 일치하는 선지자가 '예수'인가? 행3:22~26절에 기록된 명제에 일치하는 선지자가 '예수'인가? '예수'가 신령한 사람인가? 아니다. 예수도 거짓을 행했다. 예수가 행한 일은 마태, 마가, 누가에 제일 많이 기록되어 있다. 2022년 8월 현재 예수를 믿는다고 하는 모든 사람들에게 묻는다. 예수가 행한 일은 귀신 쫓고, 병 고치고, 죽은 지 나흘이나 되어 무덤에 들어가서 벌써 냄새가 난다고 한 나사로를 살렸고, 물 위로 걷고, 소경 된 자의 눈을 뜨게 하고, 오병이어의 이적을 일으킨 것이다. 그렇다면 이런 이적을 일으킨 예수는 왜 가장 잔인하게 사형당했는가? 죽은 지 나흘이나 된 무덤에서 살아난 나사로는 현재 어디에 있는가? 그도 육체가 죽어 썩었다. 예수가 행한 일 때문에 모두 하나님 나라를 상상한다. 예수가 우리의 죄를 다 지셨기에 믿기만 하

갈라디아서 3:22~23
22 그러나 성경이 모든 것을 죄 아래 가두었으니 이는 예수 그리스도를 믿음으로 말미암은 약속을 믿는 자들에게 주려 함이니라
23 믿음이 오기 전에 우리가 율법 아래 매인 바 되고 계시될 믿음의 때까지 갇혔느니라

면 죽어서 천국 간다고 가르치고, 그렇게 믿는 사람들이 오늘 이 시간까지 나와 은혜로교회 성도들 외에 모든 사람들이다.

95세 된 유명한 사람이 최근에 죽었다. 사람들은 하나같이 천국 갔다고 한다. 거짓말이다. 그는 지옥에 갔다. 나는 하나님의 법으로 말하는 것이다. 여의도에 초대형교회를 세웠다고 기네스북에 오른 목사도 육체가 죽어 눅16:19~31절의 부자가 간 곳 음부, 곧 지옥 불에 갔다. 혀에 물 한 방울 먹지 못하는 영원히 고통받는 곳에 갔는데도 이 판결의 말씀을 누가 믿었는가? 예수는 자신이 "사람이 거듭나지 아니하면 하나님 나라를 볼 수 없느니라… 사람이 물과 성령으로 나지 아니하면 하나님 나라에 들어갈 수 없느니라… 육으로 난 것은 육이요 성령으로 난 것은 영이니"라고 하셨지만 무슨 뜻인지도 모르고 한 말씀이다. 예수가 정직하고 완전한 사람이었다면 그는 땅에 남아 있었어야 한다[잠2:21].

잠언 2:21
대저 정직한 자는 땅에 거하며 완전한 자는 땅에 남아 있으리라

일에 증험도 있고 성취함도 있는
'한 새 사람'

²²모세가 말하되 주 하나님이 너희를 위하여 너희 형제 가
운데서 나 같은 선지자 하나를 세울 것이니 너희가 무엇이
든지 그 모든 말씀을 들을 것이라 ²³누구든지 그 선지자의
말을 듣지 아니하는 자는 백성 중에서 멸망받으리라 하였
고 ²⁴또한 사무엘 때부터 옴으로 말한 모든 선지자도 이때
를 가리켜 말하였느니라 [행3:22~24]

이 말씀에 일치하려면 이스라엘 백성을 애굽에서
출애굽 시켜야 한다. 모세가 그 사역을 했다. 그보다
더 핵심은 여호와의 입의 말씀을 대언해야 한다. 그리
고 반드시 증험도 있고, 성취함도 있어야 한다. 이에
대해 큰 틀로 증명하면 하나님께서 친히 가르치시는
요6:45절의 예언, 유언이 땅 위에 성취될 때 영생하도
록 있는 양식을 먹이는 인자[요6:27]에 대한 예언, 유언
이 사실이 되어 일치해야 한다. 나를 통한 이 일을 지
칭하는 것이다. 이에 대해서도 영원히 증명된다.

요한복음 6:45
선지자의 글에 저희가 다
하나님의 가르치심을 받
으리라 기록되었은즉 아
버지께 듣고 배운 사람마
다 내게로 오느니라

요한복음 6:27
썩는 양식을 위하여 일하
지 말고 영생하도록 있는
양식을 위하여 하라 이 양
식은 인자가 너희에게 주
리니 인자는 아버지 하나
님의 인치신 자니라

만일 선지자가 있어서 여호와의 이름으로 말한 일에 증험
도 없고 성취함도 없으면 이는 여호와의 말씀하신 것이 아
니요 그 선지자가 방자히 한 말이니 너는 그를 두려워 말찌
니라 [신18:22]

하나님께서 보내신 선지자는 반드시 증험이 있고, 성취함이 있어야 한다. 이것이 핵심이다. 그러나 사도행전에는 이 부분이 빠져 있다. 행3:22~26절의 말씀이 예수에 대한 지칭이 아니라는 명백한 증거가 바로 '여호와'의 이름으로 하지 않고 대부분 '예수' 이름으로 말했다는 것이다. 물론 예수께서 하신 말씀은 자신의 말이 아니고 아버지의 말씀이라고 했지만[요 14:24], 누가 보아도 다 예수 그리스도가 '주, 왕, 선지자, 메시야'로 보이도록 말한 것이다.

요한복음 14:24
나를 사랑하지 아니하는 자는 내 말을 지키지 아니 하나니 너희의 듣는 말은 내 말이 아니요 나를 보내신 아버지의 말씀이니라

'증험'이란 용광로에서 불순물을 제거하여 순수한 금속을 만드는 행위라는 뜻을 담고 '시험하여 증명하다'라는 뜻인 동시에 '여호와의 입의 말씀이 맞다는 것이 사실로 입증되다'라는 의미다. 그래서 반드시 시험이 있고, 이미 4년이 다 되도록 성경에 기록된 대로 은혜로교회에서 나간 자들에 의해 송사를 당하여 감옥에 갇혀 있는 이 사건이 증험 중의 증험이며, 15년째 지나온 길이 증험들이다. 즉 전 성경에 기록된 말씀이 사실이 되어 명제에 일치하여 사실임을 경험하게 한다는 뜻이다.

온 세상에 가장 어리석은 목사로 치욕, 수욕을 겪고 새빨간 거짓말이 도리어 진실인 것처럼 씌워서 감

옥에 갇히고, 말도 안 되는 재판을 받으며, 성경대로 보고, 듣고, 믿고, 지켜 실행한 것 때문에 겪는 의의 경험, 의인과 악인을 골라내는 실상[마13:47~50]을 15년째 다 보았고, 나를 감옥에 가둔 이 일을 신원하시고 계시는 하나님의 역사하심도 보고 있다. 이보다 더 크고 정확한 증험은 없다. 이런 증험이 없는 자들은 가짜다. 온 세상 사람들이 믿든 안 믿든 2년 6개월째 전 세계에 내린 코로나19 전염병이 여호와의 칼이요, 증험이다.

또한 증험 중의 증험은 감옥에 갇혀 있어도 흐르는 샘물, 곧 영생하도록 주시는 생명수를 끊은 적이 없다는 것이다. 창세 이래 우리 이전에 그 누구도 알지 못했던 천국의 비밀인 하나님의 뜻을 신령한 것으로 분별하여 밝히고 있는 이 일이다. 진실로 썩는 양식이 아니라 영생하도록 있는 양식을 위해 일하는 낙토, 곧 하나님께서 약속하신 땅에 이사한 일이다[겔12장].

'성취'란 하나님께서 목적하신 대로 전 성경 속에 감추어 두셨던 영원한 언약, 곧 약속이 사실이 되어 이루어지는 것을 뜻한다. 성취를 원어로 보고 전 성경을 통으로 보면 '완전하게 꽉 채우다'라는 뜻으로 전혀 부족함이 없이 완전하게 이루어지는 것을 말하며,

마태복음 13:47~50
47 또 천국은 마치 바다에 치고 각종 물고기를 모는 그물과 같으니
48 그물에 가득하매 물가로 끌어 내고 앉아서 좋은 것은 그릇에 담고 못된 것은 내어 버리느니라
49 세상 끝에도 이러하리라 천사들이 와서 의인 중에서 악인을 갈라 내어
50 풀무 불에 던져 넣으리니 거기서 울며 이를 갊이 있으리라

에스겔 12:3
인자야 너는 행구를 준비하고 낮에 그들의 목전에서 이사하라 네가 네 처소를 다른 곳으로 옮기는 것을 그들이 보면 비록 패역한 족속이라도 혹 생각이 있으리라

진행되던 일이 최종적으로 온전하게 마무리되는 것을 말하는데, 특별히 '완료되었다는 점'에 강조점이 있다. 그래서 신령한 자들에 대해 다음과 같이 예언, 유언해 두셨고, 이미 사실이 되어 진행되고 있다.

> 형제들아 사람이 만일 무슨 범죄한 일이 드러나거든 **신령한 너희는** 온유한 심령으로 그러한 자를 바로잡고 네 자신을 돌아보아 너도 시험을 받을까 두려워하라 [갈6:1]

창세 이래 그 누구도 '신령하다'는 말을 할 수 없다. '신령하다'는 것은 영이신 하나님의 본성으로 오직 하나님만 가지신 속성이다. 곧 거룩하고 영화로우며 하늘에 속해 있고, 결코 죽거나 소멸되지 않는 것이 '영'의 본질이다. 이 말을 사용할 수 있는 사람은 반드시 호2:19~20절의 말씀이 사실이 되어 신령하시고 거룩하신 여호와 하나님의 성전이 된 사람, 육체도 살아서 하나님의 계명을 지켜 실행하는 거룩한 자, 곧 '성령'이다. 예수를 사용하셔서 미리 약속하신 대로 또 다른 보혜사인 진리의 성령이 전대미문의 새 언약[히8장]으로 신후사, 곧 장래 일을 밝히고 있는 15년째 이 일이 나와 은혜로교회 성도들이 '신령한 너희'라고 기록된 명제에 일치하는 사람들이라는 증거다. 믿든 안 믿든 진실로 사실이다.

호세아 2:19~20
19 내가 네게 장가들어 영원히 살되 의와 공변됨과 은총과 긍휼히 여김으로 네게 장가들며
20 진실함으로 네게 장가들리니 네가 여호와를 알리라

히브리서 8:8
저희를 허물하여 일렀으되 주께서 가라사대 볼찌어다 날이 이르리니 내가 이스라엘 집과 유다 집으로 새 언약을 세우리라

"정직한 자는 땅에 거하며 완전한 자는 땅에 남아 있으리라"[잠2:21]는 예언, 유언에 일치하는 사람이 창세 이래 이 시간까지 아무도 없었다. 예수는 삼 일 만에 부활했는데 왜 하나님께서 만드신 영원히 있을 땅에 남아 있지 않았을까? 예수가 정직하고 완전했다면 땅에 남아 있어야 한다. 여호와 하나님의 행하신 일은 영원한데[전3:14], 땅도 영원히 있는데[전1:4], 왜 예수는 하나님 우편에 승천하셔서 지금 이때까지 땅에 재림하지 않고 있을까? 예수는 말씀이 하나님이시라는 말도 하지 않았다. 예수의 승천 후 제자 사도 요한이 AD 90년경에 "이 말씀은 곧 하나님이시니라"[요1:1]고 기록하였다.

전도서 3:14
무릇 하나님의 행하시는 것은 영원히 있을 것이라 더 할 수도 없고 덜 할 수도 없나니 하나님이 이같이 행하심은 사람으로 그 앞에서 경외하게 하려 하심인 줄 내가 알았도다

전도서 1:4
한 세대는 가고 한 세대는 오되 땅은 영원히 있도다

[4]죄악을 행하는 자는 다 무지하뇨 저희가 떡 먹듯이 내 백성을 먹으면서 여호와를 부르지 아니하는도다 [5]저희가 거기서 두려워하고 두려워하였으니 **하나님이 의인의 세대에 계심이로다** [시14:4~5]

하나님은 '의인의 세대'에 계신다고 하셨다. '선'을 행하는 자가 하나도 없고, 하나님의 백성을 떡 먹듯이 먹으면서 하나님을 부르지 아니하는 자들이라고 하셨다. 이 '의인의 세대'가 예수께서 일하시던 그 세대인가? 2622년 전에 하박국 선지자는 "의인은 그 믿

음으로 말미암아 살리라"[합2:4]고 예언, 유언했고, 657년 후인 AD 57년경에 사도 바울은 "복음에는 하나님의 의가 나타나서 믿음으로 믿음에 이르게 하나니 기록된 바 오직 의인은 믿음으로 말미암아 살리라 함과 같으니라"[롬1:17]고 예언, 유언했다.

"믿음으로 믿음에 이르게 하나니"라고 하신 이 '믿음'은 사람들이 본능적으로 아는 믿음이 아니다. '믿음'인 내가 실상이 되어 모든 진리 가운데로 인도할 때 "의인은 믿음으로 말미암아 살리라"고 하신 말씀이 사실이 된다. 다시 말하면 '믿음'이 실상이 되어야 '복음'이 시작되는 것이다. 복음의 주체가 예수가 아니라는 뜻이다. 그래서 '믿음'이 올 때까지 모든 것이 죄 아래 가두어져 있었으며[갈3:22~23], '믿음'이 실상이 되어야 하나님의 말씀으로 사람이 의롭게 되고, 이렇게 다시 창조되어야 영원히 완전케 되어 땅에 거하는 것이다. 따라서 '의인의 세대'는 다른 말로 하면 '오는 세상'이며, 또 다른 말로 하면 '천년왕국'[계20:4~6]으로 일곱째 날에 이 땅에서 이루어지며, '의인의 세대'의 도래를 위해 여호와 하나님께서 임하셔서 의인들을 다시 창조하시고 계신 지 이미 15년째다. 이제 더 이상 예수가 '구세주, 구원자, 메시야, 성자 하나님'이 아니다. 성부 하나님

갈라디아서 3:22~23
22 그러나 성경이 모든 것을 죄 아래 가두었으니 이는 예수 그리스도를 믿음으로 말미암은 약속을 믿는 자들에게 주려 함이니라
23 믿음이 오기 전에 우리가 율법 아래 매인 바 되고 계시될 믿음의 때까지 갇혔느니라

요한계시록 20:6
이 첫째 부활에 참예하는 자들은 복이 있고 거룩하도다 둘째 사망이 그들을 다스리는 권세가 없고 도리어 그들이 하나님과 그리스도의 제사장이 되어 천 년 동안 그리스도로 더불어 왕 노릇 하리라

만이 참 신이시다.

"눈짓을 하며 발로 뜻을 보이며 손가락질로 알게 하며 그 마음에 패역을 품으며 항상 악을 꾀하여 다툼을 일으키는 자라 그러므로 그 재앙이 갑자기 임한즉 도움을 얻지 못하고 당장에 패망하리라"[잠6:13~15]고 하신 예언, 유언 속에 치명적인 천국의 비밀이 감추어져 있다. 이 말씀에 해당하는 사람은 누구일까?

61

손가락질로 알게 하여
2천 년간 모두를 죄 아래 가둔
'**예수**'

「동아일보」2022년 8월 11일 목요일
「조선일보」2022년 8월 12일 금요일

스마트폰으로 QR 코드를 스캔 하시면
[이제 온 천하는 잠잠하라] 전문을 다운로드 받을 수 있습니다.

"손가락질로 알게 하며"에 감추어진
놀라운 천국의 비밀

[12]불량하고 악한 자는 그 행동에 궤휼한 입을 벌리며 [13]눈짓
을 하며 발로 뜻을 보이며 손가락질로 알게 하며 [14]그 마음
에 패역을 품으며 항상 악을 꾀하여 다툼을 일으키는 자라
[15]그러므로 그 재앙이 갑자기 임한즉 도움을 얻지 못하고
당장에 패망하리라 [잠6:12~15]

"손가락질로 알게 하며"라고 하신 이 예언, 유언, 판결
속에 치명적인 천국의 비밀, 곧 전 세계 기독교, 천주
교 등 예수를 인정하고 믿는다고 하는 자들에 대한
충격적인 실상이 감추어져 있다. 모두 정신을 차리
고 하나님의 가르치심을 받자. 나와 우리를 이단이
라 정죄한 자들은 모두 다 자칭 기독교인들이다. 이
들이 잠6:12~15절에 기록된 예언, 유언에 해당하는 자
들이며, 그들이 다 패망하는 근본 원인이 밝혀진다.

나를 치는 자, 곧 15년째 이 진리의 말씀을 받지 못하도록 치는 자들이 왜 패망하는지, 패망하게 만든 근본 원인에 대한 해답이 바로 잠6:13절에 "손가락질로 알게 하며"라는 이 말씀 속에 있다. 바로 예수다. 예수가 모두 불량하고 악한 자들을 만드는 역할을 한 것이다. 곧 예수로 인해 실족한 것이다. 증명한다.

전 세계 교회가, "오직 예수" 하는 자들이 모두 경악해야 할 것이다. 왜 이렇게 말하는지 이성을 가지고 방언통역하는 것을 두 눈으로 보고, 마음으로 깨달아 진실로 회개하고, 영원히 "오직 예수" 하는 데서 여호와 하나님께로 돌아서야 한다. 예수는 전부 자신의 손가락질로 알게 했다. 그 결과 모두 다 육체가 죽은 것이다.

> ¹예수께서 산에서 내려 오시니 허다한 무리가 좇으니라 ²한 문둥병자가 나아와 절하고 가로되 주여 원하시면 저를 깨끗케 하실 수 있나이다 하거늘 ³**예수께서 손을 내밀어 저에게 대시며 가라사대 내가 원하노니 깨끗함을 받으라** 하신대 즉시 그의 문둥병이 깨끗하여진지라 ⁴예수께서 이르시되 삼가 아무에게도 이르지 말고 다만 가서 제사장에게 네 몸을 보이고 모세의 명한 예물을 드려 저희에게 증거하라 하시니라 [마8:1~4]

같은 사건이 막1:40~45절과 눅5:12~16절에도 기록되어 있다. 손가락질로 알게 했다고 하신 잠6:13절의 예언이 사실이 된 것이다. 이런 기록이 오늘 이 시간까지 성경을 보는 모든 사람들로 하여금 "예수 이름으로 병 고침받을지어다"라고 하며, 헌금하라고 부추기는 근거가 되었고 하나님께서 보시기에 예수가 자신의 손가락질로 알게 하는 것이다. 하나님께서는 사람의 외모를 보시는 것이 아니라 영혼을 보시는데[잠16:2, 21:2], 예수는 사람이 원하면 자신의 손을 대어 낫게 한 것으로 하나님의 원하시고 행하시는 것을 알게 하는 것이 아니라 자신의 손으로 자신을 알게 한 것이다. 이러니 불량하고 악한 자들로 하여금 궤휼한 입을 벌리고 영혼과는 아무 관계가 없는 '손할례당'으로 만든 것이다.

> ¹⁴예수께서 베드로의 집에 들어가사 그의 장모가 열병으로 앓아 누운 것을 보시고 ¹⁵그의 손을 만지시니 열병이 떠나가고 여인이 일어나서 예수께 수종 들더라 [마8:14~15]

그래서 하나님께서 2667년 전에 이미 "선지자로부터 제사장까지 다 거짓을 행함이라"[렘6:13]고 판결하셨고, "네가 하나님 경외하는 일을 폐하여 하나님 앞에 묵도하기를 그치게 하는구나"[욥15:4]라고 판결하신 것이다.

잠언 16:2
사람의 행위가 자기 보기에는 모두 깨끗하여도 여호와는 심령을 감찰하시느니라

잠언 21:2
사람의 행위가 자기 보기에는 모두 정직하여도 여호와는 심령을 감찰하시느니라

진실로 사실이었다. 말씀이 하나님이시다. 인간은 하나님의 행하심과 원하시는 것과는 아무 관계가 없이 자신이 필요하고 원하는 것을 해 달라고 요구하고, 예수는 이렇게 행하여 사람이 하나님을 경외하는 일을 폐한 것이다. 또한 예수는 "내가 그들의 길을 택하고 으뜸(곧 우두머리)으로 앉았었나니"[욥29:25]라고 하신 판결대로 "땅, 곧 이 세상 임금들의 머리"[계1:5]가 된 것이다.

요한계시록 1:5
또 충성된 증인으로 죽은 자들 가운데서 먼저 나시고 땅의 임금들의 머리가 되신 예수 그리스도로 말미암아 은혜와 평강이 너희에게 있기를 원하노라 우리를 사랑하사 그의 피로 우리 죄에서 우리를 해방하시고

이는 치명적인 결과를 낳았다. 지금 이 시간까지 모든 사람들을 다 죽게 했고, 결국 자신도 가장 잔인하게 사형을 당한 것이다. 이러니 어린양의 피도 하나님께서 기뻐하지 않으신다[사1:11]고 하신 대로 사실이건만, 땅에 있는 예수 믿는 사람들은 모두 '성자 하나님, 메시야, 구원자, 주'라고 알고 믿으며 포도주를 마시고 미치게 된 것이다. 여호와 하나님은 죽는 자, 곧 악인의 죽는 것도 기뻐하지 않으시는 하나님이신데[겔18:32] 지금까지 예수는 사람들에게 하나님은 당신의 아들도 잔인하게 죽이시는 하나님이신 줄로 알게 하고, 예수는 손만 대어도 사람의 병을 낫게 하는 능력자로 알게 하여 "예수 이름으로 병 고침받을지어다", "예수 이름으로 귀신아 떠나갈지어다", "오직

이사야 1:11
여호와께서 말씀하시되 너희의 무수한 제물이 내게 무엇이 유익하뇨 나는 수양의 번제와 살진 짐승의 기름에 배불렀고 나는 수송아지나 어린양이나 수염소의 피를 기뻐하지 아니하노라

에스겔 18:32
나 주 여호와가 말하노라 죽는 자의 죽는 것은 내가 기뻐하지 아니하노니 너희는 스스로 돌이키고 살찌니라

예수, 오직 예수" 하게 만든 것이다. 이로 인해 모두 육체가 죽은 것이다.

예수가 어떻게 하나님 경외하기를 폐하였는지 더 증명한다. 초림 당시 서기관들과 바리새인들이 간음하다가 현장에서 잡힌 여인을 데려와 예수를 고소할 조건을 얻고자 시험할 때 예수가 한 행위를 보자.

> ⁵모세는 율법에 이러한 여자를 돌로 치라 명하였거니와 선생은 어떻게 말하겠나이까 ⁶저희가 이렇게 말함은 고소할 조건을 얻고자 하여 예수를 시험함이러라 **예수께서 몸을 굽히사 손가락으로 땅에 쓰시니** ⁷저희가 묻기를 마지 아니하는지라 이에 일어나 가라사대 너희 중에 죄 없는 자가 먼저 돌로 치라 하시고 ⁸**다시 몸을 굽히사 손가락으로 땅에 쓰시니** [요8:5~8]

이 행위는 치명적인 결과를 낳았다. 왜 구체적으로 "몸을 굽히사, 다시 몸을 굽히사 손가락으로 땅에 쓰시니"라고 하셨을까? 손가락으로 알게 하는 것은 땅에 속한 자들, 곧 악인에게 몸을 굽히는 것이고, 굴복하는 것이며, 이 결과로 인하여 예수는 반드시 몸이 한 번 죽게 된 것이다. 이렇게 한 것은 예수는 온전하지 않았다는 뜻이기도 하며, 다음 판결, 예언, 유언에 해당한다.

²⁶의인이 악인 앞에 굴복하는 것은 우물의 흐리어짐과 샘의 더러워짐 같으니라 ²⁷꿀을 많이 먹는 것이 좋지 못하고 자기의 영예를 구하는 것이 헛되니라 ²⁸자기의 마음을 제어하지 아니하는 자는 성읍이 무너지고 성벽이 없는 것 같으니라 [잠25:26~28]

잠25:26절의 판결대로 한 언행이 바로 서기관, 바리새인들이 있는 데서 '몸을 굽히사 손가락으로 땅에 쓴' 행위이다. 이 기록은 예수도, 예수에게 가르침을 받은 제자들과 이 세대까지 예수를 믿는다고 하는 모든 사람들 가운데 아무도 물과 성령으로 거듭나지 않았다는 증거다. 다른 말로 하면 말씀과 기도로 거룩해지지 않았다. 이미 이 결과를 2922년 전에 "손가락질로 알게 하며"라는 예언 속에 감추어 두신 것이다.

악인들에게 몸을 굽힌 '예수'

'몸을 굽히는 것'은 굴복한다는 의미다. '굽히다'는 '자신의 주장, 지조 등을 꺾고 남을 따르다'라는 뜻이다. 사람이 보기에는 예수가 지혜로운 것 같은 행위였으나, 이는 하나님의 뜻과는 상반된 행위다. 증명한다. 예수 자신이 한 말, 곧 예수를 사용하셔서 하나님께서 하신 다음 말씀은 무엇이라 할 것인가?

²⁷또 간음치 말라 하였다는 것을 너희가 들었으나 ²⁸나는 너희에게 이르노니 여자를 보고 음욕을 품는 자마다 마음에 이미 간음하였느니라 [마5:27~28]

³²부녀와 간음하는 자는 무지한 자라 이것을 행하는 자는 자기의 영혼을 망하게 하며… ²⁷사람이 불을 품에 품고야 어찌 그 옷이 타지 아니하겠으며 [잠6:32, 27]

²⁴아들들아 나를 듣고 내 입의 말에 주의하라 ²⁵네 마음이 음녀의 길로 치우치지 말며 그 길에 미혹지 말찌어다 ²⁶대저 그가 많은 사람을 상하여 엎드러지게 하였나니 그에게 죽은 자가 허다하니라 ²⁷그 집은 음부의 길이라 사망의 방으로 내려가느니라 [잠7:24~27]

"간음하지 말찌니라"[출20:14]라는 말씀은 여호와 하나님께서 말씀하신 계명이다. 하나님께서 말씀하시는 '간음'은 하나님과의 언약을 저버리고 배신하는 행위, 다른 신을 섬기는 행위, 혀로 "하나님" 하면서 '우상숭배' 하는 행위를 뜻한다. 이래서 영혼이 영원히 멸망하는 것이다. 물론 사람이 본능적으로 알듯이 결혼한 배우자 외에 다른 상대와 간음하는 것도 당연히 맞다. 그러나 먼저는 영적인 우상숭배가 근본이다. 영적으로 행음, 간음하는 데서 온전히 하나님께로 돌아오면 육으로도 당연히 간음을 절대 안 한다.

진심으로 하나님께 돌아오지 아니하고 거짓으로 "주여, 하나님" 하는 모든 자들이 간음하는 것이라고 판결하신 것이다. 그래서 작은 자로부터 큰 자까지, 선지자로부터 제사장까지 다 거짓을 행함이라고 하신 것이다[렘6:13]. 사실이다. 성경을 가지고 도리어 우상숭배 하고 있는 택한 자들로 인하여 진노하시는 것이다.

예레미야 6:13
이는 그들이 가장 작은 자로부터 큰 자까지 다 탐남하며 선지자로부터 제사장까지 다 거짓을 행함이라

여호와 하나님께서 친히 임하셔서 나를 사용하여 경책하시고 계신 이 일이 모두를 영적인 간음, 행음에서 완전히 돌이키는 것이다. '경책'이란 잘못을 지적하고 책망하다, 경고하고 훈계하다, 다른 말로 '타작하다'라는 뜻이다. "내가 누구에게 말하며 누구에게 경책하여 듣게 할꼬 보라 그 귀가 할례를 받지 못하였으므로 듣지 못하는도다 보라 여호와의 말씀을 그들이 자기에게 욕으로 여기고 이를 즐겨 아니하니"[렘6:10]라고 하신 대로 정말로 이러했다. 이 예언, 유언은 절대 예레미야 시대만이 아니고, 일곱째 날, 여호와의 날, 인자의 날인 2022년 지금 이 시대에 이미 15째 땅 위에 사실이 되어 있다. 다 보았다. 귀가 할례받지 않았다고 하신 결정적인 원인이 예수가 손가락으로 알게 한 것 때문이다.

예수는 하나님께서 말씀하시는 '영적인 간음'이 무슨 뜻인지 몰랐다. 문자 그대로 육으로 간음한 여자에게, 그것도 몸을 굽히사 손가락으로 땅에 써서 "너희 중에 죄 없는 자가 먼저 돌로 치라"고 한 것은 사람이 보기에 옳은 것 같으나 서기관들과 바리새인들, 곧 오늘날 성경을 가지고 성경과 다른 거짓말로 설교를 하는 목사, 교황, 신부 등 교회 지도자들, 하나님과 아무 관계가 없는 자들인 악인들에게 굴복하는 것이다. 예수의 이런 행위는 도리어 하나님께 영으로 대적하는 것이다.

이는 우물의 흐리어짐과 같고 샘, 곧 하나님의 말씀을 가지고 설교하는 입이 더러워지는 것과 같은 것이다. 그래서 "샘이 한 구멍으로 어찌 단물과 쓴물을 내겠느뇨 내 형제들아 어찌 무화과나무가 감람 열매를, 포도나무가 무화과를 맺겠느뇨 이와 같이 짠물이 단물을 내지 못하느니라"[약3:11~12]고 판결하신 것이다. 이런 영적인 상태이니 너희 중에 죄 없는 자가 먼저 돌로 치라고 한 말을, 그것도 손가락으로 땅에 써서 알게 했으니 불량하고 악한 자들인 서기관들과 바리새인들이 그 행동에 궤휼한 입을 벌리는 것을 원천적으로 막고 여호와 하나님께로 돌이키게 못한 것이다.

예수처럼 손가락질로 알게 하는 것은 불량하고 악한 자의 입을 근본적으로 막을 수가 없고, 결국 서기관들과 바리새인들, 곧 당시 성경을 가지고 하나님을 믿는다고 하는 유대인들에 의해 잔인하게 사형당한 것이다. 예수를 시험하여 잡으려고 책잡는 서기관들과 바리새인들의 마음에 품은 악과 다툼의 실체를 손가락질로 알게 한 예수는 "그러므로 그 재앙이 갑자기 임한즉 도움을 얻지 못하고 당장에 패망하리라"[잠6:15]고 한 BC 930년경의 이 판결대로 실상이 되어 십자가에 사형을 당한 것이다. 사실이다.

전 세계 교회에서 혀로 "하나님, 예수님" 한다고 해서 하나님을 알까? "오직 예수" 하는 자들이 신으로 섬기는 예수가 발로 뜻을 보이고 손가락질로 알게 하여 예수를 믿는다고 하는 사람들로 하여금 도리어 마음에 패역을 품게 하였으며 항상 악을 꾀하여 다툼을 일으키는 자들로 만들어 낸 근본 원인이 된 것이다. 지금도 대통령에 당선되면 성경에 손을 얹고 선서하며 '기독교 국가'라 자칭하는 미국에서 하루에도 수십 명씩 총에 맞아 죽는 재앙이 수시로 일어나는 그들 중에 기독교인, 천주교인이 없겠는가? 그들이 믿는 예수도 잠6:15절의 판결대로 재앙이 갑자기 임할 때 하나님께 도움을 얻지 못하고 당장에 패망했는데 혀로 "오 주여, 예수여" 하는 자들이 도움을 얻겠는가?

여호와 하나님께서 미워하시는
'육칠 가지'를 범한 자들

¹⁶여호와의 미워하시는 것 곧 그 마음에 싫어하시는 것이 육칠 가지니 ¹⁷곧 교만한 눈과 거짓된 혀와 무죄한 자의 피를 흘리는 손과 ¹⁸악한 계교를 꾀하는 마음과 빨리 악으로 달려가는 발과 ¹⁹거짓을 말하는 망령된 증인과 및 형제 사이를 이간하는 자니라 [잠6:16~19]

여호와 하나님께서 미워하시는 '교만한 눈'에 해당하여 "눈짓을 하며"라고 하신 말씀과 "만일 네 오른눈이 너로 실족케 하거든 빼어 내버리라 네 백체 중 하나가 없어지고 온몸이 지옥에 던지우지 않는 것이 유익하며"[마5:29]라고 한 말씀 속에 자기 자신에 대한 판결이 감추어져 있다는 사실을 예수는 몰랐다. 그 결과 예수는 2022년 8월 이 시간까지 예수를 믿는다고 하는 자들에게 '선지자 노릇' 하고 '의문'으로 죽이고 있는 것이다[고후3:6].

> **고린도후서 3:6**
> 저가 또 우리로 새 언약의 일군 되기에 만족케 하셨으니 의문으로 하지 아니하고 오직 영으로 함이니 의문은 죽이는 것이요 영은 살리는 것임이니라

예수는 천주교인들과 기독교인들로부터 빼내어야 할 오른

요한복음 8:5~8

5 모세는 율법에 이러한 여자를 돌로 치라 명하였거니와 선생은 어떻게 말하겠나이까
6 저희가 이렇게 말함은 고소할 조건을 얻고자 하여 예수를 시험함이러라 예수께서 몸을 굽히사 손가락으로 땅에 쓰시니
7 저희가 묻기를 마지 아니하는지라 이에 일어나 가라사대 너희 중에 죄없는 자가 먼저 돌로 치라 하시고
8 다시 몸을 굽히사 손가락으로 땅에 쓰시니

야고보서 3:6

혀는 곧 불이요 불의의 세계라 혀는 우리 지체 중에서 온몸을 더럽히고 생의 바퀴를 불사르나니 그 사르는 것이 지옥 불에서 나느니라

히브리서 8:8

저희를 허물하여 일렀으되 주께서 가라사대 볼지어다 날이 이르리니 내가 이스라엘 집과 유다 집으로 새 언약을 세우리라

눈이다. 그러나 이 또한 하나님께서 그렇게 사용하신 것이다. 예수도 이러한데 그 누가 천국의 비밀인 하나님의 뜻을 알았겠는가? 당시 서기관들, 바리새인들이 자신들은 영적인 간음을 하면서 육으로 간음하는 여자를 데리고 예수에게 왔는데[요8:5~8], 몸을 굽혀 손가락으로 땅에 쓴 행위는 예수가 여호와 하나님의 눈 역할을 못했다는 명백한 증거다.

'거짓된 혀'는 하나님의 뜻이 아닌 것을 성경을 가지고 설교하는 자들, 가르치는 자들, 책을 써서 팔아먹는 자들, 혀로 "하나님, 예수님" 하는 모든 자들이 해당한다. 이들의 혀로 하는 성경과 다른 거짓말은 모두 약3:1~13절의 판결에 해당하는 '지옥 불의 소리'이며, 그래서 이 세대까지 다 죽은 것이다. 이렇게 혀로 지옥 불의 소리를 하게 만든 역할에 예수도 포함된다. 이미 2667년 전에 예레미야 선지자를 사용하여 판결해 두셨던 그대로 오늘 이 세대까지 이어져 온 것이다.

15년째 친히 하나님께서 '전대미문의 새 언약'[히8장]으로 가르치시고, 진리의 성령은 대언하는 이 말씀을 받고도 실행하는 자들이 왜 이렇게 적은지 아는가? 바로 예수가 하나님께서 미워하시는 육칠 가지에 해

당하는 역할을 했기 때문이다. 예수가 손가락질로 알게 한 것 때문에 영적으로 귀머거리가 되어 아예 진리가 들리지 않는 것이다. 예수의 마음, 생각의 주인이 귀신이었으며 영적인 잠에서 깨지 않았다는 증거가 십자가에서 "엘리 엘리 라마 사박다니"라고 한 것이다. 이래서 예수에 대해 이미 3422년 전에 "네가 하나님처럼 팔이 있느냐 하나님처럼 우렁차게 울리는 소리를 내겠느냐"[욥40:9]고 판결하신 것이다.

마태복음 27:46
제구시 즈음에 예수께서 크게 소리 질러 가라사대 엘리 엘리 라마 사박다니 하시니 이는 곧 나의 하나님, 나의 하나님, 어찌하여 나를 버리셨나이까 하는 뜻이라

'거짓된 혀'는 모두 죽는다. "무엇이든지 속된 것이나 가증한 일 또는 거짓말하는 자는 결코 그리로 들어오지 못하되 오직 어린양의 생명책에 기록된 자들뿐이라"[계21:27]고 하신 이 판결이 사실이 된다. 지금 고치지 아니하면 영원히 끝난다. 지옥 유황 불못에 들어간다. 전부 지옥 불의 소리로 성경을 가지고 설교하는 자들이며, 성경을 돈벌이 수단으로 삼아 책들을 쓰며, 심지어 성경에까지 손을 대는 자들, 성경 박사, 학자들이 바로 '서기관들'이며, 이래서 예수가 이 세상 임금들의 머리가 된 것이다[계1:5].

잠언 6:17
곧 교만한 눈과 거짓된 혀와 무죄한 자의 피를 흘리는 손과

요한계시록 1:5
또 충성된 증인으로 죽은 자들 가운데서 먼저 나시고 땅의 임금들의 머리가 되신 예수 그리스도로 말미암아 은혜와 평강이 너희에게 있기를 원하노라 우리를 사랑하사 그의 피로 우리 죄에서 우리를 해방하시고

'가증한 일'은 바로 우상숭배를 뜻하고, 예수가 우상이 되어 있고 지도자들이 우상이 되어 있으며, 예수를 낳은 마리아가 우상이 되어 있다. 이것이 하나님

내 형제들아 어찌 무화과
나무가 감람 열매를, 포도
나무가 무화과를 맺겠느
뇨 이와 같이 짠물이 단물
을 내지 못하느니라

요한복음 3:12
내가 땅의 일을 말하여도
너희가 믿지 아니하거든
하물며 하늘 일을 말하면
어떻게 믿겠느냐

요한복음 6:27
썩는 양식을 위하여 일하
지 말고 영생하도록 있는
양식을 위하여 하라 이 양
식은 인자가 너희에게 주
리니 인자는 아버지 하나
님의 인치신 자니라

께서 말씀하시는 '간음'이며 '행음'이다. '속된 일'이란 세속적이고 더럽다는 뜻이다. 예수는 자신의 의로 간음하는 여자도, 그 여자를 데리고 온 서기관들, 바리새인들의 속되고 가증한 것도 덮어 준 것이다. 이런 것이 손가락질로 알게 하는 것이다. 이는 아무도 무화과 열매가 되지 못하게 한 것이며[약3:12], 땅의 일을 말한 것이고[요3:12], 썩는 양식을 먹인 것이다 [요6:27]. 또한 다음 판결대로 거룩한 성인 새 예루살렘성에 참예하지 못한다.

[18]내가 이 책의 예언의 말씀을 듣는 각인에게 증거하노니 만일 누구든지 이것들 외에 더하면 하나님이 이 책에 기록된 재앙들을 그에게 더하실 터이요 [19]만일 누구든지 이 책의 예언의 말씀에서 제하여 버리면 하나님이 이 책에 기록된 생명나무와 및 거룩한 성에 참예함을 제하여 버리시리라 [계22:18~19]

예수는 거짓말을 안 했을까? 지금 전 세계 모든 교회가 성경을 가지고 거짓된 혀가 되어 먹으면 죽는 쓴물, 짠물인 지옥 불의 소리로 교인들을 죽이고 있다. 이렇게 된 근본 원인이 바로 예수의 거짓된 혀요, 손가락질로 알게 한 것 때문이다. 이로 인해 15년째 영생의 말씀을 선포해도 마치 자신들에게 욕하는 말로 들고 패역하는 것이다. 이 때문에 나도 옥에 갇힐 것을 2615년 전 겔3:25~27절에도, 3022년 전 시편에도, 3422년 전 창세기부터 전 성경에 다 예언, 유언해 두셨던 것이다.

에스겔 3:25~27
25 인자야 무리가 줄로 너를 동여매리니 네가 그들 가운데서 나오지 못할 것이라
26 내가 네 혀로 네 입천장에 붙게 하여 너로 벙어리 되어 그들의 책망자가 되지 못하게 하리니 그들은 패역한 족속임이니라
27 그러나 내가 너와 말할 때에 네 입을 열리니 너는 그들에게 이르기를 주 여호와의 말씀이 이러하시다 하라 들을 자는 들을 것이요 듣기 싫은 자는 듣지 아니하리니 그들은 패역한 족속임이니라

이래도 '오직 예수' 할 것인가? 손가락질로 알게 한 것과 거짓말하는 혀에 모두 다 속았던 것이다. 하나님과 동행, 곧 하나님께서 거하시는 성전이 되지 아니하면 다 거짓말한다. 나도 하나님께서 알게 해 주시기 전에는 "손가락질로 알게 하며"라고 하신 이 비밀을 몰랐다. 한 몫의 삶의 목회가 다 망한 이유다. 나 혼자 겨우 살아 나온 것이다. 이래서 의인은 없나니 하나도 없다고 하셨고, 반드시 육체가 살아서 여호와 하나님을 믿어야 하고, 하나님의 계명을 지켜 실행하여 한 몫의 삶을 완전히 버리고 하나님께서 약속하신 땅에 이사하여 거룩한 산 제사를 드리며 다시 창조되어야 영원히 '영생'한다.

'거짓된 혀와 교만한 눈'은 살아 계신 하나님의 가르치심을 받고 다시 창조되어 사람의 생각, 마음을 잡고 있는 귀신이 영원히 떠나야 고쳐진다. 다시 창조된 사람은 절대 죄를 짓지 아니한다. 손가락질로 알게 한 것으로는 절대 거듭날 수 없다. 도리어 더 교

잠언 6:17
곧 교만한 눈과 거짓된 혀와 무죄한 자의 피를 흘리는 손과

만하게 하고 더 거짓된 혀가 되게 한 것이 바로 손가락질로 알게 한 '예수의 사역'이었다.

잠언 6:17
곧 교만한 눈과 거짓된 혀와 무죄한 자의 피를 흘리는 손과

'무죄한 자의 피를 흘리는 손'의 일 순위가 예수였다. 예수가 무죄한 자일까? 아니다. 그래서 히12:24절에 "새 언약의 중보이신 예수와 및 아벨의 피보다 더 낫게 말하는 뿌린 피니라"고 예언, 유언해 두셨던 것이고, 사1:11절에 "여호와께서 말씀하시되 너희의 무수한 제물이 내게 무엇이 유익하뇨 나는 수양의 번제와 살진 짐승의 기름에 배불렀고 나는 수송아지나 어린양이나 수염소의 피를 기뻐하지 아니하노라"고 하셨던 것이다. 이래도 예수가 거룩한 자이며, 의인인가? 자신의 혀로, 손가락으로 알게 한 것 때문에 지금 이 시간에도 교회를 다니고도 패망하는 자들이 셀 수 없이 많은데 이 일을 어떻게 말할 것인가?

잠언 6:18
악한 계교를 꾀하는 마음과 빨리 악으로 달려가는 발과

'악한 계교를 꾀하는 마음'이란 손가락으로 땅에 써서 "너희 중에 죄 없는 자가 먼저 돌로 치라" 하며 간음한 여자에게 "여자여 너를 고소하던 그들이 어디 있느냐 너를 정죄한 자가 없느냐 대답하되 주여 없나이다 예수께서 가라사대 나도 너를 정죄하지 아니하노니 가서 다시는 죄를 범치 말라"고 한 이 말씀이 악한 계교를 꾀하는 마음이다. 그때 그 여자가 죄에서 돌이켰을까? 그랬다면 죽지

않았어야 했다. 그때 그 여자는 죽어서 썩었다. 다시 생존 세계로 돌아오지 못한다[사38:11]. 손가락으로 가르친 결과는 이렇게 결판이 나 있다.

이 사실을 왜 기록해 두셨을까? 예수에게 간음하는 여자를 데리고 온 당시 서기관들, 바리새인들은 악한 계교를 꾀하는 마음으로 온 것이다. 이런 자들 앞에 몸을 굽히고 손가락으로 땅에 써서 알게 한 것은 당시 순간은 모면하였으나, 결과는 갑자기 재앙이 닥쳐 예수는 사형을 당한 것이다. 이를 두고 엘리바스를 통해 "하나님은 궤휼한 자의 계교를 파하사 그 손으로 하는 일을 이루지 못하게 하시며"[욥5:12]라고 3422년 전에 예언, 유언, 판결해 두셨다. 예수도 자기 궤휼에 빠진 것이다.

예수의 손가락으로 알게 하는 것과 진리의 성령인 내가 감옥 안에서 손가락으로 하나님의 말씀을 일일이 듣고 손으로 써서 내보내는 이 말씀은 완전히 다른 결과를 낳는다. 예수의 손가락으로 알게 하는 것은 반드시 육체를 죽이는 "의문"[고후3:6]이고, 진리의 성령의 손가락으로 써서 보내는 이 말씀만이 육체도 죽지 아니하고 영원히 살게 하는 살아 계신 '하나님의 말씀'이며 '생기'이다.

이사야 38:11
내가 또 말하기를 내가 다시는 여호와를 뵙지 못하리니 생존 세계에서 다시는 여호와를 뵙지 못하겠고 내가 세상 거민 중에서 한 사람도 다시는 보지 못하리라 하였도다

고린도후서 3:6
저가 또 우리로 새 언약의 일군 되기에 만족케 하셨으니 의문으로 하지 아니하고 오직 영으로 함이니 의문은 죽이는 것이요 영은 살리는 것임이니라

예수가 손가락으로 알게 하는 일과 여호와의 팔이 되어, 입, 눈, 손, 발이 되어 영원히 거하시는 성전이 된 나를 통한 이 진리는 땅과 하늘의 차이, 지옥과 천국의 차이, 영벌과 영생의 차이이다. 성경을 사용하는 기독교가 이러할진대 안개, 티끌, 먼지에 해당하는 자들이 만든 다른 종교들은 말할 필요가 없다. 절대 예수를 비하하는 것이 아니라 진리를 밝히는 것이다. 또한 이는 내 말이 아니고 살아 계신 '여호와 하나님의 말씀'이다. 그래서 모두 이 진리로, 성부 하나님께로 지금 돌아서면 된다.

"이적과 기사가 그 말대로 이룰찌라도 너는 그 선지자나 꿈꾸는 자의 말을 청종하지 말라"[신13:2~3]고 하신 말씀에 해당하는 선지자와 꿈꾸는 자는 누구일까? 이적과 기사를 가장 많이 보인 사람은 예수다. "그 선지자나 꿈꾸는 자는 죽이라"[신13:5]고 하신다. 이제 이 말씀이 실상이 될 때가 도래하였다.

62

이적과 기사를 보일지라도
죽이라 하신
'선지자들과 꿈꾸는 자들'

「동아일보」 2022년 8월 18일 목요일
「조선일보」 2022년 8월 19일 금요일

스마트폰으로 QR 코드를 스캔 하시면
[이제 온 천하는 잠잠하라] 전문을 다운로드 받으실 수 있습니다.

2천 년간 교회 안의
'선지자와 꿈꾸는 자들'

¹너희 중에 선지자나 꿈꾸는 자가 일어나서 이적과 기사를 네게 보이고 ²네게 말하기를 네가 본래 알지 못하던 다른 신들을 우리가 좇아 섬기자 하며 이적과 기사가 그 말대로 이룰찌라도 ³너는 그 선지자나 꿈꾸는 자의 말을 청종하지 말라 이는 너희 하나님 여호와께서 너희가 마음을 다하고 성품을 다하여 너희 하나님 여호와를 사랑하는 여부를 알려 하사 너희를 시험하심이니라 [신13:1~3]

"너희 중에"란 '성경을 보는 모든 사람 중에'라는 뜻이다. "선지자나 꿈꾸는 자가 일어나서"에 해당하는 사람 중에 마리아의 남편 요셉이 꿈을 꾸는 자다. 또한 예수를 '선지자'라고 당시 사람들도 말했고[마21:11], 예수도 시인했다[눅4:24]. "이적과 기사를 보이고"라는 말의 뜻을 알기 위해서는 반드시 성경을 성경으로 해석해야 한다. 이적과 기사를 바랐던 사람 중에 "헤롯

마태복음 21:11
무리가 가로되 갈릴리 나사렛에서 나온 선지자 예수라 하니라

누가복음 4:24
또 가라사대 내가 진실로 너희에게 이르노니 선지자가 고향에서 환영을 받는 자가 없느니라

이 예수를 보고 심히 기뻐하니 이는 그의 소문을 들었으므로 보고자 한 지 오래였고 또한 무엇이나 이적 행하심을 볼까 바랐던 연고러라"[눅23:8]고 하였고, '이적'에 대해서 예수가, 곧 예수를 사용하여 하나님께서 다음과 같이 판결, 예언, 유언해 두셨다.

> ²²거짓 그리스도들과 거짓 선지자들이 일어나서 **이적과 기사를 행하여 할 수만 있으면 택하신 백성을 미혹케 하려 하리라** ²³**너희는 삼가라** 내가 모든 일을 너희에게 미리 말하였노라 [막13:22~23]

땅에 살았던 사람 중에 '이적과 기사'를 가장 많이 행했던 사람은 '예수'였다. 마태, 마가, 누가, 요한은 신약성경에 예수와 제자들이 행한 이적과 기사를 기록하였고, 심지어 요한은 "예수의 행하신 일이 이외에도 많으나 만일 낱낱이 기록된다면 이 세상이라도 이 기록된 책을 두기에 부족할 줄 아노라"[요21:25]고 했다. 또한 "예수께서 가라사대 너희는 표적과 기사를 보지 못하면 도무지 믿지 아니하리라"[요4:48]고 한 말씀의 **"표적"**은 '이적'을 뜻한다. 죽은 아이를 살리는 것이 이적이다[요4:46~54].

이스라엘이 본래 알던 신은 오직 여호와 하나님 한

요한복음 4:50~51
50 예수께서 가라사대 가라 네 아들이 살았다 하신대 그 사람이 예수의 하신 말씀을 믿고 가더니
51 내려가는 길에서 그 종들이 오다가 만나서 아이가 살았다 하거늘

분뿐이시다. 하나님 외에 아무 다른 신이 없다. 그런데 왜 신13:2절에서 "네가 본래 알지 못하던 다른 신들"이라고 하셨을까? "네게 말하기를 네가 본래 알지 못하던 다른 신들을 우리가 좇아 섬기자 하며 이적과 기사가 그 말대로 이룰찌라도"[신13:2]라고 하신 말씀대로 예수 외에 이적과 기사가 현장에서 바로 말한 대로 이루어진 사람이 어디에 있는가? 그래서 2022년 8월 현재까지 '예수'가 신이 되어 있다. 천주교에서는 예수를 낳은 '마리아'도 신이 되어 있다.

구약의 모든 시대는 예수가 이 땅에 온 후 모두 무효하고 새로 시작했으나, 지금 이 세대까지 예수가 선지자직으로 오셨다고 여전히 기독교에서 가르치고 있다. 이적과 기사를 행하고 그 말대로 이루어진 것을 사도들이 기록한 것이 '신약성경'이며, 예수 이름 사용하는 사람들 중에 그 누구도 예수가 행한 이적과 기사를 의심하지 않았다. 도리어 사모하며 흠모하여 자신들도 예수 이름으로 흉내 내며 이적과 기사를 자랑하고 유명해진 사람들이 대한민국 기독교에서 많이 나왔으며, 그들은 부자가 되었고, 죽은 후에도 그들의 유언이 교인들을 지배하고 있다.

진실로 신13:2절의 이 예언이 사실이 되어 이 세대

까지 이어져 온 것인데 우리 모두는 몰랐던 것이다. 예수가 일으킨 이적과 기사가 그 말대로 이루어진 것 때문에 '경배의 대상'이 되었고, 예수 이름 사용하는 목사, 교황이 '우상'이 되어 있어도 아무도 몰랐던 것이다. 아무도 신령한 것을 신령한 것으로 분별하지 못했으니 신13:1~5절에 해당하는 일 순위가 '예수'라고 그 어느 누가 상상이나 하였겠는가? 그러나 사실이다.

모세의 이 예언, 유언 후 약 755년이 지나 예레미야 선지자를 사용해서 "선지자로부터 제사장까지 다 거짓을 행함이라"[렘6:13]고 판결하셨고, 이 세대까지 사실이었다. 그래서 "꿈꾸는 자의 말을 청종하지 말라"고 하신 것이다. 하나님께서 정하신 때가 되기까지 악인들에게 이 세상을 허락하신 기간인 6일, 곧 영적인 밤을 지나는 동안에는 아무도 하나님의 뜻을 모르게 하셨기 때문이다. 예수도 이런 하나님의 뜻을 모르고 이적과 기사를 행하였고, 요셉도 자신이 밤에 잘 때 꾼 꿈을 청종했으며, 그로 인해 마태, 마가, 누가, 요한도 그렇게 믿고 기록했던 것이다. 예수는 아기 때, 어미 마리아의 배 속에서부터 자신에 대해 꿈꾸는 자의 말대로 삶을 살았던 것이다.

성경이 모든 것을 죄 아래 가두어 두었다고 하신

신명기 13:1~5

1 너희 중에 선지자나 꿈꾸는 자가 일어나서 이적과 기사를 네게 보이고
2 네게 말하기를 네가 본래 알지 못하던 다른 신들을 우리가 좇아 섬기자 하며 이적과 기사가 그 말대로 이룰찌라도
3 너는 그 선지자나 꿈꾸는 자의 말을 청종하지 말라 이는 너희 하나님 여호와께서 너희가 마음을 다하고 성품을 다하여 너희 하나님 여호와를 사랑하는 여부를 알려하사 너희를 시험하심이니라
4 너희는 너희 하나님 여호와를 순종하며 그를 경외하며 그 명령을 지키며 그 목소리를 청종하며 그를 섬기며 그에게 부종하고
5 그 선지자나 꿈꾸는 자는 죽이라 이는 그가 너희로 너희를 애굽 땅에서 인도하여 내시며 종 되었던 집에서 속량하여 취하신 너희 하나님 여호와를 배반케 하려 하며 너희 하나님 여호와께서 네게 행하라 명하신 도에서 너를 꾀어내려고 말하였음이라 너는 이같이 하여 너희 중에서 악을 제할찌니라

갈라디아서 3:22~23

22 그러나 성경이 모든 것을 죄 아래 가두었으니 이는 예수 그리스도를 믿음으로 말미암은 약속을 믿는 자들에게 주려 함이니라

23 믿음이 오기 전에 우리가 율법 아래 매인 바되고 계시될 믿음의 때까지 갇혔느니라

이사야 55:8~9

8 여호와의 말씀에 내 생각은 너희 생각과 다르며 내 길은 너희 길과 달라서

9 하늘이 땅보다 높음같이 내 길은 너희 길보다 높으며 내 생각은 너희 생각보다 높으니라

말씀이 진실로 사실이며[갈3:22~23], 사람의 생각과 하나님의 생각이 다르다고 하신 말씀[사55:8~9] 속에 이미 답이 감추어져 있었다. 하나님께서 이렇게 경영해 오신 이유는 바로 다음 말씀이다.

그 선지자나 꿈꾸는 자는 죽이라 이는 그가 너희로 너희를 애굽 땅에서 인도하여 내시며 종 되었던 집에서 속량하여 취하신 너희 하나님 여호와를 배반케 하려 하며 **너희 하나님 여호와께서 네게 행하라 명하신 도에서 너를 꾀어내려고 말하였음이라** 너는 이같이 하여 너희 중에서 악을 제할 찌니라 [신13:5]

선지자나 꿈꾸는 자의 말을 청종하지 말라고 하시고, 심지어 죽이라고까지 하셨으며, 이 말씀대로 모두 다 죽었다. 이 선지자나 꿈꾸는 자의 말을 청종한 모든 사람들의 시작이 '예수'임을 증명한다.

하나님 자리에 앉은 **'선지자 예수'**

때에 여호와의 사자 학개가 여호와의 명을 의지하여 백성에게 고하여 가로되 나 여호와가 말하노니 내가 너희와 함께하노라 하셨느니라 하니라 [학1:13]

마리아의 남편 요셉의 꿈에 나타난 "주의 사자"[마 1:16~25]는 다른 말로 하면 '선지자'다. 학개서에서는 "때에 여호와의 사자 학개가 여호와의 명을 의지하여"[학 1:13]라고 하셨고, "대저 제사장의 입술은 지식을 지켜야 하겠고 사람들이 그 입에서 율법을 구하게 되어야 할 것이니 제사장은 만군의 여호와의 사자가 됨이어늘"[말2:7]이라고 하였다. 종합하면 사자는 '선지자, 제사장, 여호와의 사자'라고 하였다.

마태복음 1:20
이 일을 생각할 때에 주의 사자가 현몽하여 가로되 다윗의 자손 요셉아 네 아내 마리아 데려오기를 무서워 말라 저에게 잉태된 자는 성령으로 된 것이라

그러나 신약에서는 "일곱 별은 일곱 교회의 사자요 일곱 촛대는 일곱 교회니라"[계1:20]고 하신 말씀에서 교회 지도자를 '교회의 사자'라고 하였고, "나 예수는 교회들을 위하여 내 사자를 보내어 이것들을 너희에게 증거하게 하였노라 나는 다윗의 뿌리요 자손이니 곧 광명한 새벽별이라 하시더라"[계22:16]고 한 대로 예수는 교회들을 위하여 '내 사자', 곧 '자기의 사자'를 보냈다고 하였고, 이를 두고 일곱 별, 곧 일곱 교회의 사자라고 하였다. 더 치명적인 것은 예수가 하나님 자리에 앉은 것이다. 하나님의 사자는 하나님께서 보내시는데, 예수는 자신을 선지자라고 하면서도 '내 사자'를 보내어 증거하게 하였다고 했다.

원욕이 그대로인 사람이 성경을 보면 하나님이 아

니라 예수가 보낸 사자이며, 예수 이름을 혀로 사용하며 십자가를 걸고 교회만 세우면 자신이 '사자'라고 하게 만든 근거가 된 것이다. 그 결과 아무나 성경을 가지고 가르치고, 설교하고 있는 전 세계 교회들을 보라. 심지어 천국의 비밀인 하나님의 뜻을 단 한 절도 모르는 청소년들을 영아부터 유아부, 학생부, 주일학교 교사, 중고등부 교사로 세우고, 구역장, 평신도 사역자 등 아무나 함부로 세워 성경을 가르치게 하여 언약궤를 만지는 죄를 범하게 하였다[대상13:10, 골2:20~23]. 하나님께서 이렇게 하라고 하셨는가?

이는 예수가 "손가락질로 알게 하며"[잠6:13] 이어져 온 결과다. 여호와 하나님을 경외하는 일을 폐한 장본인이 '예수'다. 이래서 이 세상 임금들, 다른 말로 하면 '용, 옛뱀, 사단, 마귀, 귀신'들의 머리가 '예수'다[계1:5]. 그래서 예수는 100년의 반도 살지 못하고 가장 잔인한 십자가형을 받은 것이다. 앞으로도 그 원인을 영원히 밝힌다.

²⁰내가 사자를 네 앞서 보내어 길에서 너를 보호하여 **너로 내가 예비한 곳에 이르게 하리니** ²¹너희는 삼가 그 목소리를 청종하고 그를 노엽게 하지 말라 **그가 너희 허물을 사하지 아니할 것은** 내 이름이 그에게 있음이니라

역대상 13:10
웃사가 손을 펴서 궤를 붙듦을 인하여 여호와께서 진노하사 치시매 웃사가 거기 하나님 앞에서 죽으니라

골로새서 2:20~23
20 너희가 세상의 초등학문에서 그리스도와 함께 죽었거든 어찌하여 세상에 사는 것과 같이 의문에 순종하느냐
21 곧 붙잡지도 말고 맛보지도 말고 만지지도 말라 하는 것이니
22 (이 모든 것은 쓰는대로 부패에 돌아가리라) 사람의 명과 가르침을 좇느냐
23 이런 것들은 자의적 숭배와 겸손과 몸을 괴롭게 하는데 지혜 있는 모양이나 오직 육체 좇는 것을 금하는 데는 유익이 조금도 없느니라

요한계시록 1:5
또 충성된 증인으로 죽은 자들 가운데서 먼저 나시고 땅의 임금들의 머리가 되신 예수 그리스도로 말미암아 은혜와 평강이 너희에게 있기를 원하노라 우리를 사랑하사 그의 피로 우리 죄에서 우리를 해방하시고

[출23:20~21]

예수는 하나님의 뜻, 천국의 비밀을 단 한 절도 몰랐다. 뿐만 아니라 선지자, 제사장, 천사, 사자들 중 아무도 여호와 하나님의 행하심을 몰랐다. 하나님께서 예비하신 곳도, 하나님께서 정하신 때도, 아무것도 몰랐다. 나도 하나님께서 알게 해 주셨으니까 아는 것이고, 이 말씀을 받는 성도들 또한 나를 사용하셔서 하나님께서 친히 가르치시는 말씀을 받아 믿고 길을 가고 있으며, 하나님께서 예비하신 곳에 이르렀고, 심겨진 것이지, 스스로 알게 된 것이 아니다. 출 23:20~21절의 이 말씀은 다른 어느 세대도, 그 어떤 선지자도 실상이 된 사람들이 아무도 없었으며, 나와 은혜로교회 성도들이 처음이다. 그래서 전 성경 기록 목적이 일곱째 날이자 여호와의 날, 인자의 날인 지금 이 세대임이 명백하고 확실하다.

요한복음 6:45
선지자의 글에 저희가 다 하나님의 가르치심을 받으리라 기록되었은즉 아버지께 듣고 배운 사람마다 내게로 오느니라

호2:19~20절의 말씀이 실상이 되어 하나님께서 장가드셔서 영원히 사시는 하나님이 되실 때까지는 천국의 비밀인 하나님의 뜻을 아는 사람이 아무도 없었고, 모두 이때를 위한 '그림자와 모형'이었다. 학개서도, 말라기서도, 모세오경부터 계시록까지 전 성경은 이 세대의 그림자요, 모형이다. 당시에 땅에 사실이

호세아 2:19~20
19 내가 네게 장가들어 영원히 살되 의와 공변됨과 은총과 긍휼히 여김으로 네게 장가들며
20 진실함으로 네게 장가들리니 네가 여호와를 알리라

누가복음 24:27, 44
27 이에 모세와 및 모든 선지자의 글로 시작하여 모든 성경에 쓴 바 자기에 관한 것을 자세히 설명하시니라
44 또 이르시되 내가 너희와 함께 있을 때에 너희에게 말한 바 곧 모세의 율법과 선지자의 글과 시편에 나를 가리켜 기록된 모든 것이 이루어져야 하리라 한 말이 이것이라 하시고

되어 이루어지는 일이 아니라는 뜻이다. 일곱째 날인 지금 이때가 되기 전까지 주신 계명이 신13:1~5절에 이적과 기사를 이룰지라도 그 선지자나 꿈꾸는 자의 말을 청종치 말라는 것인데 아무도 안 믿었고, 예수도 안 믿었던 것이다. 오히려 자신에 대하여 모든 선지자들이 기록한 것이 다 이루어야 한다고 말씀하였다[눅24:27, 44]. 예수는 자신의 사명이 무엇인지 몰랐으며, 아무도 모르고 있던 중에 장본인인 나에게 하나님께서 친히 알게 해 주신 것이다.

> 그는 하나님의 사자가 되어 네게 선을 이루는 자니라 그러나 네가 악을 행하거든 두려워하라 그가 공연히 칼을 가지지 아니하였으니 곧 **하나님의 사자가 되어 악을 행하는 자에게 진노하심을 위하여 보응하는 자니라** [롬13:4]

'하나님의 사자'는 나에 대한 예언이다. 하나님의 사자인 내 목소리를 청종하고 그를 노엽게 하지 말라고 하신 것이다. 이는 나에 대한 예언, 유언이다. 악을 행하는 자는 심판받는 날이기 때문에 노엽게 하지 말라는 것이다. 왜 나를 노엽게 하지 말라고 하셨을까? 여호와 하나님께서 장가드셔서 영원히 거하시는 성전이라 그런 것이다. "네가 노할 때에 저희로 풀무 같게 할 것이라 여호와께서 진노로 저희를 삼키시리니 불이 저희를 소멸하

리로다"[시21:9]라고 하신 말씀은 15년째 이 일을 대적하고 멸시하며 불순종하는 원수들에게 하신 심판의 말씀이다. 이 말씀에 해당하는 자들이 담대하게 계교를 품게 된 원인은 예수가 '손가락질로 알게 하는' 일 때문이다. 이미 자신들은 예수를 잘 믿고 있다고 생각하고, 또 죽어서는 천국 간다고 믿기 때문이다. 이 일을 훼방하고 대적한 악인들의 후손도, 자손들도 다 인생 중에서 끊으신다[시21:10~11]. 이미 3422년 전, 3022년 전에 다 판결해 두셨다. 절대 모세도 아니고, 예수도 아니고, 이 세대 나에 대한 예언, 유언이었다.

시편 21:10~11
10 네가 저희 후손을 땅에서 멸함이여 저희 자손을 인생 중에서 끊으리로다
11 대저 저희는 너를 해하려 하여 계교를 품었으나 이루지 못하도다

진리는 이러한데 대적자들은 예수가 십자가에 죽을 때 "너의 과거, 현재, 미래에 지을 죄까지 다 지시고 죽었다"고 하는 거짓말로 영원히 살 수 있는 '여호와의 길'을 훼방하고, 자신도 안 믿고 다른 사람들까지 영생의 복을 받지 못하게 하는 자들이다. 하나님께서 나를 사용하셔서 영원히 죄를 짓게 만드는 귀신에게서 자유하게 하시며, 하나님께서 나를 통해 하시는 이 일만이 영원히 사람을 살게 하는 '생명의 길'이다. 그래서 이 '사자'는 여호와 하나님께서 장가드셔서 영원히 거하시는 성전 된 사람인 '진리의 성령'이다[호2:19~20]. 사시는 하나님, 사신 하나님, 살아 계시

호세아 2:19~20
19 내가 네게 장가들어 영원히 살되 의와 공변됨과 은총과 긍휼히 여김으로 네게 장가들며
20 진실함으로 네게 장가들리니 네가 여호와를 알리라

는 하나님께서 당신의 뜻을 나타내시는 그릇이기 때문에 그 목소리를 청종하고 노엽게 하지 말라고 하신 것이다. 따라서 손가락질로 알게 하는 것은 '첫 언약'에 속하여 도리어 허물을 더하는 것이다.

> ⁷저 첫 언약이 무흠하였더면 둘째 것을 요구할 일이 없었으려니와 ⁸저희를 허물하여 일렀으되 주께서 가라사대 볼찌어다 날이 이르리니 내가 이스라엘 집과 유다 집으로 새 언약을 세우리라 [히8:7~8]

손가락질로 알게 하는 기간인 지난 2천 년간 성경을 사용하여 가르치는 자들은 더 큰 허물을 쌓고, 교만하여 불량하고 악한 자가 되어 있다. 문제는 신약성경 자체가 새 언약인 줄 사람 생각대로 아는 것이다. 그때 당시 신약성경이 새 언약이 아니라 "또 각각 자기 나라 사람과 각각 자기 형제를 가르쳐 이르기를 주를 알라 하지 아니할 것은 저희가 작은 자로부터 큰 자까지 다 나를 앎이니라"[히8:11]고 하신 말씀이 실상이 되어 전 세계 구석구석까지 성경이 각 나라 말로 번역되어 "하나님, 예수님" 하며 다 안다고 생각하는 지금 이때 새 언약을 세우신다. 곧 2천여 년이 지난 이때 여호와 하나님께서 임하셔서 택한 백성들, 곧 유다 집과 이스라엘 집의 허물을 사하시는 일이 바로 "전대미문의 새 언약"[히8장]을 세우시는 일이다.

히브리서 8:8
저희를 허물하여 일렀으되 주께서 가라사대 볼찌어다 날이 이르리니 내가 이스라엘 집과 유다 집으로 새 언약을 세우리라

¹³이는 그들이 가장 작은 자로부터 큰 자까지 다 탐남하며 선지자로부터 제사장까지 다 거짓을 행함이라 ¹⁴그들이 내 백성의 상처를 심상히 고쳐 주며 말하기를 평강하다 평강하다 하나 평강이 없도다 ¹⁵그들이 가증한 일을 행할 때에 부끄러워하였느냐 아니라 조금도 부끄러워 아니할 뿐 아니라 얼굴도 붉어지지 않았느니라 그러므로 그들이 엎드러지는 자와 함께 엎드러질 것이라 내가 그들을 벌하리니 그때에 그들이 거꾸러지리라 여호와의 말이니라 [렘6:13~15]

그래서 "내가 사람의 방언과 천사의 말을 할찌라도 사랑이 없으면 소리 나는 구리와 울리는 꽹과리가 되고"[고전13:1]라고 예언, 유언, 판결해 두신 것이다. 일곱째 날이 되어 하나님께서 친히 임하셔서 가르치는 때, 다른 말로 진리의 성령이 실상으로 와서 새 언약을 대언하기 전까지는 성경이 모든 것을 죄 아래 가두어 두는 기간이라 하나님께서 이렇게 경영하신 것이다. 피조물은 그 누구도 하나님께서 왜 그렇게 경영하시느냐고 반론, 반문할 수 없다. 이는 오직 여호와 하나님의 절대 주권이기 때문이다.

그래서 진리를 진리대로 아는 것이 전부이며, 최고이고, 근본이며, 결론이고, 영원한 성공이다. 복은 이

런 것이다. 이것이 하나님만이 참 신이심을 하나님께서 증거하시는 증거이며, 이는 하나님께서 보이는 이 모든 천지 만물, 곧 가시적인 창조를 하시기 이전에 이미 정하신 하나님의 뜻이었다.

'사랑'이신 하나님이 없이 사용되는 모든 사람은 다 그림자요, 모형이다. 이래서 진리의 성령을 상상하는 자는 하나님 나라와 아무 관계가 없다. 사람에게는 '사랑'이 없다. 사람들이 말하는 사랑은 사람의 소리다. 상대를 위해서 죽는 것이 사랑이라고 하는 것도 하나님을 모르고 하는 소리다. 하나님만이 사랑이시고, 말씀이 하나님이시다. 사람은 누구든지 하나님의 말씀으로 거듭나지 아니하면 절대 '온전한 영생'을 얻을 수 없다. 반드시 육체가 살아서 하나님께서 영원히 거하시는 성전이 되어야 거룩한 자, 신령한 자, 의로운 자가 되는 것이다. 예수가 이러할진대 그 어느 누가 살아 계신 하나님 앞에 잘났다고 교만할 수 있겠는가? 2022년 이때까지 예수 이름 사용한 모든 자들이 왜 죽었는지, 창세 이래 모든 사람들이 왜 다 죽었는지, 에녹과 엘리야는 왜 죽음을 보지 아니하고 옮기웠는지, 모든 인간들의 신후사, 곧 장래사를 15년째 밝히고 있는 것이다[요16:13]. 창세 이래 그 누구도 보지

요한복음 16:13
그러하나 진리의 성령이 오시면 그가 너희를 모든 진리 가운데로 인도하시리니 그가 자의로 말하지 않고 오직 듣는 것을 말하시며 장래 일을 너희에게 알리시리라

도, 듣지도, 알지도 못했던 천국의 비밀이며, 창조주 여호와 하나님의 뜻이다.

일곱째 날에 '새 언약'을 하는 '하나님의 사자'

> 대저 제사장의 입술은 지식을 지켜야 하겠고 사람들이 그 입에서 율법을 구하게 되어야 할 것이니 제사장은 만군의 여호와의 사자가 됨이어늘 [말2:7]

문자 그대로도 여호와의 사자인 '학개'가 여호와의 명을 의지하여 백성에게 고하여 말하는데 "나 여호와가 말하노니 내가 곧 여호와 하나님께서 너희와 함께 하노라 하셨느니라"[학1:13]고 한다. 곧 선지자요, 여호와의 사자인 학개는 여호와의 말씀을 대신 전하였으며, 백성들로 하여금 학개 선지자요, 여호와의 사자를 통해서 여호와의 목소리와 선지자 학개의 말을 청종하여 백성이 다 여호와 하나님을 경외하게 하였다. 따라서 선지자이자 하나님의 사자인 제사장은 말2:7절의 말씀대로 분명하게 그 입술로 하나님께서 정해 두신 율법, 다른 말로 하나님의 법을 법대로 아는 바른 지식의 말씀을 전하는 역할을 해야 하며, 하나님의 백성들로 하여금 사자이며, 선지자요, 제사장을 통하여 여호와의 명령, 계명, 율법, 하나님의 뜻을 받아 하나님을 알고 경외하게 하는 것이다. 이것이 '사자'의 직무다. '사자'는 여러 부분, 여러 모양으로 '선지자, 제사장, 천사, 사신, 소식을 전하는 자, 복음 전도자', 곧 오늘날로 말하면 '성경을 들고 설교하고 가르치는 자들'을 뜻한다.

히브리서 1:1
옛적에 선지자들로 여러 부분과 여러 모양으로 우리 조상들에게 말씀하신 하나님이

그러므로 반드시 '사자'는 하나님의 말씀을 대신 전하고, 하나님의 백성과 교회를 지키고 보호하는 일을 해야 하며, 사자를 통해서 하나님의 백성들은 하나님의 목소리를 듣고 하나님의 명령, 계명을 지켜 실행하여 오직 여호와 하나님만 경외하는 삶을 살아야 하고, 이런 삶을 땅에서 사는 자들에게 하나님께서는 당신이 예비하신 모든 복을 주시는 것이다.

하나님께서 보내신 사자는 하나님의 백성들보다 앞서 보내시되 길에서, 곧 땅에서 성경을 가지고 신앙생활을 할 때인 한 몫의 삶에서 백성들을 보호하여 하나님께서 예비해 두신 곳, 여러 부분, 여러 모양으로 말하면 '이스라엘 땅, 여호와의 땅, 낙토, 본토, 고토, 본향'에 이르게 해야 한다. 그래서 "내가 사자를 네 앞서 보내어 길에서 너를 보호하여 너로 내가 예비한 곳에 이

르게 하리니"[출23:20]라고 하신 것이다. 따라서 여호와 하나님께서 이 땅에 보내신 하나님의 사자이면 그 입에는 오직 하나님의 말씀을 전하여 여호와 하나님을 경외하게 하며, 하나님의 명령을 지켜 실행하게 하여 하나님의 자녀들, 백성들을 보호하는 것이고, 반드시 하나님께서 '예비해 두신 땅'에 이르게 해야 한다. 곧 '사자의 직무'를 선지자 모세를 사용하여 보여 주신 것이다. 곧 혀로 말만 하는 말쟁이가 아니라는 뜻이다. 그렇다면 선지자, 곧 제사장이요 사자들 중 누가 출 23:20~21절의 말씀대로 지켜 실행한 사자가 있었는가? 아무도 없었다.

출애굽기 23:20~21
20 내가 사자를 네 앞서 보내어 길에서 너를 보호하여 너로 내가 예비한 곳에 이르게 하리니
21 너희는 삼가 그 목소리를 청종하고 그를 노엽게 하지 말라 그가 너희 허물을 사하지 아니할 것은 내 이름이 그에게 있음이니라

하나님께서 앞서 보내시는 사자는 일곱째 날인 지금 이 세대에 진리의 성령인 '나'다. 여호와 하나님께서 영원히 거하시는 성전 삼으신 여호와의 사자는 '나'다. 하나님만이 사랑이시고, 사랑이 없으면 아무것도 아니다. 아무 유익이 없다. 도리어 더 더러워져 죄만 짓게 된다. 그래서 "선지자나 꿈꾸는 자가 일어나서 이적과 기사를 네게 보이고 이적과 기사가 그 말대로 이룰찌라도 너는 그 선지자나 꿈꾸는 자의 말을 청종치 말라"고 하셨던 것이다. 이 말씀을 예수도 지켜 실행하지 않았고, 나도 진리를 모르던 한 몫의 삶에서 지키지 않았다. 모두

가 다 그렇게 했다. 하나님께서 이렇게 경영하신 이유는 너희 마음과 성품을 다하여 여호와 하나님을 사랑하는 여부를 아시려고 시험하시기 위해서였다. 그래서 예수를 '시험하는 돌'이라고 하신 것이며, 예수 자신도 죄가 해결되지 않은 영적인 상태였는데, 아무도 모르고 "오직 예수" 하고 온 것이다.

요한복음 16:8, 13
8 그가 와서 죄에 대하여, 의에 대하여, 심판에 대하여 세상을 책망하시리라
13 그러하나 진리의 성령이 오시면 그가 너희를 모든 진리 가운데로 인도하시리니 그가 자의로 말하지 않고 오직 듣는 것을 말하시며 장래 일을 너희에게 알리시리라

신명기 18:18
내가 그들의 형제 중에 너와 같은 선지자 하나를 그들을 위하여 일으키고 내 말을 그 입에 두리니 내가 그에게 명하는 것을 그가 무리에게 다 고하리라

모세를 사용해서 예언, 유언하신 신18:15~22절과 누가를 통해 기록하신 행3:22~26절의 말씀도 절대 다른 세대에 다른 사람이 땅에서 사실이 되게 하는 것이 아니고, 15년째 나를 통한 이 일을 말씀하신 것이다. 진리의 성령이 실상이 되어 자의로 말하지 않고 하나님께서 친히 가르치시는 말씀을 대언하여 죄에 대하여, 의에 대하여, 심판에 대하여 모든 진리 가운데로 인도하는 이 일을 말씀하신 것이다[요16:7~13]. 예수께서 "내가 너희에게 실상을 말하노니 내가 떠나가는 것이 너희에게 유익이라 내가 떠나가지 아니하면 보혜사가 너희에게로 오시지 아니할 것이요 가면 내가 그를 너희에게로 보내리니"[요16:7]라고 하신 예언, 유언은 진리의 성령을 예수가 보내는 것이 아니라 하나님께서 보내시겠다고 이미 3422년 전에 예언, 유언해 두신 것이다[신18:15~22]. 그래서 신약성경만 보면 하나님의 뜻을 분

별할 수 없고, 도리어 실수하게 된다.

또한 "내가 사자를 네 앞서 보내어 길에서 너를 보호하여"라고 하신 말씀에서 "길에서"란 "예수께서 가라사대 내가 곧 길이요 진리요 생명이니 나로 말미암지 않고는 아버지께로 올 자가 없느니라"[요14:6]고 하신 이 예언이 효력이 발생하여 반드시 예수를 믿는 기독교인들 중에 나와 은혜로교회 성도들이 출23:20절의 이 예언, 유언에 일치하는 자들이 될 것이라는 뜻을 감추시고 이미 3422년 전에 모세를 사용하여 기록하신 것이다. 이 예언, 유언대로 진실로 사실이 되었다. 하나님께서 정하신 때가 될 때까지, 곧 하나님의 나라 주인공들이 이 땅에 사실이 되어 올 때까지 선지자로부터 제사장까지 다 성경을 문자 그대로 보고 사람의 생각대로 행하였고, 그 결과 모두 거짓을 행한 것이다.

출애굽기 23:20~21
20 내가 사자를 네 앞서 보내어 길에서 너를 보호하여 너로 내가 예비한 곳에 이르게 하리니
21 너희는 삼가 그 목소리를 청종하고 그를 노엽게 하지 말라 그가 너희 허물을 사하지 아니할 것은 내 이름이 그에게 있음이니라

"인류의 모든 족속을 한 혈통으로 만드사 온 땅에 거하게 하시고 저희의 년대를 정하시며 거주의 경계를 한하셨으니"[행17:26]라고 하신 "저희의 년대"는 언제일까? 왜 하나님께서는 "역대의 연대를 생각하라"[신32:7]고 하셨을까? 여기에 감추어 두신 천국의 비밀이 무엇인지 밝힌다.

출간도서

내 생각은 너희 생각과 다르고 "방언"

하나님의 생각과 사람의 생각은 실로 다르다. 이 사실을 아무도 제대로 알지 못하고 천국의 비밀이 기록된 성경을 함부로, 자의적으로, 사람 수준으로 해석하고 있다. 이것은 치명적인 결과를 초래했다. "랄랄라 따따따" 하는 소리가 성령받은 증거라고 가르치는 교회는 귀신의 처소 바벨론이며, 그 목사는 영혼 살인을 저지르는 지옥의 사자이다. 이 책은 성경은 비유로 기록되어 있는 하늘나라 말(방언)이며, 반드시 성경은 성경으로 해석해서 방언통역해야 한다는 사실을 성경으로 증명한 모든 그리스도인의 필독서이다.

신옥주 | 2009

방언통역과 방언 (증보판)

성경은 문자적으로 기록된 하늘나라 말, 곧 하늘나라 방언이다. 성경은 성경으로, 신령한 것은 신령한 것으로 통역해야 그 뜻을 알 수 있다. 그래서 통역하는 자가 없으면 잠잠하라고 하신다. "랄랄라 따따따"는 성경에서 말하는 방언이 아니라 개구리 같은 세 더러운 영의 입에서 나오는 지옥 불의 소리다. 방언이 무엇인지, 방언통역은 어떻게 하는지 성경대로 알아야 하나님을 아는 온전한 지식으로 나아갈 수 있다. 방언통역과 방언에 대해 2천 년 만에 처음으로 성경대로 밝힌 성도들을 위한 필독 지침서이다.

신옥주 | 2012

성경과 다른 거짓말 (증보판)

십자가를 걸고 교회라는 간판을 달았다고 해서 다 교회가 아니다. 교회는 성경과 다른 거짓말을 하지 않고 하나님을 아는 지식으로 교인들을 인도하는 곳이다. 그러나 일생 성경을 사용하면서 입으로 하나님, 예수 그리스도, 성령이라고 말은 하지만 성경과 다른 거짓말로 설교하는 목사나 그 설교를 듣고 아멘 하는 교인들이나 모두 육체가 죽으면 천국 가는 것이 아니라 둘째 사망인 지옥 영벌에 처하게 된다. 육체가 살아서 성경과 다른 거짓말이 어떤 것인지 성경대로 분별하여 진리의 도로 나아가야 한다.

신옥주 | 2014

교회 안에 무당

하나님께서 무당은 죽이라고 하셨다. 교회 안에서 거짓 몽사를 말하며 헛된 자만으로 교인들을 미혹하는 무당들이 너무 많다. 이들은 예수 이름 사용하여 사람의 앞길과 길흉화복을 기도해서 받았다고 거룩한 척 가장하며 속이는 자들이며, 천국과 지옥을 보았다고 간증하는 거짓 선지자들이다. 이들은 모두 하나님의 이름을 망령되이 일컫는 자들로서, 하나님께서는 사람에게 장래사를 알게 하지 않으셨다. 장래사는 오직 전 우주적인 일곱째 날, 사람으로 오신 진리의 성령을 통해서만 알게 하신다.

신옥주 | 2014

이단 조작자들에 대한 성경적인 판결

성경 한 절 모르면서 돈을 목적으로 "이단" 운운하며 성령을 훼방하는 자들의 실체를 밝힌다. 이들이 바로 적그리스도이며, 다른 복음을 전파하는 자들로 이단이며, 사이비이다. 예수 그리스도를 세상 법에 고소한 자들이 바로 오늘날 자칭 기독교인, 자칭 목사, 사단의 회인 예장합신 총회이며, 이단 조작자들이다. 그들의 실체를 낱낱이 성경대로 판결한다.

신옥주 | 2015

그 피고가 와서 밝히느니라 [참 과부의 송사]

"송사에 원고의 말이 바른 것 같으나 그 피고가 와서 밝히느니라" [잠18:17] 진리의 성령을 훼방하는 자들은 이 세상에서도, 오는 세상에서도 영원히 사함을 받지 못한다. 교회 안에 우상들이 일으킨 소송을 성도들이 일어나 변론하며, 우상들의 실체를 밝힌다. '참 과부의 송사'는 여호와의 날, 인자의 날, 심판 날인 지금 이때 누가 의인인지, 누가 악인인지 밝히시는 하나님의 모략이며, 온 천하에 진리의 성령께서 오셨음을 알리시는 사건이다.

은혜로교회 성도 일동 | 2019

열매들이 증명한다

"하나님은 모든 사람이 구원을 받으며 진리를 아는 데 이르기를 원하시느니라" [딤전2:4] 은혜로교회 성도들이 신옥주 목사님께 올리는 편지글이다. 그 나무가 생명나무인지 아닌지는 열매를 보면 알 수 있다. 영원한 복음인 새 언약의 말씀을 통해 다시 창조함을 받은 성도들이 진리의 성령께서 오셨음을 증거하는 증인이 되어 밝힌다. 죄의 허물을 벗고 성도로 나아가는 과정을 하나님 앞에, 사람 앞에 시인하는 편지들을 모아 책으로 엮었다.

은혜로교회 성도 일동 | 2019

이제 온 천하는 잠잠하라 1, 2

"너희는 열방 중에 광고하라 공포하라 기를 세우라 숨김이 없이 공포하여 이르라"[렘50:2] 이 말씀대로 진리의 성령 신옥주 목사님께서 2021년 6월 16일부터 전 세계를 향해 선언하셨다. 그리고 열매들이 일어나 진리의 성령께서 전대미문의 새 언약을 선포하고 계심을 알리기 위해 2021년 6월 16일부터 조선일보와 동아일보에 광포하신 말씀을 정리하여 책으로 출간했다.

성도 다니엘, 성도 진선, 성도 성진 | 2022

영원한 생명, 생명책 1

기독교 구원의 핵심은 영생이다. 진리의 성령께서 오시면 영생이 실상이 된다. '영생'이란 영원히 삶, 또는 영원한 생명, 천국의 복락을 길이 누리는 생활을 이르는 말이다. 신령한 것은 신령한 것으로, 영적인 것은 영적인 것으로 해석하여 성경 속에 감추어 두신 천국의 비밀을 밝히신 생명책이다. 단언컨데 이 책을 보지 않고는 절대 성경 속에 감추어 두신 하나님의 뜻과 계획을 알 수 없다. 하나님의 명령인 영생, 곧 육체도 죽지 않고 영원히 사는 영생이 절대 실상이 될 수 없다.

성도 다니엘, 성도 진선, 성도 성진 | 2022

이제 온 천하는 잠잠하라 3

초판 1쇄 발행 2022년 10월

지은이 성도 다니엘, 성도 진선, 성도 성진

펴낸곳 바른기업

주소 서울특별시 서초구 매헌로 16 하이브랜드 13층 12호(양재동)

전화 070-8064-7386

이메일 graceroadchurchfiji@gmail.com

홈페이지 gr-church.org

ISBN 979-11-977187-3-1

ISBN 979-11-977187-1-7 (세트)